拱　橋

We are all connected.

你只是還沒開始

從未來的自己汲取力量，頂尖弓獵運動員
突破限制、掌控人生，打造內在動力的不懈旅程

ENDURE: How to Work Hard, Outlast, and Keep Hammering

>>> 極限耐力運動員、頂尖荒野弓箭獵人
卡麥隆・漢斯（Cameron Hanes）
李皓歆——譯

CONTENTS

第二部　掠食者

如果沒有痴迷其中，你將會變得平庸

第三部　終極掠食者

我所有的夢想與目標，都圍繞著在荒野中取得勝利，
讓我能夠述說一則故事，分享一段旅程。

推薦序

把你的人生當作藝術品

軟弱是個難纏的對手，誰都躲不過。

我不是指肉體上的軟弱，像是太虛弱而無法舉起重物；並非如此，我在談的是真正的「軟弱」：精神上的軟弱。

意志上的軟弱。

無力採取行動的軟弱。

這種軟弱會漸漸毀掉一個人。有些人會對你說，他們不在乎，還提出令人信服的論點，表示自己樂於懶散度日。但如果你能跟他們單獨相處，給他們一顆能賦予不屈不撓的精神，以及永不疲倦的成功意志的藥丸，他們都會吞下去。

每個人都是如此。

徹徹底底，全無例外。

伴隨軟弱而來的枷鎖，無人能脫逃。

那些我們自認應該「再多努力一點」的過往時刻，將會消磨你的自我價值。它們會剝奪你的自尊，使你對自身的潛力產生懷疑。

我們全都遇過自己應該可以多做一點，卻沒有真正起身執行的時候。

讓人生圓滿的藝術，在於盡可能減少那種遺憾時刻。別讓你心中的惡魔占上風，並且把你奮戰不懈的能力發揮到極致。

讓人達到那種境界是一種藝術。

遺憾的是，**世人多半沒有把自己的人生當作藝術品對待**。我們之中的絕大多數，都把人生過得像是尚未完成的畫布——僅是本來能夠成就的一鱗半爪。因為我們沒有努力掌控自己的心智，不斷強迫肉體採取行動。我們在有幹勁時會付出些許心力，但更多時候，我們會找藉口偷懶與抱怨，不願逼自己跨出舒適圈活動。

很少有人能在一天結束、躺下歇息時，信心滿滿的說自己已經盡力做到最好。能夠日復一日、年復一年如此過活，直到懶惰與自怨自艾的日子，都成為遙遠的記憶，並被多年累積的行動與紀律淹沒——可以做到這種程度的人就更少了。

讓生活達到那種境界是一種藝術，其中一位掌握這種藝術的現代大師，就是本書作者、我的好友卡麥隆・漢斯（Cameron Hanes）。

對不熟悉卡麥隆的人來說，快速瞥一下他的ＩＧ頁面，會發現他是一位喜歡舉重與山徑越野跑（running trails）的弓獵手（bowhunter）[1]。但想真正了解卡麥隆，則需要更仔細與長期的研究。他精通某項世間極少關注的技藝——**把人生活到極致的藝術**。在這項藝術成品中，努力與紀律層層疊加，創造出具有深度與韻味的人生；若不知其中奧妙，匆匆瞥視將無法領會。這項技藝，唯有同樣奮力過活的人才能真正理解，並對其中展現的努力不懈感到欽佩。

在IG搜索「#keephammering」（不斷拚戰）這個標籤，我撰寫本文時，已經可以找到超過四十四萬又九千篇相關貼文，他們全是因為被卡麥隆的生活方式感動而寫。

在他的世界裡，不存在休息日。沒有用來自我提升的日子，就是被浪費的日子。拚戰永無止歇，那麼內心的惡魔便永無勝算。

許多人會說這類的話。

然而，假裝自己霸氣十足的傢伙，多到令人作嘔。

許多這種裝模作樣的傢伙，會在社群媒體上貼出勵志名言，甚至主動建議人們要怎麼「追逐夢想」、「跟隨目標前進」。但我猜，如果你隨機從中挑幾個人，仔細查看他們的生活方式，你可能會發現這些混帳多半是在吃點心，然後盯著自己的發文能獲得多少個讚。

在卡麥隆的名言之中，我格外喜愛這一句：「沒人在乎，繼續努力。」（Nobody cares, work harder.）

在成年男性會使用美顏濾鏡修飾IG照片，每個人都假裝自己與眾不同的這個時代，那

---

1 編按：弓箭狩獵（Bowhunting）指透過射箭狩獵動物；在美國由各州監管狩獵季節及地區。

句話再完美不過了。現在我們生活的世界，是最容易裝模作樣的地方；但另一方面，這個時代的美妙之處在於，當你遇上真正在人生賽道上全力衝刺之人時，你會像是餓漢吃到鮮美多汁的馬鹿（elk）肉排一樣，倍感珍貴。

接下來，我要寫下他曾做過的一些事。這些紀錄實在過於荒謬，看起來像是在胡扯。

他每天固定會跑一場馬拉松。

我曾經讀過一篇文章，上頭寫到：一般人跑一場馬拉松，身體需要六個月才能完全恢復。我不知道是誰寫的，不過有人得告訴那個蠢蛋，奧勒岡州有個從事建築工作的傢伙，他每週都會跑好幾場馬拉松。有時候他會在清晨三點起床，於上班前跑一場全馬[2]。工作八小時後，他會回家練習弓箭與重量訓練。

然而隔天早上，上述所有事情他都會再做一遍。

他參加過許多場一百英里與幾場超過兩百英里的賽跑，這種比賽需要你連跑數日不休息。在結束一場這種自找罪受、勞心耗神的苦行後，你再去他的IG瞧瞧——會看到他掛著大大的笑容，又開始重新跑步和舉重。

如果你在十年前告訴我，有個傢伙在做到這一切的同時，還有著全職工作與家庭，我看向你的眼神，鐵定就和你對我說「我最好的朋友是大腳怪」一樣。

或許我會相信真的有人能做到這一切，但我會認為他正在參加某種科學計畫，研究主題是持續服用表現增強藥物，並由一組醫師團隊全天候監測健康狀況，確保他不會因過勞而猝死。

但如果你跟我說，主角是一名笑容滿面、每週上班四十小時的弓獵手，我會叫你滾開，別胡說八道。

這看似不可能，但事實就是如此。或許更令人欽佩的是，在做到這一切的同時，他還能成為全世界最厲害的弓獵手。

你瞧，這個部分就是卡麥隆的故事更超乎尋常之處了。他對體能表現的偏執，純粹是為了確保自己能在最佳狀態下，去追求他真正熱愛的活動：在山間以弓箭狩獵馬鹿。在山間用一把弓狩獵野生馬鹿是相當困難的事情，地貌崎嶇難行、而馬鹿歷經幾百萬年的進化，感官無比敏銳——牠們畢生都在躲避山獅、熊與狼，而你還需要接近到一百碼內！接下來，你得在承受極大壓力的狀況下，朝牠的要害射出完美一箭。

基於這些因素，弓獵馬鹿的成功機率相當低，平均大約低於一〇%。即使是傑出的獵人，也常常空手而歸。相對來說，卡麥隆在過去十年內，每次弓獵都能成功。我再怎麼強調這有多不尋常，都不會顯得過分。

他對體能的極度付出，以及他在山間對追求完美的狂熱，不只使他成為馬鹿的煞星，也帶給像我這種獵人同行很大的激勵。

實在沒有其他人像他這樣。他是一名罕見的怪咖，心懷專一的痴迷：成為自己能力所及內

2 譯按：標準長度為四十二・一九五公里。

最棒的弓獵手。透過野味與超人般紀律的加持，他把自己的人生，化為融合堅持不懈與專心致志的傑作。未來，就算在他過世很久之後，當人們圍著營火而坐，聊起狩獵故事時，大家將會心懷崇敬，輕聲提起他的名號。

我能自豪與光榮的說，他是我最好的朋友之一。

喬・羅根（Joe Rogan）
二〇二〇年十月

讓生活難以忍受的，從來不是環境，
而是缺乏意義和目標。

——維克多．弗蘭克（Viktor Frankl）
奧地利神經學家

前言

你只需要起身前行

每場偉大的冒險，都是從一道召喚開始。洛基．巴波亞（Rocky Balboa）獲邀跟阿波羅．克里德（Apollo Creed）進行拳賽[1]；《三百壯士》（*300*）中的列奧尼達（Leonidas）國王，拒絕向薛西斯（Xerxes）派出的信使臣服，並殺了對方；讓《心靈捕手》（*Good Will Hunting*）中的威爾（Will）免受牢獄之災唯一辦法，是回應那道召喚——跟教授藍伯（Lambeau）共同解決數學難題並接受治療。

我的召喚來自羅伊．羅斯（Roy Roth），他是我在莫霍克高中（Mohawk High）的學長。馬可拉（Marcola）是一個小型伐木社區，位在奧勒岡州威拉米特河谷邊緣，靠近尤金市。我跟羅斯在高中時並沒有特別親近，但因為校園不大，人人都認識彼此。

我稱羅斯為「大師」（The Guru），因為我知道他熱愛狩獵，總是會進入森林，並且在路上設置陷阱捕獵；這也代表他比大多數人更熟悉動物。能闖出名聲的捕獸人（Trapper），全都對野外動物極為關注。在我還在使用步槍狩獵的時期，我都會跟朋友說：「我會打給大師，問問他在狩獵日開放時，我們該去哪邊打獵。」

他也對我提出了邀請：「老兄，你得試著用弓狩獵。」

當時我十九歲，生活毫無方向。我在一間倉庫兼差，時薪四．七二美元，其他時間則在社區大學上課。週末時，早上我會在戶外度過，試圖拍點鹿與馬鹿的照片；下午與晚上則無所事事，邊喝啤酒邊聽小漢克．威廉斯（Hank Williams Jr.）的歌。基本上，我就是一個小鎮魯蛇。

在聽過羅伊說了許多關於用弓狩獵有多棒的故事之後，我在隔年決定買下一把弓；那時是一九八八年，我二十歲。我的第一把弓要價兩百美元，是金雕牌（Golden Eagle）的超級老鷹極速滑輪款（Super Hawk Turbo Cam）。由於這把弓的塗裝是閃亮黑而非迷彩色，我自行用消光綠與黑色的噴漆，為它噴上蕨類的圖樣。我的弓設定為九十磅，並且使用超輕箭，試圖提高射速。這個組合讓射箭時發出的聲響很大，為了降低噪音，我在弓身與箭筒間黏上三十五釐米的底片膠卷，希望能避免碰撞。然而，第一個弓獵季沒過多久，在我拉半弓時，這把弓就從握把處斷成兩截。

一九八九年弓獵季的開放日是我第一次參加，當時我跟羅比．鄧森（Robbie Dunson）同行，他跟我住在馬可拉的同一條路上。他十九歲就創下用弓獵殺羅斯福馬鹿（Roosevelt bull）[2]的世界紀錄，這是一種在美國西海岸生長的馬鹿。而他的父親狄恩．鄧森（Dean Dunson），當時則獵殺了世界第四大的羅斯福馬鹿。羅斯福馬鹿體型巨大，活體含蹄的重量可達五百四十四公斤。

我向來對各界中最優秀的人士感興趣，因為他們是最適合學習的對象，所以我樂於跟鄧森一家來往，請教他們如何弓獵馬鹿。在當時，鄧森一家比世界上的任何人，更精通用弓獵殺羅斯福馬鹿的技術。我幾乎每天都去他們家，用我的弓練習。

---

1 譯按：兩者皆為電影《洛基》（*Rocky*）中的主要角色。
2 編按：世界上體型最大的鹿科物種之一；體重平均為三百二十公斤、肩部高約一．五公尺。

沒有天賦，而是動力；不靠才能，只有毅力

我跟羅比初次外出弓獵的那個早上，我們坐在新林區[3]旁聽見了馬鹿尖銳的叫聲。四．五公尺高的樹木像是海水般分流在兩側，接著一隻巨大的羅斯福馬鹿步入伐木道。牠的身高約兩百公分，鹿角漆黑，雙眼凝視著我，眼神宛如要在我身上戳出洞來。我緊貼雙膝，試圖隱藏自己。這隻雄鹿已經進入弓箭射程，當我決定要獵殺牠，展現自己鍛鍊多月的成果時，我卻發現手臂不聽使喚，且心臟狂震到像是要跳出胸口。

我甚至不確定自己還有沒有力氣拉開這把弓。

那隻馬鹿站在原地，離我只有四十碼（約三十六．五公尺），毫無疑問，我能輕鬆殺掉牠。一整個夏天，我在這個距離練習射了幾千支箭。我拉動弓弦，射出箭矢。然而，箭沒有射中，落在馬鹿的屁股後方，代表我偏離目標大約二．一公尺，著實可笑。

我會用「徹底搞砸」來形容這個時刻。那是我有生以來對著動物射出的第一支箭，實在不可能有比這更糟糕的了。

那天我沒再遇到機會，不過我心底燃起某種東西。**從小到大，我對自己的人生，從來沒有真正的野心或目標**。但現在情況不同了。如今我唯一的目標就是獵殺一隻馬鹿；經過失敗透頂的第一天後，我一心執著，在接下來的十八天連續出門打獵，決心要成功。

沒錯，連續十八天。

最終，在一九八九年九月十三日，我第一次成功獵殺了馬鹿。我用弓箭殺死的第一隻動物是角還沒分叉的幼年馬鹿。我承認牠跟我射歪的那隻巨獸沒得比，但那並不重要。牠是我用弓箭殺死的第一隻動物，也是我獵殺的第一隻馬鹿。事實上，我也還沒有資格獵殺大型馬鹿，因為我對弓獵的付出還不夠深。

此外，不論體型大小，用弓箭獵殺馬鹿本就是罕見的事，所以即使殺死的是幼年馬鹿，仍然令我感覺是一項不凡的成就。我花上幾乎三週的時間艱苦奮鬥，但這很值得。

有些人過完一整個人生，卻從未找到自己真正的熱情。我在二十歲時，第一次嚐到弓獵成功的美味，從此銘刻下我發現自身目標的時刻。突然間，**我在人生中找到能全神貫注精力的事物**。於是我不只從大學輟學，更是幾乎停下了所有事務，只為了能多進行弓獵。

我永遠不會忘記這段旅程從何處開始，以及要花上多少時間堅持追求一個夢想。**我們全都得從某個地方啟程**。

沒人天生就擅長弓獵。日復一日在嚴酷的山間狩獵，本就是一件難事，但用弓狩獵更把難度提升到新的層級。我正是因此受到歷史悠久的弓獵傳統吸引。有時候，你會感覺接近獵物到射程之內，接著用弓箭（基本上是一根尖棒子）射殺牠，幾乎是件不可能的事。

3 作者按：reprod，伐木區的術語，指新生的樹木。

馬鹿每日每夜都生活在山間，睡眠、飲食、戒備掠食者……牠們努力求生。想像一下你得在樹下睡一晚，那會是極其難受的體驗，但馬鹿天天都在崎嶇的林野這麼做，難怪牠們會成長得如此強韌。當你想用弓狩獵馬鹿時，你必須靠近牠們，理想中要少於四十碼，進入牠們的「禁區」（red zone）。這也代表你得比牠們更機靈。

弓獵馬鹿的成功機率，平均大約是一〇％，也就是每十年能獵殺到一隻，或是每十個人之中有一人成功。但對我來說，我永遠不會認為達到平均值就夠了。過去不會，未來也不會。

如今我幾乎每次都能成功狩獵目標，不論在哪一州，不論是哪一年。當平均是一〇％，我則預期自己能做到一〇〇％。然而，我並不是在某天醒來之後，就變成弓獵大師。我努力了超過三十年光陰，才抵達如今的境地。

這不是天賦，而是動力；這不是才能，而是毅力。狩獵是我的熱情所在，而為了在這方面有所成就，我每天奮鬥不懈，要自己每天都比前一天更厲害。我就是這樣達到一〇〇％的弓獵成功機率。

你只需要起身前行

雖然前面說了這麼多，但這本書並不是在談弓獵。它不是一本指南。我不會告訴別人怎麼做事，也不會嘗試代表其他人發言。我只是分享自己做了什麼，以及我對哪些事有熱情，因為在我看來，欠缺熱情的人生只不過是行屍走肉。

廣義來說，**我們全都是獵人，尋求著更有意義的人生**。世間紛擾常常太過於沉重，讓人難以扛著負荷走遍千山萬水，於是我們轉向更安全、更舒適的地方。我們太常甘於等待，指望著成功何時會自己找上門。本書將能提供你不斷前行的內在動力，讓你堅定不移，為關鍵時刻做好準備。

與其說本書是在談弓獵，它其實是在談堅持。我喜歡堅持這個字，因為人生跟堅持息息相關。人生總會面臨難關，它是一場長程比賽，有時感覺更像是一場戰鬥。

對我們這些生來平凡的人來說，很容易會選擇放棄追求偉大的成就。

我們可以找到多不勝數的理由，來阻止自己追尋非凡的人生。但當你開始接受跨越極限的挑戰時，就不會再把自身的極限視為障礙，而是一道道奮力克服萬難的契機。為了活出一場熱情、頑強、專注與韌性的人生，你只需要**不斷拚戰**（keep hammering）。不斷拚戰並不只是某種單純的座右銘。它是一道警鐘，提醒我們要打破「不可能實現」的謊言。

許多人曾經聯絡我，說他們感覺自己就是無法跨出第一步，其中大多數人完全找不到前進的動力。我則對他們說，你只需要走出門外，單單想著今天這一天就好。別管明天，別管一週之後，只考慮今天。

贏下今天，做點積極的事情，明天的事明天再擔心。對我來說，這就是堅持代表的意義。

稍微往積極的方向前進，為自己創造一些動力。

你在第一天只能勉強做到的事，到了第二十天就能輕鬆完成。這正是世界運作的方式。**你必須先起步，接著得堅持下去**。

美滿的人生並非在平坦道路上奔馳，而是在崎嶇小徑不斷前行。就算你是天生的跑者，在人生的賽道上仍需要準備、毅力以及抵抗消極心態。

這是邀請你參與冒險的召喚，讓我們一同前行。想像一個你從未去過的地方，一條你一直很想踏上的道路，一處抵達夢想的目的地。我不知道你要往哪個方向走，也不會建議你追隨我的路徑。天曉得我在旅途上繞了多少彎路，還信步漫遊導致花了加倍的時間。我不會為你送上所有必備的工具，也不會給你一張地圖。

我對你的唯一要求，是起身向前行。

我不給答案，我採取行動。我不試圖教人，我以身作則。我不談論明天，我盡力過好今天。

我不知道結果如何，但我能向你保證一件事：**我知道如何堅持下去**。

第一部

獵物

平凡的努力只會帶來
平凡的結果

第一章

人生即苦難，總是相伴

Child of God

一直以來，跑步都能讓我感覺到自由。即使我在三十多歲時才第一次參加馬拉松，但我整個人生都在跑步。我比大多數孩子早一年上學，如今我仍然能清楚回想五歲、小學一年級的自己，每天在上課前跑步的畫面。

一個五歲小孩會在上課前苦練跑步？沒錯。

在我就讀鄧恩小學時，校內舉辦了一場慢跑比賽。我們可以在一個月內自行找時間，累積跑步的總里程。於是我每天提早到校，在校園的圍牆之間來回跑步，每跑三十一趟正好一英里。小學一年級是我第一年做這件事，我在慢跑比賽中跑了二十英里。而在六歲、二年級時，我跑了二十七英里。每個月有二十天要上學，所以五歲的我給自己定下目標，要在每天上課前跑一英里，而隔年的我希望能更進一步。我的母親還留著當年學校頒發的獎狀，嘉許我用自己的時間額外鍛鍊。

「即使沒人要求，你仍有自主鍛鍊的堅定意志。」獎狀上如此寫道。

每天我回家時都會說自己跑了多遠。我努力邁向一個目標，並且獲得正向的鼓勵。如今回想起來，我發現自己或許是試圖靠著跑步，來調適雙親離異的狀況。我也企圖利用跑步，來跟離開我人生的父親創造連結。

在我小時候，奧勒岡州尤金市最知名的人物，是奧運長跑選手史蒂夫・普利方丹（Steve Prefontaine），不過我父親才是我心中認定的傳奇。在我眼中，鮑伯・漢斯（Bob Hanes）就是超人。

我父親是「美國田徑鎮」中的精英，他以體操項目獲得奧勒岡大學的全額獎學金，而在他退學之後，又以田徑項目獲得奧勒岡州立大學的全額獎學金，對方希望他參加撐竿跳與跳高比賽。

他高中時的身高大約一百八十三公分，跳躍高度達一百九十三公分。我父親採用腹滾式跳法（Western roll），也就是在躍過橫竿時腹部朝下。當年他跟奧勒岡州梅德福高中的迪克·福斯貝里（Dick Fosbury）是好友，據說也是競爭對手。

一九六八年，福斯貝里在墨西哥奧運奪下跳高金牌。他在高中時期發明了一種新的跳高技術，並以他的名字命名。「福斯貝里跳」（Fosbury Flop，又稱背越式）是現代跳高選手的標準做法，起跳時背部朝前，並在騰空時舉高雙腿以越過橫竿。

田徑教練對我父親說，如果他採用背越式跳法，他們認為高度有可能多三十·五公分。如果教練的看法正確，代表他能跳到二二三·五公分，而福斯貝里獲得金牌的跳躍高度（同時也打破了當時的奧運紀錄）是二二四·二公分。但我父親從來沒有改變跳法，也從未代表奧勒岡州立大學出賽，這項榮譽最終由福斯貝里獲得。當年我父親更喜歡參加派對，沒興趣認真當個運動員。過去他全心投入運動，一直名列前茅，所以或許他是過勞到產生倦怠了？

鮑伯·漢斯在就讀南尤金高中時是名優秀的運動員。該校以各種出色運動員的成就來裝飾門廳，而我父親正是入選高中運動名人堂的第一人。即使在他畢業多年之後，他的同學仍然對他印象深刻。某天，當我的女兒塔琳（Taryn）在練習撐竿跳時，她的其中兩名教練走向我。

「她是鮑伯・漢斯的孫女嗎？」

「對。我父親是鮑伯。」我點頭。

「你知道，你父親在這一帶是風雲人物。」其中一名教練說道。

「我也這麼聽說。」

當你在成長期間沒怎麼見到父親，而是更常聽到與他相關的事蹟時，在那年幼的心靈裡，他的名聲只會越來越大。

他跟我母親琳達・布朗（Linda Brown）是在南尤金高中相遇。我永遠忘不掉她在我五歲時說的那段話。「你父親的雙腿肌肉結實，簡直硬得像是這張木桌。」她邊說邊指著我們的橡木咖啡桌。

像這樣的簡短評論，讓我感覺父親似乎不同凡響。

他沒有在運動方面進一步追求個人榮耀，或許算是因禍得福，因為他最終成為南尤金高中公認最出色的田徑教練。他教出眾多在州際錦標賽跳遠、三級跳與撐竿跳項目奪冠的選手，在他超過三十年的執教生涯中，對好幾千名孩子的人生造成影響。他指導過的學生，至今仍會傳訊息給我，說明我父親對他們的人生帶來莫大的正面效應。

鮑伯知道，長大成人並找到人生方向，通常是一個大難關；他自己的父親在他僅三歲時，便於西雅圖的巷道內遭人槍殺。鮑伯非常關心他指導的孩子，總是樂於幫助他們找到自身真心所愛。而且他信任他們。

不過在我父親成為高中的傳奇教練，指導孩子贏得比賽之前，他首先得克服自己正在經歷的個人困境。

父親和繼父的共同點：酗酒

一九七五年五月三十日，史蒂夫．普利方丹於一場車禍意外中喪命。當晚稍早之前，普利方丹剛贏得一場在奧勒岡大學海沃德田徑場舉辦的五千公尺賽跑冠軍。事故現場位於蜿蜒又狹窄的天際線大道，該處如今被人稱為「普利方丹之岩」（Pre's Rock）。

四年前，在距離普利方丹之岩僅十分鐘車程的地方，發生過另一場車禍。沒人因此喪命，但它可能促成了一個家庭分崩離析。這是我在雙親尚未離異前仍有印象的早年記憶之一；事實上，這是我對當年僅有的記憶之一。那時候我四歲，起床時聽到母親正在大叫。我發現她站在通往車庫的門邊，激動的對父親大聲說話。我走至母親身旁，順著她的視線一望，注意到我父親的車子有一側受損，看起來像是他撞上了另一輛車。

當時的我並不知道父親有酗酒問題。幸好他在那場意外中平安無事。但不久之後，我的父母就離婚了。父親後來在鐵軌附近發生另一場車禍，而且因為頭部創傷昏迷了三天。他又一次僥倖脫險。

我媽在電信公司任職，工作地點是尤金市中心，常常不在家。如今我不免會想，我之所以會提前上小學，是不是因為她需要喘口氣、不必照顧我，因為我在雙親離婚之後時常會有脫軌行為。她或許心裡是這麼想：「我得上班，所以要讓這孩子別來煩我。他可以比大多數人提早一年上學。」我就讀的小學，位在我家上方的山丘，所以我每天走路往返學校。

在寫完這一段文字

我運氣很好，在酒駕撞毀卡車時只受到小擦傷，而且沒有撞到人，真是謝天謝地。遺憾的是，沒多久我就忘記了這個教訓。直到多年之後，我才明白酒精對自己造成多大的危害。

後，我詢問我媽當年的狀況。她說我提早入學並不是為了讓她喘口氣，而是因為我當年是個聰明的小男孩，已經適合去上學了。

雖然我在一、二年級時很享受慢跑帶來的挑戰，但我深陷行為不端的問題。由於我媽去上班不在家，我就是人們所說的「鑰匙兒童」。放學後一個人回家，獨自開門進屋，然後自己照顧自己，直到我媽下班回家。

為了打發時間，我常常搞破壞。我曾經用小刀割下紗門的紗網；把拳頭大小的石塊扔過第三十九東街打中鄰居孩子的頭部；也曾在附近的超市偷糖果，惡行不勝枚舉。一年級的某天，我趁老師離開教室時，在黑板用又粗又大的筆跡寫下ＦＵＫ三個字母。這件事與其他的問題，導致我進入了「紅燈與綠燈」計畫。如果我在學校表現良好，他們會把我歸在綠燈，並給我一張綠色卡片帶回家。但如果我在上課時亂來，他們就會把我歸在紅燈，並給我一張紅色卡片帶回家。我已經記不清我拿到的紅色與綠色卡片比率為何，不過這是一個可以測量的標準。而從以前到現在，我有一件事始終不變：**我熱愛可以測量的標準**。

綠燈或許代表我那天行為良好，但人生並沒有因此變得更美好。在母親離婚後不久，她開始跟人約會。說起來，誰能怪她呢？雖然她是帶著兩個男孩的單親媽媽，她也是二十多歲的綠眸美女。我痛恨她去約會的日子，也痛恨她交往的那些傢伙，因為他們不是我爸。

我不敢相信我媽會帶其他男人進到我們的房子。我記得自己曾說：「媽，我希望能像以前那樣，只有我們跟爸爸。」最終她再婚了，繼父葛瑞格進入我們的生活。我打從心底討厭他，

這些年來，
我已經跟痛苦成為好友，
因為在我印象最深刻與最有意義的
所有挑戰之中，
它總是與我相伴。
T'S MEAT, SIR

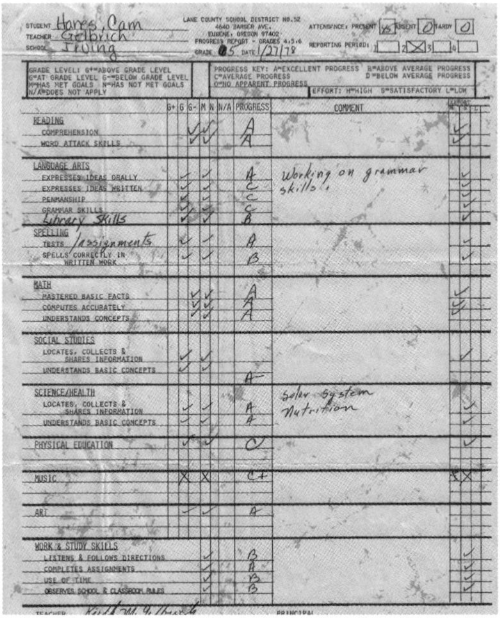
LANE COUNTY SCHOOL DISTRICT NO.52
4640 BARGER AVE.
EUGENE, OREGON 97402
PROGRESS REPORT - GRADES 4,5,6

STUDENT Hares, Cam
TEACHER Gelbrich
SCHOOL Irving
GRADE 5 DATE 1/27/78
ATTENDANCE: PRESENT 45 ABSENT 0 TARDY 0
REPORTING PERIOD: 1 ☐ 2 ☒ 3 ☐ 4 ☐

GRADE LEVEL: G+=ABOVE GRADE LEVEL G=AT GRADE LEVEL G-=BELOW GRADE LEVEL M=HAS MET GOALS N=HAS NOT MET GOALS N/A=DOES NOT APPLY

PROGRESS KEY: A=EXCELLENT PROGRESS B=ABOVE AVERAGE PROGRESS C=AVERAGE PROGRESS D=BELOW AVERAGE PROGRESS O=NO APPARENT PROGRESS

EFFORT: H=HIGH S=SATISFACTORY L=LOW

	G+	G	G-	M	N	N/A	PROGRESS	COMMENT	EFFORT H	S	L
READING											
COMPREHENSION			✓	✓			A			✓	
WORD ATTACK SKILLS			✓	✓			A			✓	
LANGUAGE ARTS								Working on grammar skills.			
EXPRESSES IDEAS ORALLY		✓		✓			A			✓	
EXPRESSES IDEAS WRITTEN		✓		✓			C			✓	
PENMANSHIP		✓		✓			C			✓	
GRAMMAR SKILLS		✓		✓			C			✓	
Library Skills		✓		✓			B			✓	
SPELLING											
TESTS / Assignments		✓		✓			A			✓	
SPELLS CORRECTLY IN WRITTEN WORK		✓		✓			B			✓	
MATH											
MASTERED BASIC FACTS			✓	✓			A			✓	
COMPUTES ACCURATELY			✓	✓			A			✓	
UNDERSTANDS CONCEPTS			✓	✓			A			✓	
SOCIAL STUDIES											
LOCATES, COLLECTS & SHARES INFORMATION		✓		✓						✓	
UNDERSTANDS BASIC CONCEPTS		✓		✓			A-				
SCIENCE/HEALTH								Solar System Nutrition			
LOCATES, COLLECTS & SHARES INFORMATION		✓		✓			A			✓	
UNDERSTANDS BASIC CONCEPTS		✓		✓			A			✓	
PHYSICAL EDUCATION		✓		✓			C			✓	
MUSIC		X		X			C+		X	X	
ART		✓		✓			A				
WORK & STUDY SKILLS											
LISTENS & FOLLOWS DIRECTIONS				✓			B			✓	
COMPLETES ASSIGNMENTS				✓			B			✓	
USE OF TIME				✓			B			✓	
OBSERVES SCHOOL & CLASSROOM RULES				✓			B			✓	

TEACHER PRINCIPAL

我從來沒有被人說成是天才，但我也不笨。
我很早就知道如果想要成功，自己必須比其他人更努力。

主要原因在於他不是我爸。不過他們倒是有相同之處：酗酒。當初導致我爸離開的問題，如今葛瑞格又帶回來了。

我的童年很快就變成某種永無止境、絕對無法獲勝的競賽，我總是夾在雙親之間左右為難。

每部電影總會有一個壞蛋，而對我來說，壞蛋就是我的繼父。

我想要花時間跟我爸相處，獲得他的嘉許，如今反而忽然多了個陌生人出現，指使我該如何生活。他在鋪路公司工作，負責駕駛壓路機，整天都在豔陽下的熱柏油路上抽菸。當他回家喝著酒，看著我的時候，我心裡都在想，他是不是正在思考要搞出什麼鳥事來整我。

我的繼父葛瑞格有個特質：強悍得要命。他在奧勒岡東部的小鎮長大，他的家族擁有一座大牧場。牧場的工作很辛苦，所以他的家人全都頑強堅韌。葛瑞格有兩個兄弟與兩個姊妹，全都從強悍的農場孩童，成長為強悍的成人。即使在他開始節制飲酒之後，他仍然是一個強悍的

我相信人類的職責就是幫助患難中的他人。我曾經在阿爾伯特峰山頂幫助一名受傷的女性，順利搭上科羅拉多州救難直升機；該處是科羅拉多州的最高峰，標高 4,400 公尺。
飛行護理師依絲特．麥克文（Esther McIlvain）表示，在「搜尋與救援」的航程上，通常會有一名夥伴與她同行，但考慮到搜救地點的高度與飛機載重，導致她必須捨棄同行者與裝備。在山上有人幫忙，能一次性將受傷的登山者帶走，這可以降低在這個極易發生事故的職業中出事的風險。

老傢伙，甚至以七十歲高齡參加超級馬拉松一百英里賽。

雖然這麼多年來我都很討厭他，但仍然對他的韌性抱持敬意。如今我在想或許他認為對我苛刻一些，能讓我也鍛鍊出強悍的特質？我理解嚴厲的愛（tough love），但在我的經歷中，並沒有愛的存在。

在我小時候，繼父似乎永遠都心情不好；他喝酒後總是很暴躁，而且還常常喝酒。有一次，繼父告訴我得堆好七考得（cord）[1]木頭，當我做完後他認為我堆得不夠整齊，要我重堆一遍。不過我很確定，是他故意打落了幾塊木頭。他在冬天時不會工作，鋪路公司的員工時常在這段期間被資遣，領取失業救濟，

我很幸運，能跟寇特妮．道華特（**Courtney Dau-walter**）相處好一段時間，她是美國最厲害的耐力運動員（**endurance athlete**）之一。我們一起在山間訓練，經歷了幾場壯麗的「冒險」。
這張照片是我們從馬西梧山（**Mount Massive**）下山時由她拍攝，該處是科羅拉多州的第二高峰，標高 **4,395** 公尺。

所以他在我周遭的時間，多到彼此都不高興。有一次，我們在廚房發生嚴重衝突，進而演變成肢體攻擊。

一天早上，葛瑞格在我上學前對我說：「把雞肉廚餘拿到外面去。」

我回道：「你自己拿出去。你整天坐在這裡，什麼事也沒幹。」

我們最後在廚房地板上扭打，他青筋賁張又黝黑的手臂，用力挾住我的脖子。或許這是自討苦吃，因為我討厭他，所以那些年來我完全不尊敬這個人。我繼父並不是壞蛋，但當一個男人做出這類的事情時，他在繼子眼中就不會有好評價。

狀況格外惡劣時，我會去跑跟我爸住，但這代表我得離開媽媽與弟弟。彼得（Pete）比我小兩歲半，父母離婚時他年紀還很小，並未真正認識我們的爸爸。他比較熟悉我們的繼父，所以當他開始稱呼葛瑞格「爸爸」時，我感覺心如刀割。我對他說：「你不要叫他爸爸。」

如今我非常後悔，但當年我會毆打彼得，要求他去見我們的爸爸。我總是擔心我爸會有什麼感受。彼得從來沒跟我們的爸爸建立起連結，所以他接受繼父也是合情合理，但我還沒打算這麼做。我告訴自己，不對，我永遠不會接受這個傢伙。這完全是因為，我感覺自己需要對我爸保持忠誠。

1 譯按：「考得」為林業的材積單位，用於測量乾燥木材，如柴火、紙漿用木材等。當一堆木頭整齊緊密堆疊，占一百二十八立方英尺的體積時，便是一考得；相當於四英尺高、八英尺長與四英尺深。

現在回想起來，我完全無法忍受要讓自己的孩子經歷這種事。年幼的孩子不該被迫處理這種鳥事。我的童年過得很糟糕，得承受很多辛苦事；不過老實說，我並未期待自己有更好的童年，因為正是這些經歷造就了今天的我。我們全都經歷過困境，**這些苦難可以塑造你的靈魂。這全是人生旅程中的一部分。**

會吸毒的「保母」

有些困境來自出乎意料的地點與無法預測的情況。一如你無法控制天氣，你的人生將會充斥著突如其來、重重打擊你的風暴；它們要不使你崩潰，要不讓你更強悍，或只是教導你生活中存在著黑暗面，不像賀曼電影臺（Hallmark Channel）[2]演出的那樣美好。

在我三、四年級時，我媽跟電信公司的一位女性同事成為好友，我記得那位女士外表亮麗、待人溫和。她們會在週末時一起出門，並由那位女士的十幾歲兒子們，來照顧我與彼得。我的繼父與那位女士的丈夫都有哈雷機車，所以他們應該是去公路旅行，或只是晚上出門玩樂。雖然那是很久以前的事情，我已記不清所有細節，但我仍有印象的一些事情，或許足以讓我終生無法釋懷。

那對青少年兄弟並不是稱職的保母，他們會吸毒，而且還會要我與弟弟在他們的朋友面前打架。他們又叫又鬧，把整件事當成是某種娛樂，教我們要怎麼重重攻擊對方。每當有人濺血，這群男生便叫得更大聲，情緒更激動。彼得與我並不喜歡這樣，但我記得自己別無選擇；又或許這是一種小男生試圖博取大男生嘉許的方式。

這對兄弟會來我們家照顧我，因為我們有一張撞球桌，能讓他們與朋友在那些讓人焦慮的夜晚裡，幹些瘋狂的事，喝酒喝到爛醉、吸毒吸到迷茫。他們要我也一起抽大麻，好讓我無法去告密。他們說什麼，我們就做什麼；在我抽了大麻之後，他們會把刮鬍膏塞進我嘴裡，說這樣可以蓋掉大麻的氣味。

在他們之中，多半由弟弟負責跟我們溝通，他說如果我們告密，他們就會跟我媽說我也有抽大麻。我就是在那時候領悟了「人生並非總是有趣又美好」，明白世上有些人你永遠無法信任，他們會單純為了好玩而傷害你。

青少年已經沒多少同情心了，但這對兄弟比惡霸更嚴重。有一次，他們要我站上公園裡鐵製的旋轉木馬，然後轉得非常快，害我嚇得跳下來，在地上跌得頭破血流。我的後腦勺開了一道傷口，流了很多血，但他們強迫我跟我媽說，是我自己失足跌倒。我還記得那件沾滿血的藍白條紋襯衫，以及他們哈哈大笑著說：「噢，天哪，你的腦袋真慘。」

2 譯按：賀曼電影臺在假期間向來播放調性怡人的浪漫電影，男女主角常分別是都市人與鄉村人，最終以幸福結局收尾。

我媽當時不知道這件事，或許那對兄弟的媽媽也不知道，不過在我的眼中，這對充當保母的兄弟著實邪惡。許多年之後，我才告訴我媽，他們對我們做過哪些事。最終，他們其中的哥哥在尤金市一座公園裡，因為海洛因吸食過量而死；弟弟則吃了某種迷幻蘑菇，年僅十五歲便用小刀把他最好的朋友捅死。由於他尚未成年，所以在二十多歲時便服完謀殺刑期出獄，但他後來又捲入另一樁謀殺案，返回監獄許多年。如今他已經再度出獄。

只有磨難的日子

中學時，我跟我爸住在尤金市，我弟則跟我們的母親與繼父住在馬可拉。我深深思念彼得，一想起我弟以及自己有多麼想念他，我就常常哭泣。當時我有在打工送報，每天都得在清晨四點起床；很多時候我必須在寒冷的雨中騎腳踏車出門，這也讓我有許多時間思考。在這段期間的所有夏季，每天我還會在送報完之後，去伊凡諾克農場摘草莓與豆子。我的目標是一天賺十塊美元，來添購小輪車（Bicycle Motocross, BMX）的配備。

在我人生的這個時期，有非常多時間獨自思索，而我的腦袋裡始終有個念頭揮之不去。**日子糟透了**。快樂似乎是個相當陌生的概念。只有痛苦持續不斷。

我在中學的生活乏善可陳，過得很悲慘，就算是體育項目也一樣。雖然我天性爭強好勝，但我並非天賦異稟的運動員，沒有任何拿手的項目。我似乎沒有遺傳到我爸的基因，所以我了解到，**如果我希望跟人競爭，我必須在所有事情上都更加努力**。

因為我爸是知名的田徑選手，我決定嘗試追隨他的腳步。我在某場田徑運動會上，見到我的繼母康荻（Kandy）過來看我比賽，讓我很興奮，因為我知道她會把我的表現告訴我爸。他雖然沒來這裡，但他的幽影一如往常，深深影響著我。我很難在運動方面引起他的注意，因為他不在家，時常跟著青少年國家代表隊四處旅行。我不會因為做到一些尋常小事就受到讚揚。我知道自己必須打響名號，於是我決定將希望投注在那場田徑運動會的八百公尺賽跑中。

我們中學學區的田徑運動會在斯普林菲爾德

純真年代。我就是在那時候領悟了「人生並非總是有趣又美好」。

高中舉辦，那是一場盛事，他們有一條狀態良好的橡膠跑道，並設有看臺。我穿了一身綠，那是我就讀的哈姆林中學伐木工隊的代表色。槍聲一響，我就向前猛衝，彷彿這是一場兩百公尺的短跑。我像普利方丹那樣跑步，全力以赴且拒絕讓出領先地位。在那一瞬間——真的非常短暫的瞬間——我排名第一。但跑完第一圈後，我就已經喘不過氣。

我仍然記得贏下那場比賽的傢伙。古雷戈・蘇特（Greg Suiter）是天生的田徑選手，屢屢奪得冠軍。他外型高瘦，長得像賽跑手。而我則是短腿的小孩，賽後氣喘吁吁，落得敬陪末座。我很慶幸我爸沒有陪我的繼母來這場運動會。

這是我生活中的常態。

我就是沒有這種能耐，生來如此。

人生向來是一場磨難。

人生向來是一場磨難，但或許在那一刻，它比一場「磨難」更嚴重。或許它是純粹的痛苦？顯然對孩子來說，雙親離異總是很難受。哪有孩子會不希望自己的爸媽伴隨身邊，愛自己、問問自己日子過得如何，指引並協助他們成長？但我的人生並非如此。當我跟我爸住在一起時，他也從來沒有陪在我身邊，因為他在波特蘭開設的「經典黑膠」唱片行裡忙碌，試圖讓它維持經營；如今我又與弟弟分隔兩地。

我唯一記得的感受是孤獨，悲傷又痛苦。

所以，沒錯……這確實是一場磨難。

從困境中認識自己

「為什麼要跑步？」是一個常常被提起的問題。普利方丹曾經在高中校刊中寫道：「為什麼每天下午我都要去跑得精疲力盡？每天給自己苦頭吃，努力變得更好、更有效率與更強韌，其中有何道理存在？」

隨著年紀越大，我也越常自問這個問題，也時常被人如此問到。普利方丹的回答，總結了他為人津津樂道的思維。

「其中的價值，在於你能學到自己是怎樣的人。在這種情境中，各式各樣的特質將會浮現——包括你過去或許從不認為自己擁有的特質。」

這可以用來指涉參加一場艱難的賽跑，或者聯想到忍受一段悲慘的童年。情勢艱難、置身困境的時候，你能從自己身上學習到什麼呢？

故事裡的壞蛋也可能成為英雄

我必須認可並感謝我的繼父。他是啟蒙我開始狩獵的人。

諷刺的是，我在成長期間認定的大英雄，從來沒有打過獵。我爸曾開我玩笑，嘲諷的說：「每次你殺掉一隻動物，你的腦細胞就會少掉一個。」

當然，我知道他對我身為獵人的成就感到光榮。當我關於狩獵的第一本書《弓獵戰利品黑尾鹿》（*Bowhunting Trophy Blacktail*）出版時，我爸去了多家書店，要他們買下半打書。

他支持我並且愛我，但他還是從來不打獵。

是我的繼父帶我與弟弟去打獵，這或許是因為我媽要求他「跟男孩們一起做點事」。狩獵是鄉村人多半會做的事。對一些人來說，狩獵更像是一種消遣嗜好，所以他們當時並不把它視為某種運動賽事，也不會特別為此訓練。

那時候的我，並不是一個優秀的狩獵同伴，因為我穿著褲管寬鬆的牛仔褲，走路時發出許多噪音，從來沒辦法保持安靜。

當我們躡手躡足的前進時，我的繼父會抽著香菸，而他多半會發脾氣，因為我們發出了太多噪音。也因此，跟他一起打獵時，我從來沒有真正覺得享受，不過他的確在我十五歲、我弟弟十二歲時，讓我開始接觸到狩獵。

我不得不佩服我的繼父。他不只帶我們打獵，還帶我們去奧勒岡東部的獵鹿大型營地，以前他會跟兄弟過來這裡打獵。現在的我明白，這並不是輕鬆的小事。這些成年人很可能不希望有小孩在附近遊蕩，如果是我，我就會反對。

當我與彼得在那邊出現時，那些大人們就像在說：「這是在搞什麼？難道這裡是該死的托兒所嗎？」他們是想一起打獵、飲酒，然後晚上在帳篷裡玩撲克，但我的繼父硬著頭皮帶我們過去。

我之所以能獵殺到我的第一隻鹿，得要歸功於他。

當我獵殺到一隻幼年公鹿時，現場只有我與弟弟。我有一把老舊的三零口徑薩維奇步槍（.300 Savage），搭配一個便宜的四倍瞄準鏡。我認為自己看到了鹿角，於是把準星瞄在那隻鹿的肩膀，然後從一百五十碼外開槍。在我射出子彈之後，我弟弟驚訝的看著我。

「你射到母鹿了嗎？」

「那不是母鹿。」我雖然這樣回答，但也突然間開始懷疑。

噢，慘了，我在獵公鹿的季節殺掉一頭母鹿？

當我們抵達那隻鹿倒地的位置時，幸好牠的頭上有著還沒開叉的角，算是合法狩獵，不過僅是勉強過關[3]。

我的繼父沒有看見我完成第一次獵殺，而且在我的印象中，後來我們再也沒有一起打獵。不過他是開啟我踏上獵人之道的契機。帶我們去那個狩獵營地，對他來說或許是一場災難，但對我來說則是改變人生的大事。

永遠不要預先認定，誰能夠、誰又無法對你的人生造成影響。即使是最意想不到的人，也有可能在你的旅程中帶來幫助。

或許在你的故事中，壞蛋其實是由一名反英雄偽裝而成。

3 譯按：各地對獵鹿季的規定不一，包括鹿的年齡、性別、體型大小等因素，都可能有法規限制。

把童年看作雕刻刀，一切取決於「你」

把童年當成擋箭牌，要比把童年看作雕刻刀輕鬆得多。

世間的離婚案例何其多，代表有許多孩子出身自破碎的家庭。我總是聽到別人說：「我的家庭非常不健全。」用來為某件事找藉口。但它並不是能令人真心信服的原因，因為每個人的

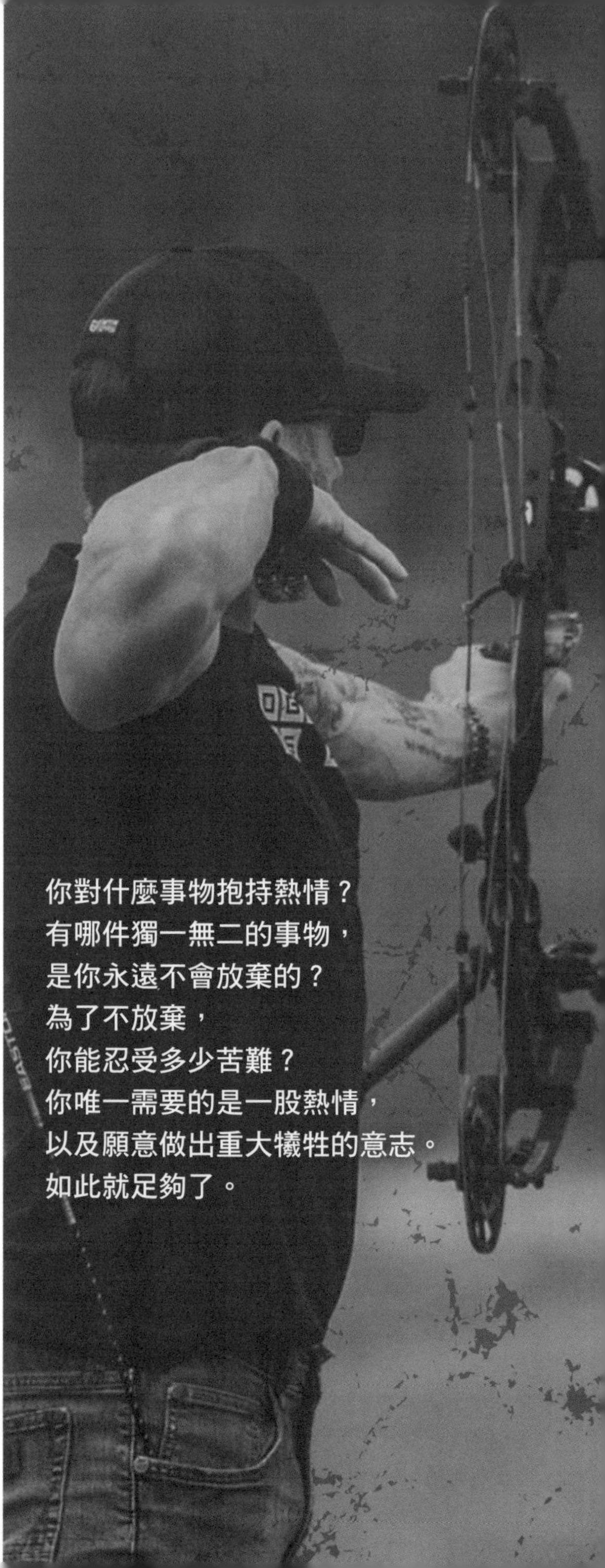
你對什麼事物抱持熱情？
有哪件獨一無二的事物，
是你永遠不會放棄的？
為了不放棄，
你能忍受多少苦難？
你唯一需要的是一股熱情，
以及願意做出重大犧牲的意志。
如此就足夠了。

家庭，都在某種程度上不健全。人們總想運用各種理由為自己辯解，不過對我來說，你必須拿開每一個擋箭牌，徹底拋棄它們。然後你**要告訴自己，一切取決於你**。你已經拋下那些擋箭牌了，如今你要怎麼做呢？

我可以把悲慘的童年歸咎於酗酒，但是我不會那麼做。怪罪別人是一種簡單的脫身方式。繼父的酗酒讓我感到憤怒，但我也可能會有同樣的問題。我做的每件事都會做到極致，所以當我在年紀漸長、終於開始喝酒時，我也完全陷了進去，喝得爛醉。

如果我沒有振作起來，我只能怪罪自己。我知道我爸也酗酒，並因此深深影響我的人生。但我也不是完人，所以我不能批判他。他擁有豐沛的潛力，卻從來沒有徹底發揮，因為他在運動員生涯的高峰期飲酒作樂。他在二〇一〇年時死於癌症，享年六十三歲；以癌症患者來說，他在這個年紀過世似乎很年輕。他不再酗酒且生活健康達三十多年，天曉得他為什麼會罹癌？

我認為他心懷許多遺憾，但有時候人生便是如此

Axemen track coach dies at 62

Longtime South Eugene High School assistant track and field coach Bob Hanes died of cancer Monday at age 62.

The 1966 South Eugene graduate, who still ranks seventh in school history in the pole vault at 15 feet, had coached the Axemen for 22 years, focusing on the pole vault and jumps. He was the inaugural inductee into the school's athletic hall of fame last year.

In recent years he had success coaching the Beard siblings in the pole vault. Lindsay Beard won the OSAA Class 6A girls pole vault title in 2007-08, and her brother, Charlie, ranks sixth in 6A history with a clearance of 16-5.

"He was an incredibly generous, giving person who deeply cared about the kids he worked with," said Jeff Hess, South Eugene's cross country coach and former head track coach.

A memorial service will be scheduled at a later date.

我父親在《紀錄衛報》（*The Register-Guard*）上的訃聞。

雙親離異對牽涉其中的孩子來說顯然會很難受，但其中也可能有一些好事。當我參加艱苦的耐力賽跑時，同母異父的弟弟泰勒（Taylor）總是會陪伴我。我在他的青年時期，帶他獵殺了第一隻公鹿——事實上是他的前三隻公鹿——而他在我第一次參加 200 英里馬拉松時，協助我抵達終點線；我非常感謝他，還有我同母異父的妹妹梅根（Megan）。這兩個了不起的人源自我爸媽離異的結果，這證明了即使對孩子而言感覺像是世界末日的事情，仍然有可能隱藏著一絲希望。

發展。他是我如今為何如此過活的原因。雖然在我小時候，基於離婚的緣故，以及他忙於經營黑膠唱片行，我們在一起的時間並不多，但在他過世之前，我們變得很親密，我也看到他對其他人造成的影響。我總是希望自己能讓他感到驕傲。

我爸從來沒有徹底發揮他的潛力，不過他引導我走上人生道路，讓我能盡情揮灑。

最近我告訴我媽，我很高興自己度過了這些經歷：所有的悲慘鳥事，痛恨我的繼父與我的生活，感覺自己永遠不會幸福。**我很高興自己被迫承受了這些風暴。某種程度上，這正是我能把現在在做的事情做好的原因。**

我們成長時都會依靠別人，例如父

母、親戚、朋友、鄰居與老師。我沒有人能依靠，這代表我必須靠自己。如果我不督促自己——而且有些時候，我很樂於放輕鬆一點，不必時刻都想著自我突破——那麼沒有人會督促我。

我在弓獵中找到真正的熱情與使命，也找到了推動自己的完美夥伴。不過在羅伊搬去阿拉斯加之後，我得決定自己的下一步是要獨自狩獵或乾脆放棄，因為我找不到其他人願意陪我這樣狩獵。當然，我決定獨自狩獵，而且我能自在的這麼做，因為我成長為獨立自主、自力更生的一個人。這並非出於選擇，純屬人生便是如此發展。

有時候，我會聽到有人說出鍛鍊身體時常見的藉口：「是啊，我有好好重訓，努力認真，一切順利，不過後來我的健身夥伴的工作有所改變，所以我們就沒再繼續練了。」這到底跟你自己的鍛鍊有何關係？誰會在乎？這跟別人無關，只跟你有關。

自力更生讓我更強韌，使我獨立自主，不必仰賴他人，並且成為解決問題的高手。我必須運用自己的創造力，因為沒人會在這裡幫我思考，於是我變得更有創意、更具韌性。我的親生父親不見人影，而我對繼父的憎惡，促使我克服了自身的平庸。

當然，首先我必須透過高中生活，來發現自己有多麼平庸。

信念1

【用痛苦打造自己的救生衣】

生活經驗賦予我們看待事物的觀點，經歷挑戰則會帶來力量。

在生活中的經歷，尤其是那些逆境，給了我過去不曾擁有的視角。於是我開始學會了熱愛挑戰，擁抱困境。

為了成功，你要突破多少痛苦與磨難？

在大多數的狩獵過程中，承受更多苦難的能力，或許是造成差距的最大因素。我奮力突破阻礙，抗拒恐懼與自我懷疑。

奮戰不懈是我人格的一部分。為此我很感激自己的成長經歷，儘管其中充滿痛苦。長時間默默忍受痛苦，努力前往終點線……這正是我熱愛山間耐力賽跑的原因。

我寫下並講述在偉大的弓獵傳統中，獲得成功所需的努力。這是一段獨特、令人謙卑的旅程。它逼人竭盡全力、獻身其中。它極度痛苦，但也會帶來難以置信的成就。它創造出經驗老練的高手。

這是一段漫長的旅程，非常漫長。在清晨、中午、下午時分不斷奔跑。

我希望自己大汗淋漓，感覺慘兮兮。這一直是我的目標。

訓練到讓自己適應痛苦，讓自己擁抱痛苦。這是我的做法。因為我知道，未來我一定會經歷這些感受。

我想要找到自己的極限。

我想要找出當我把自己逼過頭時，會發生什麼事。我還沒做到那種程度，但我等不及想知道了。

很多時候，我都帶著傷在跑步。腳踝、膝蓋、大腿，受傷的部位不勝枚舉。我已經努力跑過好多、好多英里的路，而在多年的訓練之後，你勢必會渾身帶傷。

你要不放棄，要不忍著疼痛繼續前行。

我選擇繼續。我忽視疼痛。

我很確定沒有人會因為水泡而死。

我熱愛訓練，並且努力朝目標邁進，不管是弓獵、跑步、重訓或其他事情，都是如此。

昔日我所經歷的痛苦，是我在荒野中的救生衣。我悲慘的過往，促使我能承受在山間活動所需的重擔。

當肩膀疼痛，背部緊繃，股四頭肌痠楚時，我會感覺這場狩獵終於帶來我所渴求的事物。打包獵物帶走時所忍受的苦難，代表著成功，但其中意義不僅如此。涔涔流下的汗水，以及辛苦尋找穩固的立足點，給予了我所需要的一切。

我已經變得渴望且擁抱挑戰。如果沒有了挑戰，我就不再是我。

第二章

自信是突破平庸的武器

第一次前往州外狩獵，
跟羅伊以及其他朋友去
加州獵野豬。

成功源於自信。當我回顧自己的人生時，其中大部分是跌宕起伏的旅程，是一場為了博取「比平庸更好」而永無休止的戰鬥。

我的熱情自從進行過第一次弓獵之後便已燃起，但我心中始終存有低語，質疑這樣努力是否值得。我的背上彷彿有個箭靶，言行舉止全都被人批判，又或許只是因為自我懷疑，使我放大其他人釋放出的負面能量？自信非常難以獲得，卻會輕而易舉的喪失。這似乎完全不公平，不過一**旦你擁有自信，你會開始更努力**，也正是在這個時刻，你會開始尋得成功。

在我剛進入新高中就讀時，我完全沒有自信，也毫無能標榜或營造氣勢的成功事蹟。當我爸搬到波特蘭，而我決定跟他一起住時，我的日子就過得更糟糕了。突然間，我發現自己身處這所我不想就讀的巨大校園，其中我一個人也不認識。我跟不上課程，高一時的成績幾乎都是D。我完全不注重健康，又不怎麼運動，於是我開始變胖，長青春痘則更讓事態雪上加霜。

沒上學時我會在伯恩賽德街附近遊蕩，因為身上沒有閒錢，所以只是在路上打發時間。有些人會去看電影，我則是在市區看著醉鬼蹣跚而行，有天還在公車站碰上搶案。

那一年讓我最難受的是，我非常思念我媽與弟弟。我想搬回去跟他們住，但我不想讓我爸難過，而且我痛恨我的繼父。週末時，我會搭灰狗巴士去尤金市看我媽，而在週末結束時，我則跳上回我爸房子的巴士，眼睛盯著窗外，好幾次潸潸淚下。儘管理由不同，但我在兩處都無法真正感覺快樂。

我很快理解到自己必須有所改變，我在波特蘭的處境岌岌可危。寂寞與被孤立感使我完全

我對自己高四時的事情印象不深，少數的例外是高中美式足球隊。我們表現優異，因為有唐尼．馬尼拉（Donnie Mannila）這位厲害的運動員擔任四分衛。我們是親密的好友，他常常尋找我的身影，畢竟我是隊上的外接員。這讓我在球隊內獲得最多次達陣。這張照片是拍攝入選聯盟全明星賽榮耀的球員。

後排：葛倫．羅伯森（Glen Roberson）、提姆．班森（Tim Benson）、我。

前排：提姆．湯普生（Tim Thompson）、傑克．德佛羅（Jack Deveraux）、傑夫．摩斯（Jeff Moss）、唐尼．馬尼拉。

提不起勁唸書或交朋友。我的成績全是D，且體重超標又缺乏安全感。於是在高二到高四期間，我搬回去跟我媽住。我知道這樣做會讓我爸難過，但我真的過得很悲慘，感到絕望。

後來我在馬可拉區的莫霍克高中就讀。這是一所小鎮上的小型學校。馬可拉是一個伐木社區，許多居民在森林裡工作。我喜歡在小鎮的生活，但一如許多出身平凡的人那樣，我對人生沒什麼期盼，也沒有夢想。轉學確實有幫到我，因為即使我從來不做功課，也不被人認為「聰明」，但我也不笨。我開始獲得好成績，最後在高四時各科都拿到A。

運動不只提供我宣洩的管道，我也在其中找到目標。我什麼運動都參加，而在我體能改善、重新站穩腳步之後，我在各隊總是能名列先發陣容。我成為美式足球隊內得分最多的選手，不過這主要得歸功於我們有一位厲害的四分衛。

唐尼．馬尼拉跟我當時是很親密的朋友，我們都住在溫得林路，彼此相距三英里，我們就讀的高中也在這條路上。夏季時，我每天騎腳踏車去他家，在那邊練跑戰術路線、不斷傳接球、舉重，然後去溪邊游泳，聊那些「平地人」（意思是從都市來的人）的壞話。唐尼是莫霍克高中史上最厲害的運動員之一。那些跟他傳接球的日子，使我們發展出良好的默契，所以比賽時他常常找上我傳球。

我之所以開始練跑，是唐尼與他的父親多恩（Don）讓我起了這個念頭，其中多半是受到多恩影響。多恩是一位出色的跑者，能在四十分鐘之內跑完十公里（六．二英里），這可不是簡單的事。唐尼跟我一起跑步，彼此爭先，後來我們開始把它稱為「溫得林路田徑社」。這並不是長程賽跑，跟我目前在做的活動沒得比，我們純粹是為了在美式足球比賽中有所表現而鍛鍊體能。

那段日子讓我發現自己想要更努力，當上我所能成為的最佳運動員。我喜歡自己屬於成功球隊的一員，我喜歡達陣得分，而且看到我跟唐尼在夏季的鍛鍊有所回報也很有趣。我也想要成為好學生，但一如體育方面，我從來比不上唐尼，他的表現好到入選高中榮譽生會（Honor

Society）。當時沒人督促或鼓勵我，沒人當面對我說我得做得更好。我甚至沒印象有人問起我的成績。我只是自己想要做得更好。

由於過著起起伏伏的生活，我學會了如何自力更生。如今我正在學習如何督促自己。我媽已經盡她所能做到極致。我完全不懷疑她對我的愛，一刻也沒有動搖過。她始終愛我，但她也有許多事情要忙。她再婚、有工作，而且要照顧另外兩個小孩，我的同母異父弟弟泰勒與妹妹梅根。

當然，她還得把彼得與我控管好。我已經習慣自己生活，所以只要能跟彼得在一起，我就不在意其他事，雖然我們倆在運動方面競爭激烈，因為兩人都很好勝。也就是這段期間，我發現可以利用運動來鼓起我的幹勁。當沒有去運動時，我會盡可能遠離家裡，因為只要我的繼父在附近，氣氛總是會變得很緊繃。

沒人能保證明天會如何

高二之後的暑假，祖母海絡絲（Heloise）的房子成了我的新避風港。在玩傳接球、晒乾草或游泳之餘，多數時候我會踏上我的十段變速腳踏車，騎二十英里路，去祖母位在尤金市翡翠街和第二十四街上的綠色房子。海絡絲奶奶是我爸的母親。他的父親在他三歲時過世，加上海絡絲奶奶從未再婚，所以他在成長階段沒有父親。她是學校教師，性格仁慈溫和，而且一直很照顧我。

海絡絲奶奶總是很歡迎我。她會為我準備一整盤塗上花生醬的蘇打餅乾，然後我讀著史蒂芬・金（Stephen King）的小說，她則播放莫札特或貝多芬的音樂，讀自己的書，背景還有老爺鐘在滴答作響。我常常去那裡玩，看MTV頻道，然後騎二十英里路回家，隔天又重來一遍。

我對自己跟海絡絲奶奶相處的日子記憶猶新。我在那裡當然沒幹什麼正事，不過我仍然每天騎了四十英里路，而這本身就有價值，幫助我維持體能。我記得我爸也來看過奶奶幾次。由於他當時還沒戒酒，所以我很少去他的住處，只會去奶奶家裡。

海沃德田徑場離奶奶家只有一小段路。它是奧勒岡大學知名的田徑體育場，過去曾是一處牧牛場，後來成為全國舉辦最多次美國奧運選拔賽，以及全美大學體育協會冠軍賽的場地。每當有田徑賽事舉辦，我就會前往海沃德，由於無法入場，所以只能隔著當時環繞體育場的圍欄觀看。附近的大學公園，也是我會遊蕩的場所之一。該處設有戶外籃球架，我在那裡跟其他人打球，比過好幾場激烈的比賽。

高三之後的夏天，我前往外祖父位在奧勒岡東部的牧場工作。鮑伯（Bob）是我媽的父親，他是賽馬訓練師，同樣強悍得要命。他在十五歲時便獨自離家，加入軍隊並在韓國服役。即便是外孫和他一起工作，也完全不會受到寵溺嬌縱。我不是在開玩笑。

外公教會我許多關於「超級強悍」與馬匹的事。我會騎著他的賽馬在跑道上暖身，然後交

我用步槍獵殺的最後一隻動物，如今掛在好友奧斯本（**Osburns**）家族的穀倉。
當時我在清晨去三千線（**3000 Line**）打獵，那是一條位於伐木區內的道路，然後於午前跟這群傢伙會合。
當我們嬉鬧閒聊時，我發現這隻公鹿在 **300** 碼外的伐木小道邊緣移動。於是我停頓片刻，然後射出一發子彈，放倒這隻公鹿。附帶一提，我仍然偶爾會割下襯衫的袖管，正如我在這張照片裡面那樣。

給騎師去比賽，所以他們叫我「小騎師」。控制賽馬是一樁難事。你的體型不能太大，因為你不希望讓賽馬的負荷太重。我體型不大，但我必須要很強壯才能控制住這些馬匹。外公相當精通這門技藝，他做為訓練師的天賦，可說跟他豪放的個性與進取心並駕齊驅。他曾經榮獲奧勒岡年度最佳奎特馬（quarter-horse）訓練師。他的人生過得如意順心，主要是因為他努力工作，而且永遠渴望追求勝利。

我還從鮑伯外公身上學到其他事：**明天會如何，從來沒人能保證**。

某天外婆從奧勒岡東部的牧場開車過來，準備觀賞我們在週五返校節舉行的美式足球比賽。週四深夜時尤馬蒂拉治安官署來電，告知我們外公車禍身亡。聽到這個消息讓我很痛苦，因為鮑伯外公在我的青少年時期，占據了很大的地位。隔天晚上，我辛苦的撐過返校節那場比賽，我表現不錯，完成好幾次高難度接球。

外公教導我，每天都要盡全力去活，而且唯一重要的事情就是獲勝。每當一匹賽馬得勝，訓練師、騎師與家族就會圍成圈慶祝並拍照。比那遜色的任何表現，就是一場失敗。

平庸，所以毫無期待

高四時，我很喜歡跟唐尼開這個玩笑；我會盯著自己的手說：「這雙手會帶我們進入州立大學。」唐尼與我交情很好，但就算在那個時候，我也能看出某些促成我進行狩獵與訓練的背後心態。在我跟唐尼一起比賽的記憶當中，我最有印象的是一次關鍵漏接。

「我永遠不會漏接球。」這是我最愛對我的四分衛說出的大話。我永遠忘不了我在高四打的最後一場比賽。我們前往洛厄爾市對抗洛厄爾紅魔鬼隊，以十九比零獲勝，我甚至完成一次達陣。但我也在一次兩分轉換[1]的嘗試中漏接，而這是我整個賽季以來第一次漏接。我表現得像是天底下最幼稚的小鬼，在邊線噘著嘴，只因為自己漏接了一次傳球。這正是我的好勝天性所展現出的醜陋一面。

1985 年的高中畢業典禮。在那之後，我很快就發現自己只是個平庸的人。

遠在那個時候，我就想要成為最出色的一員。但在美式足球方面，高中畢業之後，我很快就理解到自己頂多是一個平庸的球員。

你夠優秀嗎？

每項運動都會問你這個問題。當選手從高中前往大學，以及後來進入職業體壇時，所獲得的最終答案，多半是可怕的兩個字：

不夠。

我十七歲從高中畢業，比大多數人更早。我決定在喜互惠超市工作一年，負責向蔬果行訂購麵包與乳製品。唐尼比我小一屆，所以在他隔年畢業之後，我們一起就讀南奧勒岡大學，並試著加入大學球隊。在這四年之間，唐尼成功做到了，最終躋身先發行列。而我則是成功喝掉一大堆酒。

除了唐尼以外，我在大學的好友也是在球隊中結識，他們是來自波特蘭的凱斯（Keith）與喬（Joe），以及傑夫．畢哈德（Jeff Beathard）。

傑夫的父親鮑比．畢哈德（Bobby Beathard），曾是華盛頓紅人隊[2]的總經理，性格帶了點東海岸的瘋狂。我以為自己算是優秀的外接員，但傑夫擁有我所見過最擅長接球的一雙手。他在一九八八年的國家美式足球聯盟（NFL）新秀選拔中，被洛杉磯公羊隊（Los Angeles Rams）以末輪籤選走。

在我試圖加入球隊之後，我成為南奧勒岡大學的紅衫球員（redshirt）[3]，場上有好幾位天

---

1 譯按：美式足球達陣得分後有兩種追加得分方式，加踢射門成功可再得一分，兩分轉換則是在達陣區外以正常進攻方式嘗試達陣，成功可再得兩分。

2 編按：Washington Redskins，於二〇二二年改名為華盛頓指揮官（Washington Commanders）。

3 譯按：美國大學運動員的特殊狀態，目的是延長其參賽資格的期限。一般大學生可以參加四個賽季的大學比賽，但也可於在校期間，選擇成為一年的紅衫球員；期間可以正常上課，與校隊一起訓練，但不能代表球隊出戰。

賦異稟的高手，而我顯然並非其中之一。不過整個過程很有趣，尤其是因為在場上頂尖的運動員之中，有些人最終成功進入國家美式足球聯盟。

我在整個高中期間一罐啤酒也沒喝，全心全意投入運動與學業，心知儘管自己不是頂尖運動員，但我仍然要盡己所能——這尤其是因為想取悅我爸。諷刺的是，我在大學時並非如此。我在南奧勒岡大學學到的是，雖然我沒有厲害到能在大學美式足球中出賽，不過我很懂跑趴。我喝了一大堆啤酒，最後帶著這項我精通的「新技能」回到尤金市。

我在年少時期就試圖釐清步入婚姻、早早生兒育女有何意義。當時我在建築公司上班，負責灌漿與整平，同時也在一間硬體倉庫工作。我的人生並不怎麼充實。那時我心裡想著：我有什麼目標？我的人生就只有這樣了嗎？

我開始去蘭恩社區大學就讀，不過多半只是在打混、喝啤酒，沒幹什麼正事。我在一間倉庫找到工作，負責壓扁紙箱並捆起來，時薪四．七二美元。這個工作可能找隻猴子來做都行。在我做出幾大捆紙箱之後，我會用堆高機

要怎麼將熱情提升到更高層次？你的事前準備必須達到挑戰極限的程度。

這樣做有助於建立自信，所以當你身處最艱苦的荒野、最險峻的山脈時，你會準備好面對任何事。一切都環繞著自信與相信自己，而這源自於練習以及我先前提到的準備，它們能讓你徹底理解征服困難所需的堅毅心態。

把它們疊起來，讓人能過來拿去回收。

這份工作最好的地方（或許是唯一的好處），是我在這裡遇見了我的妻子翠西（Tracey）。當時我的生活似乎沒有反常或特異。我並不覺得自己浪費了天分或機會，因為老實說，我覺得自己兩者皆無。這並不代表我讓任何人失望了。**沒人對卡麥隆‧漢斯有什麼期待，所以，我對自己也毫無期待**。

運動，我生活中獨一無二的這項目標，已經突然消失，我發現自己失去了方向。沒有事物來挑戰我。除了玩弄小聰明，我猜沒有別的事物能彰顯自己的能耐了。而我的這張嘴也害我惹上一大堆麻煩。

唯一能推自己一把的人

大人們會在童年時期形塑你，不論好與壞。他們可能像海絡絲奶奶那樣照顧你、像鮑伯外公那樣指導你、像唐尼那樣挑戰並激勵你。家庭或許提供你宣洩的管道，朋友或許能成為激勵你向上的因素；**但最終決定追夢的腳步，必須由你自己踏出。你是唯一能推自己一把的人**。

他人可以給予自信的種子，但要在自己心中茁壯成長，則需要時間。

南奧勒岡大學的經歷，讓我意識到自己不再有參加大型運動賽事的機會；這意味著我的生活失去了真正的焦點，使我茫然若失好一陣子。幸虧羅伊始終關心我，不斷鼓勵我進行弓獵，說用弓打獵比用槍更好，因為參與者比較少，我會很享受。羅伊促使我開始弓獵，而**唯一能在任何事物上建立自信的方式，就是親自走出去、動手做**。我迅速把精力專注在弓獵上。一如運動那樣，弓獵提供了挑戰。

不過這一次，對於那個由來已久的問題——我夠優秀嗎？——我有了不同的答案。

對，我夠優秀。事實上，我比優秀更厲害許多。

我發現了能讓我致力其中的完美事物——既能帶給我挑戰，又不是人人精通。當我在弓獵有所成就時，賦予我相當大的自信，而對一個年輕男子來說，在任何事物上有自信且獲得正向回饋，都是足以改變人生的強烈火花。

坦白告訴你：我只是個普通人，但我在過去三十年的弓箭狩獵中取得了超乎常人的成就。可以肯定的是——如果我做得到，那麼任何人都做得到。我出身卑微，沒人督促我，甚至沒人相信我。因此，我的故事證明了在弓獵方面，最平庸的傢伙也能實現最巨大的夢想。

弓獵中的一切都跟自信有關。弓獵手的賽場是神的國度，唯一的目擊者是獵人與獵物。沒有觀眾來鼓勵你、為你加油，你必須自動自發。若想品嚐勝利，你必須堅韌不拔，思考或延宕完全沒有幫助。唯有訓練能讓你變得強悍。

你必須相信，自己能夠變得更強大。

信念2

【沒有天賦享受，就享受著迷】

成為例外。打破枷鎖。掙脫低標準的束縛。

想脫穎而出，你不需要訂立宏大的計畫。並不是完成十個指定步驟，就能實現目標。

你不需要資源或援手。

你可以**從擁有熱情開始**，並從那裡一磚一瓦堆砌起來。我擁有的就僅僅如此，而我做到了。

我在許多方面有缺陷；我得到的恩惠比我應得的更多，而且我依然心中帶著那份不服輸的驕傲。這矛盾嗎？是的。

同樣的……我愛著許多人，但信任的寥寥無幾。

我感受得到痛苦，但不斷試圖讓自己相信「我是銅皮鐵骨」。即使我軟弱又缺乏自信。

人生既混亂又美麗。我們的童年或許悲慘又絕望，但每個孩子都可以夢想，都可以努力向上並看到夢想成真。如果他們了解到，即使沒人相信他們，即使他們的英雄已經消失，世上仍有希望。只要他們相信自己……這就是一切的關鍵。

這也不是只適用於孩子。許多成人也需要重新開始做夢，再度開始生活。

我沒有準備好宏大的計畫。僅有對弓獵的深深熱情，以及想證明世人看走眼的強烈渴望。

如果你相信如此便已足夠，那就真的足夠了。

我只是一名弓獵手，試圖盡己所能，把我的能耐提升到最高境界。而就這一點來說，我相信我們唯一的極限（包括生理與心理上），是我們對自己設下的界限。

夢想家們說：相信自己，你便能實現目標。

那些能真正在某件事物上表現傑出的少數人，並不是因為他們相信自己很傑出而去做，反而是因為**他們著迷於自我提升，才會變得如此出色**。而這種對自我提升的痴迷，源自於他們深信自己其實一點也不厲害。這跟「享受天賦才能」恰恰相反。

人們在某件事物上變得成功，是因為他們了解自己還不夠厲害——他們才華平庸，表現僅達平均水準——所以還有很大的改善空間。

不需要任何人相信你或你的夢想，但你仍然可以實現它。這是多麼幸運的一件事！

你也可以變得不同凡響！

第三章

對自己誠實到不留情面

人生中最令人困擾的五個字，會以提問的方式出現。

如果……會如何？

我們年紀越大，就會越容易發現自己說出這幾個字。它們可能是在後悔與失望時出現，也可能是帶著期盼與渴望。以我來說，它們也可以是富含感激與安心。

當我回想起從南奧勒岡大學返家的那段日子，我的印象是一名年輕人渾渾噩噩、隨波逐流，在脫離體壇後感覺失去方向，並認為餘生便是如此。我沒有看見路邊屢屢出現的警示牌，提醒我該小心翼翼前進，因為前方是一條死路。我反而堅持有路可走，完全忽視那些警告。

當你在方向盤後面豪飲啤酒時，很難看見那些警示牌。

如果我運氣不好的話，會如何？我可能會死掉。

並非所有人都這麼幸運。如今我很感激自己能有第二次機會。我只需要再一小段時間，就會理解到這確實是第二次機會。

你的慣性是毒，還是生產力？

二十一歲之後，我認為可以自己買啤酒很酷。下班回家的路上，我會順道去河景市場買六罐大罐啤酒。我心想，人生就是這樣，我可以喝些酷爾斯淡啤酒（Coors Light），我現在是個猛男帥哥了。

我是一個開始變胖的猛男帥哥，但也沒人在乎。我沒有要滿足任何人的期待——事實上，我過得比那些期待更不如。

我時常開車去我家鄉北方一處水塘游泳，大家把那裡叫做「動力室」（Powerhouse）。我喜歡把卡車停在橋邊，然後爬到車頂，接著以後空翻、前手翻或直體前跳的方式，跳進下方的水裡。動力室的水域窄而深，兩岸有著大石頭。只要我往任一側跳偏區區幾十公分，就會面臨悲慘的下場。任何人撞上那些石頭，都會立刻死亡。

我跟朋友一起去游泳與喝酒，純粹虛度光陰。沒什麼大事發生，這就是小鎮生活，沒人認為自己能改變世界，大家只是得過且過，不會放眼未來、事先計畫。從來沒人會討論六個月之後可能會做什麼事，大家只會問自己明天要做什麼。很可能明天我們又造訪

剛結婚時，我和翠西沒錢辦一場充滿熱帶風情的蜜月旅行，不過我們收到足夠多的結婚禮金，可以去翠西姊妹居住的聖地牙哥，接著北上洛杉磯，跟她兄弟一起住。這張照片是我人生中少數待在海灘的時刻。事實上，我寧願可憐兮兮的跑步，也不想在海灘上徜徉。我在大多數的日子，都不覺得自己值得休息。

動力室，再度飲酒作樂。

人們都會有慣性，它們可能富有生產力，但也可能毒害你。羅伊協助我打破那種慣性，因為他在一九八九年引領我接觸弓獵。

拉開我的第一把弓，射出一支又一支的箭矢，是打破我的平庸之起始點。連續狩獵馬鹿十八天，終於成功獵殺我的第一隻馬鹿，讓我樂得飄飄欲仙，百做不厭。在林間進行弓獵帶來的挑戰，觸動了我的靈魂。我的人生有了要追尋的目標，我也有了夢想。我的目標變成要當上一名荒野弓獵手（backcountry bowhunter），最終去我未曾見過的各處野外狩獵。但一如進入狩獵的世界那樣，我得花上一段時間，才能打破所有舊習，相信人生還有更好的生活方式。

我已經找到了我的熱情與目標。我只需要再找到力量與毅力來追求它。

熱情點燃期待，期待推動生活

人生中最容易的事情，是放棄你的目標，停止追求熱情。我能理解。

我遇過許多接觸弓獵的新手。他們拿了一把弓，去了一場狩獵，然後發現它實在太困難，於是就放棄了。我能理解。

在我開始弓獵的第一年，我失手過十六隻鹿。所以我也經歷過那種感覺。

如果我在第一年之後就放棄，會如何？

弓獵之所以既刺激又極其難受，其中一個理由是：它不只困難，而且令人非常挫折，尤其在你已經習慣以步槍狩獵的時候。人們已經習慣，在看到動物出現於步槍射程內時，砰的一聲……然後收工了事。你開槍射擊，獵物死去。

但當你用弓狩獵時，進到弓箭射程並不代表任何意義。當你在弓獵時，那隻動物已經進入射程，代表這場狩獵才剛要開始。從步槍射程移動到弓箭射程，意味著

我跟羅伊在長大成人的時期，並沒有多少共通之處，
不過在透過弓獵建立起交情之後，我們便情同手足。

你要進入獵物的「禁區」，大大提升了挑戰性。在弓獵時，你永遠無法保證會順利成功。

缺少阻礙與艱難，便成就不了偉大。每當狩獵新手認為弓獵不適合自己時，我都會鼓勵他們堅持下去。再努力一點，多一些耐心，在狩獵中待久一點。

對我來說，我從來不喜歡失敗。我不希望自己用不好的弓，所以在我第一年獵殺到幼年馬鹿之後，第二季我又用一把兩百美元的弓，搭配一副雙筒望遠鏡，獵殺到一隻在波普與楊狩獵俱樂部（Pope & Young）計分標準中[1]歸類為兩支角各有三叉（three-by-three）[2]的黑尾鹿（Blacktail），以及一隻五叉的青年馬鹿（Raghorn），還有一隻熊。我只負擔得起在奧勒岡內打獵，沒錢旅行到別州。我買了三張狩獵許可標籤[3]，並且全都用掉。

在我開始弓獵後的第二年，對我來說不只是記憶深刻，簡直是具有紀念意義。

第一年，我在獵殺馬鹿方面取得些許成功，但在獵殺鹿時則屢屢失敗，所以我更加努力，決心要回來再度嘗試。

失敗令人謙卑，而在弓獵上，它是這段旅程的重要一環。

1 編按：主要用來記錄和認證在公平狩獵條件下，弓箭手獵捕到的大型動物。計分標準基於動物的角、體型等特徵，例如鹿的角展、長度、叉數等細節。

2 編按：表示每一邊的鹿角各有三個叉，一般來說，叉數越多代表鹿的年齡越大、基因越優秀。

3 譯按：參加狩獵除了需要狩獵許可證（license），有時還需要事先針對獵物購買對應的狩獵許可標籤（Hunting Tag），並於獵殺後掛在殘骸上，藉此防止獵人濫殺。

如果能持續堅持遨遊其中，失敗將變成偶發的例外。但這需要你付出決心、時間與經驗。當期待的標準設得低，或是完全不抱期待時，你就會輕易接受生活中的平凡無奇，得過且過。我記得當年的我，會為了時薪十美元，在連上八個小時的班之後繼續加班，還認為自己賺了大錢。那時有個叫維卡斯．夏瑪（Vikas Sharma）的傢伙，我跟他會彼此競爭，看看每天誰能上最久的班。我們從清晨五點開始工作，清理卡車與聯結車，有時連上十六個小時的班，並在深夜下班之前，讓這些聯結車裝滿產品，準備送到岸對岸公司的硬體分發中心。

這或許聽起來很糟糕，薪水少卻勞動繁重，不過有趣的是，我記得自己熱愛那樣的生活。我們努力工作，在大多數的日子都心情不錯。

這個故事的警示是：僅僅靠良好的工作態度，只能帶你走到某個程度。

我需要讓自己期待人生並非僅止於此。

而弓獵正是能夠觸動我心弦的事情，讓我對生活有更高的期待。

完美的一箭

我對那場狩獵記憶猶新，彷彿它就發生在昨日。

那時我二十歲出頭，是我開始弓獵的第三個季節。我熱愛這項運動，三年內就獵殺到一些像樣的獵物，但我尚未像如今的我那樣專注與投入。我會在週末喝酒，沒有把百分之百的心力投注在弓獵這項技藝。

我受到韋恩．恩迪科特（Wayne Endicott）邀請，前往他從小就在那邊打獵的鄉間土地。韋恩經營「弓架」（Bow Rack）這家位於奧勒岡春田市、一九七一年開設至今的弓箭用品店。韋恩不只是一位充滿熱忱的弓箭手，他也是我的好友，最終還成為了我最大的支持者之一。幾十年來他始終不變，仍然是一位充滿熱忱的獵人，會帶那些有意願且有能力的人們進入山林間，享受追逐弓獵

1991 年，我跟杜恩、韋恩與羅伊同行，第一次真正前往荒野弓獵。至今牠仍是我獵得最棒的騾鹿（mule deer）之一，而這是我參與的第三個弓獵季節。

夢想的樂趣。

一九九一年弓獵季的其中一週，韋恩、羅伊、杜恩·李維特（Duane Leavitt）與傑夫·布魯克斯（Jeff Brooks），跟我一起前往探索著名的斯特恩斯山（Steens Mountain）。我們擠進兩輛載滿裝備的卡車，拉著一個運有大羊駝（llama）的拖車，開往位在奧勒岡南部的偏遠區域，地勢崎嶇、景色秀麗的斯特恩斯山，準備迎接挑戰。

這座山座落於奧勒岡的高地沙漠區，標高超過兩千九百五十六公尺。它的名字源自美國陸軍少校以諾·斯特恩（Enoch Steen）。山間土地崎嶇蜿蜒又廣闊，但弓獵之神在第一天就對我展露微笑。在我射偏第一箭，錯失我所見過最大的公鹿之後，我急忙搭起第二箭，成功瞄準並命中。

牠是我所見過活體含蹄最大的公鹿，顯然也是我所獵殺過最大的公鹿。能獵殺到牠，不只是因為我有本事或技巧高超，更是因為我的弓獵好弟兄（也就是韋恩）邀請我參加這趟旅程。

我在斯特恩斯山，成功以弓箭做出真正具有標誌性意義的獵殺。不久之後，在奧勒岡西部某個新林區舉行的另一場狩獵中，我獵殺到最大的馬鹿。當時身為年輕獵人的我，帶著三十美元的傑森牌自動對焦雙筒望遠鏡、細線牌瞄準器、新添購的XX75型橘白雙色箭桿，以及奧勒岡弓箭牌的英勇十字軍三代豪華款（Oregon Valiant Crusader III DX）這把弓。我在箭筒的蓋子上，黏上我第一次用弓獵到的兩根熊爪。而在熊爪之間，我則用橡膠黏合劑黏上六叉馬鹿頭部的金屬剪影。

我的射擊完美無瑕，是一記三十五碼的背向側面射擊（quartering-away shot）。箭矢從最後一根肋骨射入，停在另一邊的肩膀，代表我只有開出一個放血的洞（箭矢射入處）。箭鏃我使用的是雷頭牌一百二十五格令款（Thunderhead 125）[4]，它好用又堅固，能夠完成任務。

那記完美的一箭，很快就讓獵物倒地，儘管我追過去時沒看到什麼血跡。不過這隻羅斯福馬鹿是個龐然大物，牠沉重的蹄子在軟土留下深深的痕跡。我跟隨牠新留下的明顯足跡，走下坡約五十碼，拉開一大叢濕漉漉的冷杉，發現那隻野獸倒在一群柳蘭之中。

這隻鹿角呈深色的五叉馬鹿，是我至今獵殺到最棒的馬鹿。

那場狩獵的所有細節我都記憶猶新，彷彿它就發生在昨日。難怪會有那句俗諺：「野獸已死。但偉大的猛獸永遠長存。」

弓獵已經進入了我的靈魂。當時的我並不知道，它最終會在我的人生旅程當中，指引我所踏出的每一步。

雖然在弓獵上有所成長並取得成功，但我的人生仍然漫無目標。當時我二十二、二十三歲，跟四個人合住，我們無時無刻都在喝啤酒。其中一名室友在三週之內發生兩次酒駕，而且都是開著我的卡車。我很高興當時不是由我開車，但這主要是我運氣好，並不是我做出正確決策。我只是從來沒有被抓到而已。

4 譯按：格令（Grain）為質量單位，等同於六十四．七九八九一毫克。

模仿父親，酗酒

我的生活方式並不健康，而且我仍然缺乏真正的目標。我沒有對任何事物或任何人負責。我一直感覺很糟糕。

直到一天晚上，我在酒醉時開卡車並發生車禍，給了我一陣當頭棒喝。我開得太快導致車子傾斜翻轉，車頂被擠壓到座位上方，整輛車必須報廢。當然，我完全不記得過程。

我很可能因此喪命或害死別人。沒人報警，因為這裡是鄉下，法律常常只是裝飾。如果事故車輛被留在路邊，我們只會叫來拖吊車，讓他們把殘骸拖去回收場。

我因此清醒了嗎？不，還沒有。

我在車禍中平安脫險，當年我爸也是如此。我有從中察覺某種連結嗎？我是不是在模仿他

20 歲出頭時，只要能偷懶我絕對不去工作，每個週末都喝得酩酊大醉，而且表現得自以為是。
我記得在某場派對上，我對某個剛出獄的傢伙說了句屁話，結果我的眼睛上方就多了一道傷口。

酗酒？

我的生活就只有和一群傢伙同住，沒事就開派對。基本上，我的行程只有上班日工作，週末去酒吧，不然就只是在家或湖邊喝酒。

這樣的人生並不美妙。

我以為自己很幸運，能在那場車禍中平安脫險，其實並非如此……

卡麥隆，你是一個徹頭徹尾的大笨蛋，這次你只是運氣好。

你沒有因此受罰。還沒有而已。

你沒有傷害到你自己或其他人。還沒有而已。

但那天一定會來的，你已經因為自以為是又愛喝酒而被揍過。

你到處惹事生非，就算是對朋友也不手軟。

你是白痴。

你是魯蛇。

如果我那在那晚喪命，會如何？

一個想要成為運動員，又年輕又蠢的傢伙，把酒精看得比生命更重要，代表他放棄把三個美妙的靈魂帶進這個世界：拋棄一位很棒的妻子；斷絕深刻的兄弟情誼；捨棄各種令人讚嘆的記憶與經歷。「不斷拚戰」這種生活方式也不會存在，我只會被自己拚死。我也永遠不用忍受失去我爸與親密好友的噩耗，儘管令人心痛，卻也使我釐清自己存在的意義與目標。

當我酒駕撞毀卡車時，沒人對我抱有任何期望，也沒人對這樁事故感到意外。這起意外僅給我帶來了一點小擦傷，當然，還有一個扭轉人生的機會。感謝上天，最後我確實這麼做了。

不斷拚戰

在我開始著迷於弓獵之後，我決定從大學輟學。

這是個明智的選擇嗎？不太理性。

你會那樣做嗎？或許不會。

人們說我運氣好。在我狩獵的第二年，獵殺到一隻五叉青年馬鹿之後，有人宣稱他們聽見我用十字弓或步槍的聲音，暗指我做出了非法行為。這些人開始杜撰故事，貶低我的成就。這是我第一次體會到酸民（hater）的惡意與嫉妒。我不喜歡這樣，但也無力改變。

在我又殺掉那隻很棒的五叉羅斯福馬鹿，以及巨大的騾鹿之後，更真正激起人們的恨意。我貼在「弓架」店裡的照片，被人用圖釘挖掉雙眼。但這對我來說無關緊要。弱者痛恨成功。我只會不斷拚戰。

整段旅程打從一開始，羅伊就一直陪伴著我。即使在我敷衍著念大學、做為全天候魯蛇的

羅伊和我在伐木道路上騎了 10 英里的腳踏車，前往他獵殺到一隻很雄偉的五叉馬鹿所在地。
把牠從林間帶出來是一樁苦差事，但我們熱愛無比。對我們來說，挑戰越大，所獲得的經驗就越美好。

期間，他始終相信我。某次我們跟其他人一起打獵時，他甚至為我背書。由於我的生活方式很魯莽，有人對羅伊說他們不想要我參加，但羅伊說他希望我來。當他們試圖跟他講道理，說我沒有練習、一直在喝酒時，羅伊毫不動搖。他希望我陪他參加那場狩獵。

羅伊總是支持我，甚至打從一開始就是如此。

那場狩獵中，我是唯一獵殺成功的人。不知怎的，我就是做到了。當時我還在練習用我的弓射箭，但我只有付出中等的努力，就像多數人那樣。雖然我一開始就很擅長瞄準，但我並沒有特別花時間鍛鍊。

我在弓獵上早早取得的成功，對我來說就像一個跳板，讓我如今有些素材可寫；我獵到的那隻巨大駱鹿，讓我登上雜誌封面，另一隻公鹿則促成我為奧勒岡弓箭牌拍廣告。

一九八九年，獵殺第一隻馬鹿的那年，我也為《西部弓獵手》（*Western Bowhunter*）雜誌寫下我的第一篇狩獵專文〈馬鹿、鹿叫聲與搞砸〉（Bulls, Bugles and Botches）。儘管我的寫作天賦有限，但對它的渴望卻多得出奇，一如我的人生寫照。

當時的我極度渴望成為狩獵作家，我對朋友說：「我很確定，我能寫得跟某些在知名狩獵雜誌上刊載文章的人一樣好。我還很確定，在所有狀況相同的前提下，我也能跟他們狩獵得一樣好。」

沒人相信我，只有羅伊例外。我能理解其他人為何不相信那些話。當時的我愛喝酒，又經常做出各式各樣的蠢事。雖然寫作的念頭存在我的心底，而且是我一直以來都在做的事情，但它的地位還沒有巨大到足以激勵我放棄不健康的生活方式。弓獵才是讓我走上正道的關鍵。是羅伊讓我保持在那條道路上。

當個魯蛇並不酷。但你知道有什麼比那更糟糕嗎？

當個魯蛇爸爸。

對自己誠實到不留情面

一九九三年，我的大兒子坦納（Tanner）出生，我的體內彷彿有個開關被扳動。有人說，為人父母會改變一切，對我來說確實如此。突然間，我不再只是一人飽全家飽，如今的我將會影響到其他人的生活。

我必須以身作則。

所有父母都希望孩子能比過去的自己更富足，生活更美好。我爸不常在我身邊，我一直記得那些深深思念他、想要見到他的時刻。我希望自己能陪伴我的孩子。

我不希望自己死於酒駕事故，也不希望因為酗酒而摧毀一個家庭。

任何人的裝甲上都有漏洞。這些年來，我已經發現了我的弱點，知道我的腦袋與心裡在想什麼。即使在當時，我也知道事實為何。我不能對自己撒謊。

酒精是毒藥。

我已經看到酒精對我爸造成的影響，它毀掉了原本能夠美妙無比的事物；如今，我也看見酒精對自己造成同樣的破壞。所以我決定戒酒。如果我繼續這種生活方式，誰知道會發生什麼事？

如果……會如何？

我很確定一件事。沒人想讀某個住在馬可拉的酒鬼寫的書。我大有可能還

Hunting partner Chad Montgomery with first record book buck

Staring at my arrow stuck in the ground a mere twenty-five yards away, I strained to see the color and consistency of the blood that was covering it. I was able to sit and stare at my arrow for a long twenty minutes before getting down from my tree, and trailing my buck. What the arrow revealed was disappointing. From near as I could tell, the blood on my arrow came from little more than a flesh wound of the neck. However, as I progressed on the trail, the blood sign got heavier with each step. I then concluded that I lucked out, and caught the jugular and would find my buck shortly.

Searching for the protruding tine of an antler, or the form of the buck's body, my eyes were up more than they were following blood. It is hard to describe the sinking feeling I experienced as I watched my buck explode from his bed. The buck ran off through the timber for only about fifty yards before walking out of sight. Knowing he was hurt and that animals have an incredible 'will to survive' I decided to back off and give him some more time. I let about thirty minutes pass before picking up on the blood trail where I had last seen him.

I was disappointed, to say the least, when the blood sign got progressively weaker. It was a little after 10:00 a.m. when I grudgingly resigned to going to meet Chad, bringing him back for additional tracking help. Giving a last ditch effort, I checked trails that cut through a grassy meadow, for fresh tracks. I was elated to find a speck of blood, and with renewed optimism I continued forth.

As the blood trail picked up substantially, I figured I had jumped him. Deciding to nock an arrow, I was ready for anything. As my eyes scanned ahead for blood, I spotted a deer lying behind some blackberries. With my heart pounding I eased around to get a clearer look at the deer and noting there was no movement or signs of life, I went to examine my trophy. I gave thanks for the patience and persistence required to recover this buck, then I sat back and stared at my magnificent and most rewarding blacktail to date!

Let me give credit where credit is due. I owe that buck to good

這是我為《西部弓獵手》所撰寫的頭幾篇文章。當時我很確定一件事，沒人想讀某個住在馬可拉的酒鬼寫的書。

KEEP HAMMERING
KEEP HAMMERING

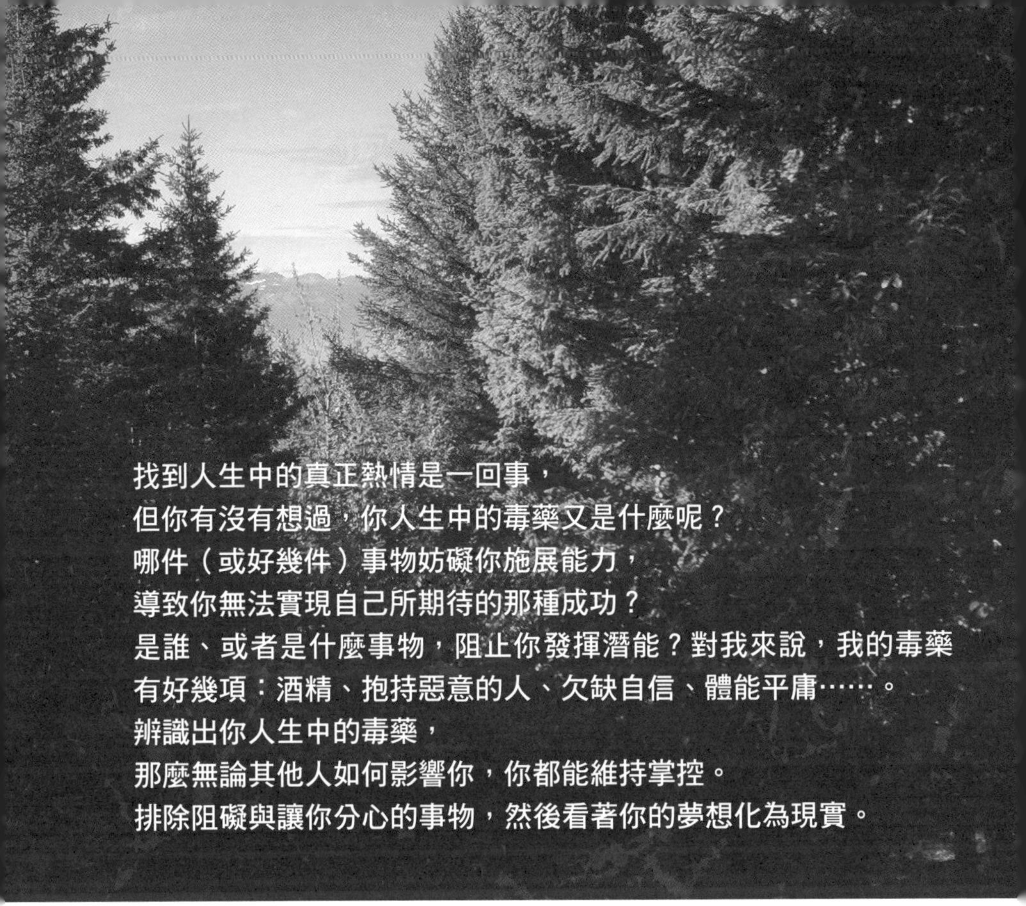

找到人生中的真正熱情是一回事，
但你有沒有想過，你人生中的毒藥又是什麼呢？
哪件（或好幾件）事物妨礙你施展能力，
導致你無法實現自己所期待的那種成功？
是誰、或者是什麼事物，阻止你發揮潛能？對我來說，我的毒藥有好幾項：酒精、抱持惡意的人、欠缺自信、體能平庸……。
辨識出你人生中的毒藥，
那麼無論其他人如何影響你，你都能維持掌控。
排除阻礙與讓你分心的事物，然後看著你的夢想化為現實。

待在那裡，白天喝酒、晚上睡覺，一個夢想也沒有。

酒精對我人生中的任何領域都沒有幫助，尤其是在狩獵方面。我不會批判其他人，不過對我來說，我必須戒酒。

你必須知道自己的強處與弱點何在。你必須對自己誠實，有時要誠實到不留情面。接下來，你必須付出努力。

失敗未必代表你的命運已經註定。

當我回想起在南奧勒岡大學做為紅衫球員的那一年，我發現自己在脫離運動後就迷失了方向。但如果我堅持夢想，為了在大學美式足球出賽而奮鬥，會如何？

如果我有錢留在大學，繼續嘗試努力，會如何？如果我身邊有人支持我的希望與夢想，不論是透過鼓勵或金援，會如何？

我們每天醒來，都心懷上百個「如果……會如何」的疑惑。它們或許思考起來很有趣，但那已經是往事。更重要的是，問你自己：「**未來如果……會如何？**」

當我日漸更投入弓獵時，我開始問自己新的問題。

如果我們推翻世人對獵人的看法，會如何？

如果我們拋開對獵人的刻板印象，會如何？

如果我們創造出終極的掠食者，會如何？他的形象會是什麼

當上爸爸改變了我的人生。我是要當個魯蛇爸爸，還是要為我的孩子，展現出如何鋪平通往成功的道路？我犯過許多錯，但我試圖向他們展現，你能透過努力來實現一些相當瘋狂的目標。努力真的有用，那讓我成功揮別不堪的過去。

試著向大師學習：在我開始弓獵時協助我的鄧森家族，創下波普與楊狩獵俱樂部單隻馬鹿獵物尺寸最大的世界紀錄，同時也是史上第四大的羅斯福馬鹿獵物。不過我在 2021 年獵殺的這隻馬鹿，比那大得多。

樣子？

對我來說，那會像是一名職業運動員——同樣專注於營養攝取與努力鍛鍊，力求打破心理屏障，使他們能比過往更成功。

我很感激自己有著第二次機會，能從那個半醉半醒，站在自己卡車的車頂上，往下跳入某個兩岸有著大石頭的深水塘游泳的傢伙，慢慢改頭換面。謝天謝地我能做出這些改變。我每一天都在感激自己擁有了孩子——坦納、特魯特（Truett）與塔琳。我相信他們將會為這個世界帶來正面影響。

以我的教訓為鑑。別讓你的朋友與家人，在某一天遐想起你人生中未竟的潛力，並尋思：如果……會如何？

信念3

【你只需要第一步】

要累積動力，你必須**先開始行動**。

要開啟你的旅程，你不需要新鞋子、新的弓、蛋白粉、健身補給品。

你只需要走出門外。

你只需要踏出第一步。

你只需要射出第一支箭

我的第一把弓只花了一百八十九美元，但就是從它開始，讓我踏上了那些自己從未想過會去的狩獵之地，甚至是那些我幾乎不知道存在的地方。

我的第一場賽跑是五英里的賽事，後來演變成數百英里的超長程山岳馬拉松。

透過努力、決心與專注，你可以成為自己想成為的任何人。

關鍵在於，找到你抱持熱情的事物。

當繼父第一次帶我和弟弟去「獵鹿營」時，我用三零口徑的薩維奇步槍，獵殺到一隻位在一百五十碼外的幼年鹿。牠的鹿角並不顯眼，但那不重要。因為我感到非常自豪。這段經驗點燃了我對山林以及狩獵挑戰的熱情。

那次獵殺到一隻小鹿時，我獲得了**正向回饋與自信**。對一個十五歲、戴牙套、長青春痘的年輕人來說，這是一種非常強大的鼓舞，是能令你感到力量與希望的一刻。

在山間清新空氣中發生的這段經歷，啟發我在學校的英語課寫下一則故事。我的老師哈勒（Haller）說我是一名很棒的寫手，他或許撒了善意的謊，不過我相信他，並把那句隨口說出的讚美當成發展基礎。我持續寫作，撰寫書籍、任職雜誌編輯，做過各種相關工作。

一段改變人生的旅程，真的都是從不起眼之處起步……例如由一名難搞的青少年獵殺到的一隻小鹿，以及在英語課寫下的一篇文章開始。

你並不需要做出什麼大事才能成功。你需要的只是踏出一小步。然後再一步，一步又一步。一段成功的旅程，起點可能是一句簡單讚美、一次拍背鼓勵，或是跟孩子一起參加狩獵營。

從哪裡起步並不重要，重要的是踏出第一步。而你只是還沒開始而已。

找到那股熱情，你就會找到你的目標與使命。

搞清楚什麼事物能帶給你快樂。

沿著能帶給你充實感的道路前進。

只要有這些東西，我就能感到幸福與快樂：荒山野外、一把好弓、一柄鋒利的刀、耐穿的靴子、堅定的精神，以及迎面而來的風。有了這些，我就能去做我生來該做的事——弓獵。

那你呢？

第二部

掠食者

如果沒有痴迷其中，
你將會變得平庸

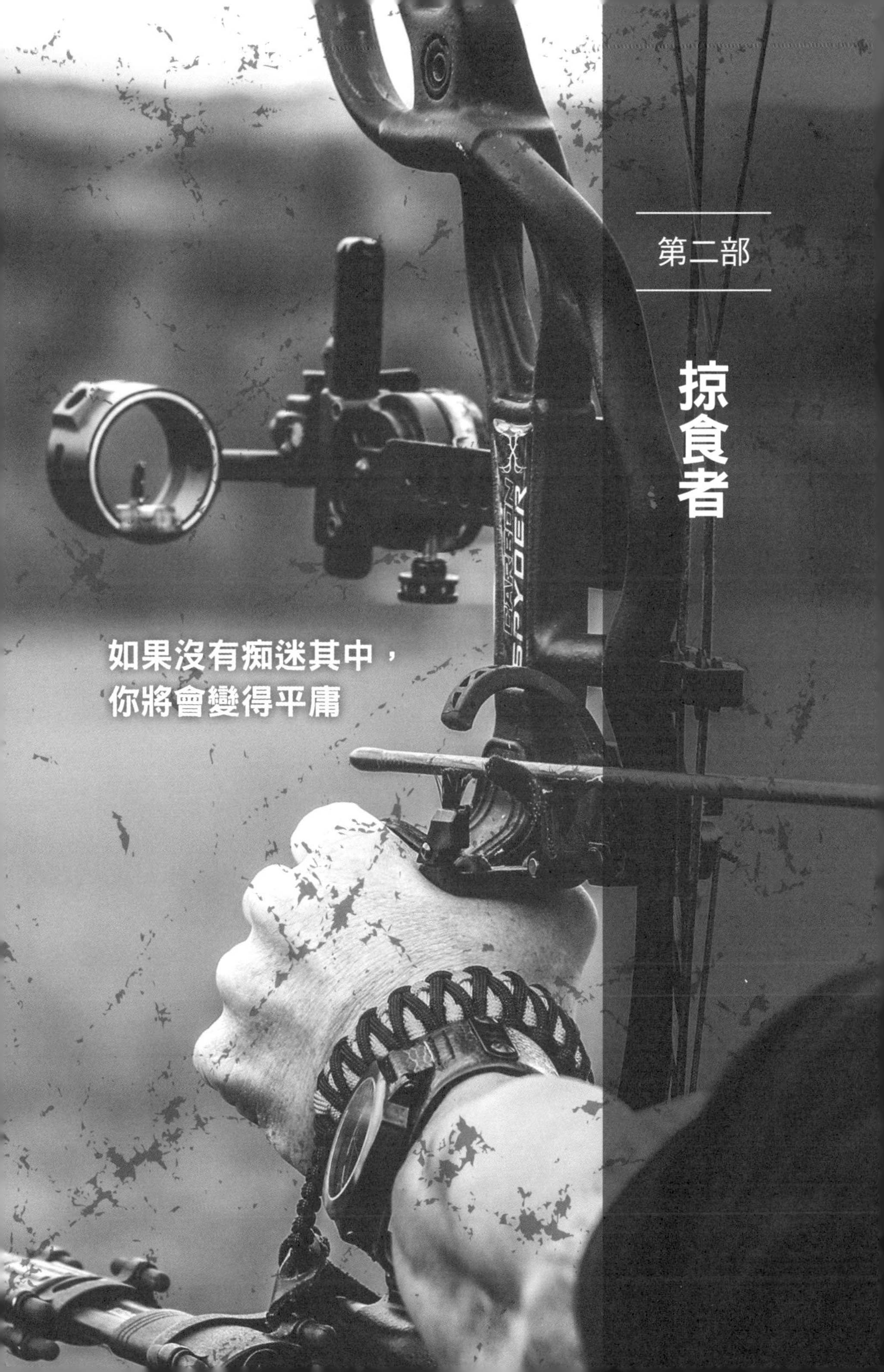

第四章

陌生且未經探索的領域

我一直很喜歡拿著弓進入
山間，然後帶著獵到的鹿
下山，滿載而歸的感受。
那就是最棒的弓獵體驗，
也完美概括我的一個信念：
訓練、狩獵、給予、榮譽。

有人說，人生會給你兩條路，一條輕鬆，一條困難。當羅伊與我第一次踏入環境嚴酷的鷹帽荒野（Eagle Cap Wilderness）保護區，目睹令人讚嘆、位於奧勒岡東北部的瓦洛厄山脈時，顯然我們選了困難的路。我們總是會被更困難的道路吸引。對我們來說，越困難總是代表越好。

鷹帽荒野是奧勒岡最大的荒野指定保護區，範圍達一千八百平方英里。當我在這裡獵到第一隻馬鹿時，我開始迷上這種形式的弓獵。周遭是花崗岩峭壁，以及深不見底的峽谷，這塊土地荒蕪崎嶇的程度，無疑是奧勒岡之最。

許多可獵捕的大型動物都棲息於此，包括大角羊、雪羊、騾鹿、熊、美洲獅與洛磯山馬鹿（Rocky Mountain elk），僅列舉這些為例。許多馬鹿在這塊荒野上遊蕩，從來沒有受到人類侵擾。荒蕪崎嶇的野外有一種魔力，但實在難以言傳，我嘗試幾十年都不得其法。如果你的靈魂具有荒野蘊含的剛強特質，你就會理解，否則再多言語都說不清楚。

當我與羅伊抵達登山口時，我們離家四百英里遠。這對我們來說意義重大，因為在這趟行程之前，我與羅伊參加的狩獵，有九九％是在距離我們家（位於奧勒岡西部）車程二十分鐘以內的地點。不消說，這趟行程遠遠超過我們的能力範圍。

光是抵達這一處，就已經是一段旅行。通常我們一次會為卡車加五美元的油，但我們的錢不夠，沒辦法開到州境最東北角的「帽子」（The Caps）區。最終羅伊賣掉一把使用 .30-30 溫徹斯特子彈、由他祖父送給他的典藏版步槍，換來三百美元當油錢。我們也沒有閒錢僱用馬夫載運行李，於是我們說服羅伊的父親買下兩隻大羊駝，讓我們帶去鷹帽，幫忙揹一點裝備。

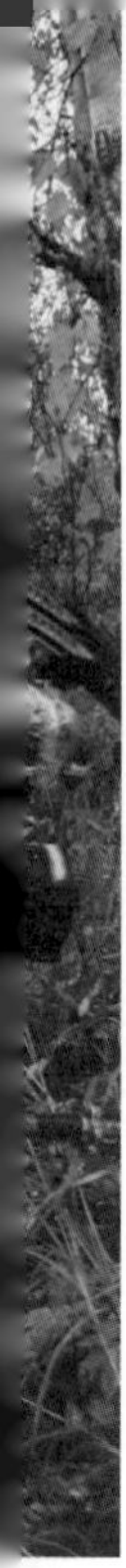

我們必須有所犧牲，才能抵達這處荒野，而前方的路途看來令人卻步又危險。但無論如何，心之所向，身之所往，所以羅伊與我終究找到辦法進入這處荒野。

我們是否知道，這趟旅程將帶來什麼樣的結果、收益或成就？當然不知道。但我們終究還是來到這裡。如果你很想要某件事物，你將會找出辦法實現它。

羅伊和我都希望過著冒險的人生。為了能狂野、自由的追逐冒險，我們來到這個廣闊的荒野。這是我們唯一的目標。

在這裡，我們將學到弓獵中最寶貴的教訓，最終延伸到人生之中。

山脈是生命的平衡器

弓獵是一樁難事。荒山及野嶺能擊垮那些最強悍的人。羅伊是我見過最不屈不撓、最能熬過山林挑戰的人，對此我毫無疑問。他也是我見過最堅毅的弓獵手，而且他總是抱持最良好的態度。我從他身上學到太多太多事情，我之所以能成為今日的我，他是其中一項重大因素。

從小我就知道羅伊很懂森林裡的事，他總是能比其他人更早知道哪裡最適合釣魚。我們為他取了「瞪羚（Gazelle）羅伊」的綽號，因為他雖然體型大，移動時卻像是瞪羚般敏捷。他是優秀的運動員，玩過美式足球，在棒球的表現更是厲害，是個稱職的三壘手。自從羅伊對我說，

羅伊與我在阿拉斯加荒野的一次成功狩獵。他用我的弓在 16 碼外射出完美一箭，獵殺到這隻駝鹿。

我該嘗試弓獵之後，我們變得很親密，彼此相處融洽。我們開始一起打獵，兩人一拍即合，因為只要是為了追求成功，我們完全不介意過程要忍受多少痛苦。

羅伊的父親擁有一家建築公司，所以羅伊在羅斯建築公司上班，而我在高中畢業後的一段時間內，也曾為他們工作。大多數時候，我們會在白天拚命工作，然後提早下班並去射點東西——例如在夏天射鯉魚，之後當成獵熊的誘餌。我們很快就痴迷於箭術與弓獵，彼此競爭、互相砥礪。

「有人曾經做到嗎？」羅伊與我會這樣討論。如果以前有人做到——不管是誰都算數——那麼我們就會認為，我們也能做到。如果沒人曾經做到，代表我們也有可能失敗，但我們還是會全力以赴。

我們想要找出可能性的極限，這也是我們開車八小時，來到奧勒岡東部荒野的理由。我們知道這裡更適合狩獵，因為土地未經開墾，人煙也單純因為環境嚴峻而更稀少。總的來說，這使得充斥著未知因素的荒野，好比是一顆大糖果，而我們則像是吃再多甜食也不夠的小鬼。

我永遠不會遺忘這次旅程，因為這是我跟羅伊最後一次一起狩獵。
我在雪中射殺一隻大馬鹿，而這對我們共享將近 30 年的狩獵旅程來說，是一個美妙的終曲。

在羅伊數不盡的不屈不撓事蹟當中，底下是其中一例。

在羅伊的父親買下幾隻大羊駝後的不久，我們開始訓練牠們馱裝備。在某次帶著大羊駝，深入奧勒岡三姊妹荒野（Three Sisters Wilderness）的探勘行程中，羅伊在單口卡式爐上加熱晚餐，使用一個鍋柄垂在鍋子底部（基本上會在爐火裡面燒）的鍋子。我們燒著開水，準備做一點起司通心麵，所以水煮熟之後，羅伊小心翼翼的拉起鍋柄抓住，把鍋子拿離爐火。由於鍋柄像烙鐵般滾燙，當羅伊開始舉起鍋子時，鍋柄燒熔掉了他手指的皮膚。

大多數人這時候會立刻扔下鍋子，但羅伊沒有這麼做，因為他知道滾水在野外是一種珍貴的資源。於是他盡可能快速放下鍋子，同時痛苦的大聲說：「天哪，這東西真是燙。」羅伊當時沒有咒罵，而且在我認識他這麼多年以來，我從來沒聽過他說過一句髒話。

羅伊嚴重燒傷，在他舉起鍋子、握住鍋柄的那幾根手指的第二指節，傷勢似乎深達骨頭。在那之後，我們在野外又待了兩天，而他也從未再提起這件事。他只是用膠帶纏住手指，然後不斷堅持下去。

這就是羅伊。我們都熱愛弓獵，因為它代表了冒險。弓獵季比較長，所以我們有很多機會。參與弓獵的人也比較少，因為它相當困難。

山脈是生命中偉大的平衡器。羅伊與我對此深信不疑，所以比起其他人，我們會去尋找更荒蕪崎嶇的土地，因為**我們知道自己能從中獲取優勢**。在正常世界裡，有錢、有人脈的傢伙，會比我們這種平凡人更有優勢。但物質層面的成功、金錢與名聲，在山脈之中毫無意義。

山不在乎這些。

在山林中，一**切只在於你有多少意志和體能**。我們開始理解，越是堅強就越能取得成功。

但即便如此，山脈依舊始終占據上風。

通往快樂的祕密

我很久以前就發現，自己最欽佩能在山間表現自如的人們。他們的決心、自信與意志，在我的眼中高尚可敬。其中一名這樣的人，世人多半不認識、甚至沒聽過他的名字。他是比利・克魯斯（Billy Cruise）。多年以來，比利都是激勵我前進的動力。

從鷹帽荒野登山口前進五英里後，我們來到一處大型嚮導營地。由於我們過來這裡的目的完全是為了遠離其他獵人，於是我們繼續前進，最終走到離登山口十五英里遠，一處巨大峽谷的底部。就是在這個時候，我們巧遇一位荒野弓獵的老手，他是來自奧勒岡尤金市的牙醫。

「你們需要幫忙嗎？」那名男子望著我們捆得散亂的行李。

「我們走了一整天，只想遠離其他獵人，找一塊不錯的馬鹿棲息地。」

這名牙醫接著告訴我們一則改變人生的故事，主題是關於一位名叫比利的男子，他是奧勒岡馬鹿狩獵界的傳奇人物，也是奧勒岡弓箭公司（Oregon Bow Company）的創立人。比利在幾年前因為空難喪生，當時他正在搜索馬鹿，不過他的傳奇流傳於世，尤其激勵像羅伊與我這樣年輕、飢渴的弓獵手。這名牙醫跟比利一起參加過許多次狩獵。

「我們團隊中的大多數人，會在營地附近幾英里內的範圍狩獵，不過比利會前往鷹帽荒野最深遠、環境最惡劣的區域。」這名牙醫說道：「每一年，在太陽西下之後許久，當我們全都坐在營地附近吃晚餐或玩牌時，比利總是會衝進帳篷，把一對血淋淋的馬鹿角扔在桌上。接著他會說起一段故事，說自己是怎麼又射中一隻野馬鹿，把牠從某個鬼地方帶出來。」

這名牙醫繼續說：「我可以告訴你們，比利在哪邊狩獵。從來沒有其他人過去。那裡地形太崎嶇，馬匹走不過去，而且陡峭到無法步行。我很歡迎你們這兩個小子去試試看。」

「好極了！我們正想遠離其他人。」

「你們一個人影都不會見到。」這名牙醫向我們保證。

羅伊與我排成一列，往山間小道的盡頭走，試著不要回頭。我們希望自己表現得不在意，掩飾住我們髒兮兮臉上大大的笑容。那名牙醫剛才向我們揭露通往快樂的祕密。我們從來沒有親自見過比利，但順著他的足跡前進，使我們的步伐增添了幾分雀躍。

在最後一次垂直攀爬一千兩百公尺之後，我們終於來到距離登山口與我們的卡車二十一英里遠之處。

我們心無旁騖的活在這一刻。我們走上困難的路，迎向未知。

在普利方丹就讀於奧勒岡大學的大一時，他在一場比賽後曾說：「我以前從未抵達這個境地。這是未經探索的領域，是陌生的狀況。你發現自己終於來到從前未能抵達的境界，而你不知道自己是否能把它完成。但我永遠會繼續探索。我還沒抵達自己在無意識中設下的界限。也或許，我永遠抵達不了。」

這裡是陌生、未經探索、令人興奮的領域，羅伊與我將要探索其中。經過數日狩獵，以及好幾次差點射中超大的馬鹿之後，在這塊環境惡劣到正如那名牙醫所保證的土地上，我射殺了一隻離群的幼年馬鹿，這也是第一隻我在荒野獵殺的馬鹿。解體並帶出的過程漫長到不行，但這沒有澆熄我們的熱情。對荒野弓獵的渴望，在我們的血液中流淌。

那名牙醫說得沒錯，我們一個人影都沒有見到。即使到了今日，在經歷過這麼多年、這麼多次狩獵行程與獵殺馬鹿之後，我仍然沒有在那裡見到過其他人。

為什麼我會受到吸引，想要做這樣的事情？

在首度於鷹帽荒野狩獵馬鹿的許多年之後，我完成了西部諸州耐力賽跑（Western States Endurance Run）。這是賽程一百英里的馬拉松，路線橫跨加州的內華達山脈。我的完賽時間是二十二小時又四十一分鐘。參賽途中，我好幾次發現自己在想，為什麼我會受到「參加一百英里賽跑」這樣的事情吸引？

我相信這要追溯自我年輕時，在鷹帽荒野狩獵所感受到的威嚇。對當時的我，一名缺乏經驗的弓獵手來說，那片荒野廣闊到足以撼動心靈。老實說，簡直是令人害怕。

自從我在幾年前開始第一次跑馬拉松後，我就心生一個瘋狂的念頭。

如果我能跑完整個鷹帽荒野，會如何？穿過溪河，橫跨整座山脈。

如果我能做到這件事，我就能做到任何事。

當我真正去做那件事的時刻，這個想法給我帶來了信心，讓我能面對並擊敗所有自我疑惑與恐懼，突破擋在路上的任何阻礙。但要真正有能力實現，我還需要時間。

我從小到大最愛的書籍之一，是薩克斯頓．波普（Saxton Pope）[1]在一九二三年所撰寫的《用弓與箭狩獵》（*Hunting with the Bow and Arrow*），書中細數了波普跟朋友亞瑟．楊格（Arthur Young）經歷的冒險。

第一百八十一頁寫道：「我們也開始為這項競賽做好準備。雖然我們的體能狀態一直不錯，但為了這場盛事我們接受了特殊訓練。」這裡指的是他與楊格為了一場弓獵灰熊的活動做準備。波普接著寫：「透過跑步、舉啞鈴與其他體能練習，我們強化了肌肉，增強了耐力。」

而在兩百零六頁，提到那場艱難的荒野狩獵時，他寫道：「我們來這裡的目標是獲勝，其他一切都不重要。」後來他又補充：「我們訓練到盡心竭力的程度，時刻保持警覺，準備好面對任何突發狀況。」

在我年紀輕輕、積極上進的早年日子裡，我匆匆看過這幾段句子，沒有多加深思。但隨著時間推移，「訓練到盡心竭力」這樣的話，開始讓我產生共鳴。這是一種堅韌的表現。如果波普與楊格早在一九二〇年代，就已經了解訓練體能的好處，那麼我確定這也適用在我和許多弓

1 編按：美國醫生、戶外活動家，被稱為現代弓箭狩獵之父。

羅伊與我都是年輕爸爸，我們希望跟孩子分享野外的樂趣。這張照片在阿拉斯加拍攝，是坦納的第一次獵熊之旅，當時他七歲。羅伊的兒子泰勒（Taylor）那時候也是七歲。
我認為像這樣的經歷，有助於這些男孩準備好忍受艱難的處境。

獵手。甚至遠在那之前，每當我的身體狀況越好，我就越是感覺鷹帽荒野似乎變小了。如今那裡似乎變得很容易對付。事實上，即使身處最荒蕪崎嶇的山間，如今的我也能怡然自得。那裡是最能使我感覺平靜的地方。

羅伊與我都受到山脈吸引，因其中的危險與狩獵的喜悅而著迷。在山間狩獵或跑步時，我感覺自己強壯無比，彷彿天下無敵，任何挑戰都能克服。而在荒野狩獵這方面，羅伊也有同樣的感受。

對那些受到野外吸引的人來說，高海拔所帶來的張力與純淨的生活，伴隨著不言自明的風險。因為人終有一死，所有人都逃不過。山脈雖然嚴酷無情，但也同樣壯麗雄偉，而正是羅伊與我彷彿飛蛾撲火般受到吸引的原因。對我們來說，這種兩極特性便是一切。不然，我們何必這麼做？

打從一開始，我就知道我們在做的事情具有高風險。那是我要付出的代價——或許，是最大的代價。

對追逐的熱愛使我們心潮澎湃，那迷霧中的未知之地，迴響著獵人的姓名。

——《用弓與箭狩獵》，薩克斯頓·波普

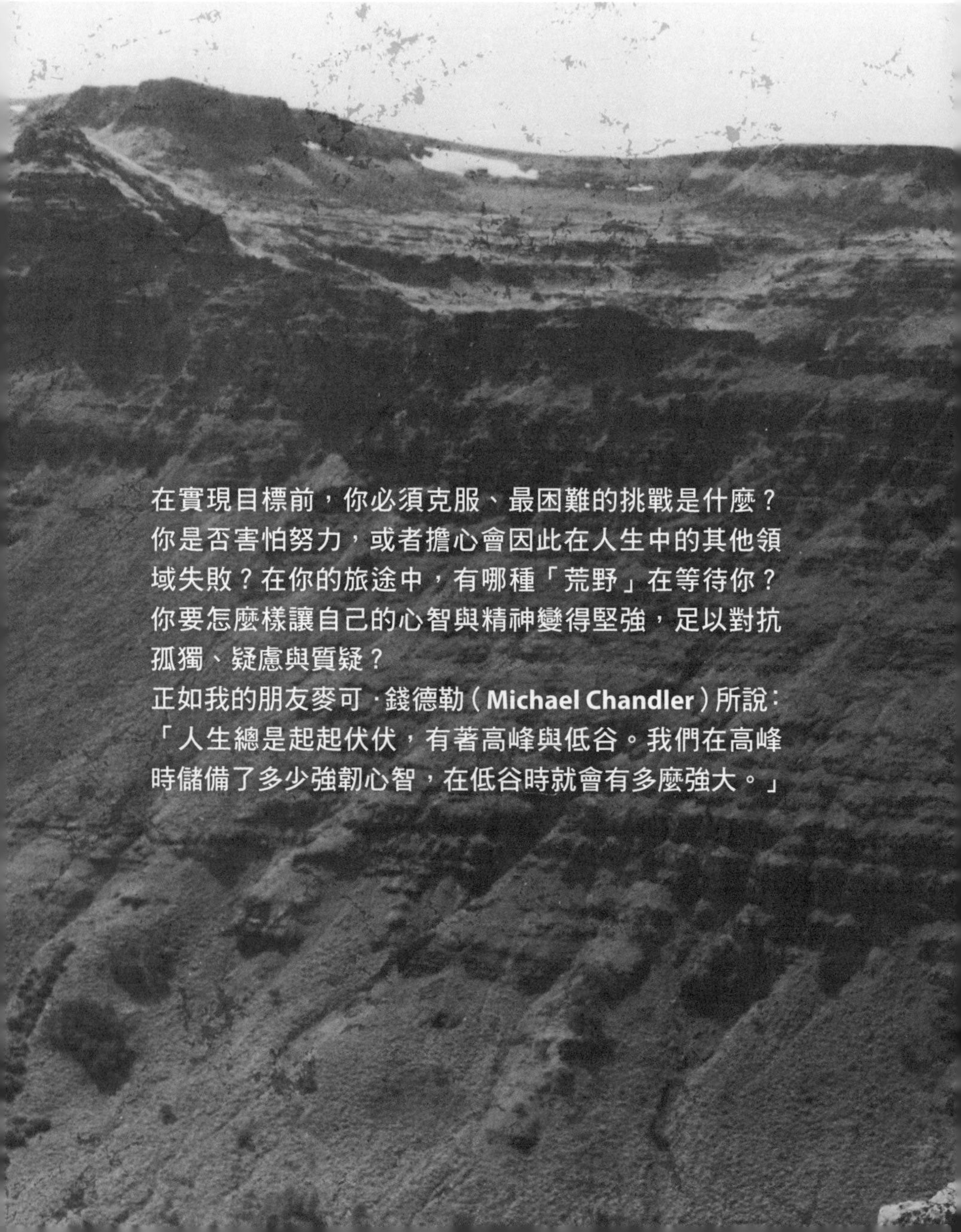

在實現目標前，你必須克服、最困難的挑戰是什麼？你是否害怕努力，或者擔心會因此在人生中的其他領域失敗？在你的旅途中，有哪種「荒野」在等待你？你要怎麼樣讓自己的心智與精神變得堅強，足以對抗孤獨、疑慮與質疑？

正如我的朋友麥可·錢德勒（Michael Chandler）所說：「人生總是起起伏伏，有著高峰與低谷。我們在高峰時儲備了多少強韌心智，在低谷時就會有多麼強大。」

信念4

【每個人都有自己的競技場】

我會前往那些其他人因為太遙遠、太困難，而不願去或去不了的地方。

這是我長期倚賴的哲學。

如果做得到，我會消除掉競爭者。我會在只有自己與動物抗衡的地方狩獵。這樣做的成功機率，總是會比一邊要智取獵物，同時得擊敗來狩獵的湯姆、迪克與哈利等人來得高。

有些地方我可以開車過去，停好車之後輕易走進狩獵區域。

那是任何人都能去到的地方。

如果我能輕易抵達那裡，那麼所有人也都能輕鬆前往。

對我來說，這就代表我不該去那裡。

我想要找到幾乎不可能抵達的地方。我想要走上人們必須煞費苦心才能實現的路。我想要一塊原始荒野，地貌崎嶇陡峭，惡土綿延數英里，藉此阻絕入侵者。

這樣的地方非比尋常。文明社會中，有些人家財萬貫、人脈亨通，有些人才智出眾，比我擁有更多朋友與資源。在正常世界裡，他們全都比我更占優勢。在他們的競技場之中，我完全無法跟他們競爭。我沒辦法比他們更富裕，也沒辦法在他們的主場更有影響力。

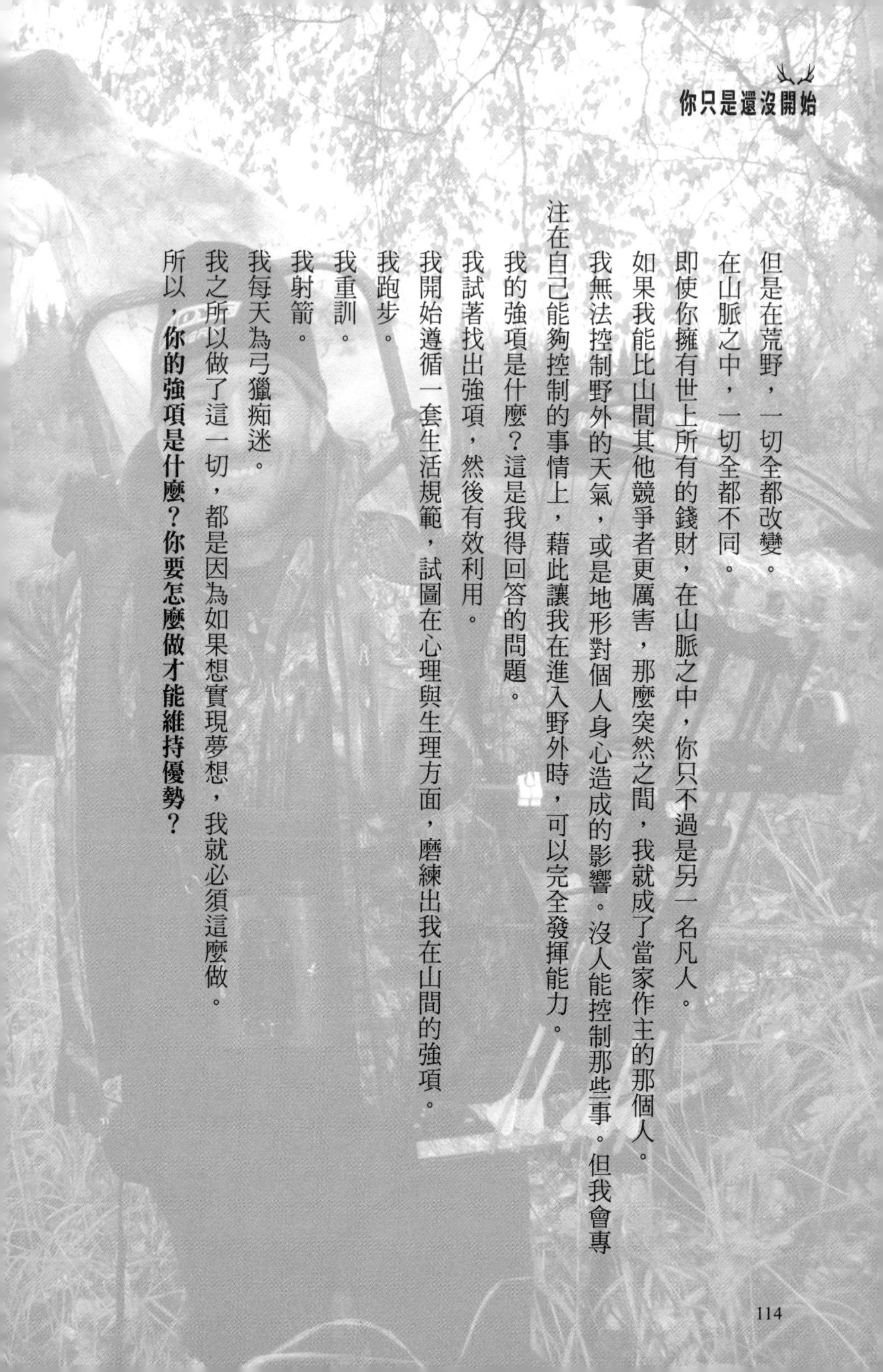

但是在荒野，一切全都改變。

在山脈之中，一切全都不同。

即使你擁有世上所有的錢財，在山脈之中，你只不過是另一名凡人。

如果我能比山間其他競爭者更厲害，那麼突然之間，我就成了當家作主的那個人。

我無法控制野外的天氣，或是地形對個人身心造成的影響。沒人能控制那些事。但我會專注在自己能夠控制的事情上，藉此讓我在進入野外時，可以完全發揮能力。

我的強項是什麼？這是我得回答的問題。

我試著找出強項，然後有效利用。

我開始遵循一套生活規範，試圖在心理與生理方面，磨練出我在山間的強項。

我跑步。

我重訓。

我射箭。

我每天為弓獵痴迷。

我之所以做了這一切，都是因為如果想實現夢想，我就必須這麼做。

所以，**你的強項是什麼？你要怎麼做才能維持優勢？**

第五章

別讓他們比你更努力

成功並非只在於我做了什麼，同時也在於我不做什麼。
我不喝酒、釣魚、打高爾夫、玩撲克。我們從來不辦家族旅行。
沒有事情來讓我分心，不再堅守紀律。
大多數人不會像我這樣全數放棄。我不去做的事情，跟我每日努力去做的事情同樣重要。兩者都是讓你心無旁騖的一環。

我快速審視了孤寂的荒野，緊緊握住手上的弓，接著感受著背包的重量，裡頭裝有那隻令我終生難忘的獵物。有些人夢想變得富裕、出名，或是在超級盃出賽，讓百萬觀眾為他們的每個舉動喝采。相對來說，這就是我所夢想的事。

在這場狩獵中，唯一缺少的是羅伊。

在我們首度前往鷹帽荒野冒險之後，那一年的每一天，我都回想著那場狩獵。如今我回來了，而且再次取得勝利。唯一的問題是，我的夥伴已經搬去阿拉斯加。這最終成為我每年獨自冒險的開端。

羅伊曾經協助他教會的牧師搬去阿拉斯加。在那趟整路開車、穿越加拿大的往返行程後，羅伊知道他必須搬去北邊，他感覺那是一道召喚。最終他被那裡的一家大型建設公司僱用，於是舉家搬遷至阿拉斯加。羅伊對建築業很有遠見，後來成立了自己的公司，並成為事業有成的承包商。他基本上接手了父親經營的羅斯建設公司。他們仍然一起工作，不過羅伊的角色從支援變成挑起大樑。

唯一的問題是，如今在奧勒岡這邊，我失去了一位志同道合的夥伴。

我試著邀請其他人跟我一起打獵，但少數我成功說服的，只會去一次。就那麼一次。對其他人來說，廣大孤寂的土地，實在令人難以承受。沒人想要我在追尋——我與羅伊在追尋——的事物。我迫切的尋找另一名夥伴，能夠跟我共享對荒野的熱情，但我一個人也找不到。

你沒辦法說服別人愛上荒野弓獵。你要不熱愛，要不討厭，沒有中間地帶。

當我了解到，再怎麼說服別人去體會自己在荒野的感受，只是在浪費精力之後，我得做出一個決定：我要不自己出發，要不完全放棄。這單純是因為我找不到願意加入我的人。

當然，我選擇繼續前往。我認為無法仰賴任何人，只能靠自己。又一次，我被迫督促自己，獨自出發。這並不是我的第一選擇，但人生有時就是這樣。

堅持就是拋下更多

接下來的十二年，我多半是獨自前往廣闊又嚴酷的鷹帽荒野狩獵。我整個人的存在，似乎都圍繞於前進荒野的準備，只為了在前輩比利曾踏足的地方，對馬鹿與公鹿開出一個創口。

荒野生存不易，它會考驗你，讓你質疑自己究竟有多想回到這裡。在那些獨自狩獵的旅程中，我對自我理解的程度，勝過我在日常世界活過的一輩子。或許是因為，那些狩獵教會我怎麼流血。

有時候，你得督促自己，獨自出發。

我花了八年時間弓獵，才單獨在荒野獵到一隻六叉馬鹿。我每年都有獵到馬鹿，但牠們並不是那種「能掛在牆上」等級的獵物。獵殺到這隻符合標準的馬鹿的地點，離最靠近的道路有 12 英里遠。單獨進行荒野狩獵，幫助我變得強悍。

弓獵跟那些需要卓越跑速、敏捷、力量與協調性的運動不同。任何人只要努力盡己所能，尊敬獵物、土地與古老的追獵傳統，都能在弓獵中做出一番成就。我能夠以親身經驗告訴你，關鍵就在於「**你有多想要**」。你願意流血嗎？在大多數狀況，你需要流點血、受點苦，才能實現目標。

事實上，許多弓獵手不願意流血。弓獵只是一種有趣的嗜好，不是嗎？它是打發時間的好方法，讓你去呼吸新鮮空氣、度個假，或許還能帶點肉回家。我同意上述的一切，但它們不是激勵我一次又一次前往的原因。弓獵最吸引我的地方，在於它帶來的考驗。

從我進行荒野弓獵旅程的一開始，我就想要進入自己所能找到最荒涼、最偏遠的土地。我總是希望比其他人走得更遠，使我能夠狩獵到未受侵擾的動物。不過，這或許是因為我心中藏有一個渴望：渴望去挑戰自己心靈的界限，以及突破自我設限的可能性？

我很快學習到，你越是堅持下去，就有越多人被你拋下。

當你走得越遠，就越少人願意與你同行。他們之所以放棄的理由很簡單：他們應付不來，或是他們不想應付。

即使孤身一人，你會不會繼續走下去？

大多數人不會。

我知道如果我能回到荒野、走得更遠，我就能找到更好的獵物。如果我的身體狀況更好，我就能遠離其他獵人。而如果我的心智堅強，我就能比其他人撐得更久。

在羅伊舉家搬遷至阿拉斯加後，說服任何人跟我一起去荒野狩獵，成為無望之舉。我不明白為何沒人想在週五下班之後離開城鎮，整晚開車，在荒野中步行一整天，只為了在週末中的一天打獵，然後在週日深夜或週一清晨上班之前回到城鎮。對我來說，似乎沒有比這更棒的週末了。但每個人各有差異，有不同的期待、需求與優先順序。我的目標與目的清晰無比。

於是，我常常獨自開車，一個人狩獵。我能做的選擇是，要不自己出發，要不完全放棄。

荒野帶給我考驗，在心智層面尤其深刻。我發現，**心靈強大到可以創造出一些原本不存在的問題**；當身處沒有分心之物的荒野，可以痴迷於其中一切時，我們卻可能會不斷糾結於自己的想法。在深山中獨自入睡，對現代人類來說並不自然。我們被教導黑暗令人恐懼，相信人多力量大，也被訓練成非常享受家的舒適，變得軟弱。

在荒蕪嚴酷的野外，**我學會如何克服自我懷疑、發現如何對抗自身常見的恐懼**。勇敢面對這些問題，改變了我的一生。

早在我還負擔不起高級狩獵行程，從來沒有購買任何狩獵許可標籤時，我就已經學到，偏遠的荒野不只能提供美妙的機會，同時還能排除掉九九%的其他獵人，因為在那裡，狩獵與生存都很辛苦。對此我也感覺辛苦，但在山中頂級的馬鹿棲息地漫步，滿是塵土的馱獸小徑上，一個靴子腳印都沒有，有助於緩解我的痛苦，使我保持專注。荒野狩獵讓我開啟了充滿可能性的新世界。

對我來說，「進入深處」似乎是很

「成功狩獵的祕密就在於……勇敢出手！」這是我第一次出演的雜誌廣告。

有效的生活平衡器。那是少數我知道財富與地位無法使事情變得更容易的地方之一。我在城市裡只是一名倉庫員工，但在山中射倒大型馬鹿與公鹿，使我感覺自己彷彿有能力完成大事。對一個還在尋找人生方向的年輕人來說，荒野對我產生了重大影響。

一開始學習在荒野中活動的訣竅、試圖用弓獵殺第一隻馬鹿時，使我想起一股熟悉的感覺——那就是，嘗試打破不可能。

馬鹿生活在極為嚴酷的環境，一生都在試圖避開美洲獅這種山中天生的掠食者，所以牠們非常敏感、高度警戒，很難接近到弓箭的射程內。而身為獨行的獵人，在這塊廣闊到嚇人、奧勒岡最大的荒野區域之中，我的自信受到震撼。我好幾次想過，我是否有能力「進入深處」並取得成功？

我做到了。

而意識到這一點，永遠改變了我。

成為頂尖的週末戰士

人生是一場考驗。有時你會突然驚覺自己必須改變唸書習慣，因為你在某堂課一直無法及格。在我的大兒子出生之後，狀況就有點類似那樣。一抱起坦納，我就開始思考人生至今為止的表現。我知道我必須做得更好。突然間，我多了一份責任，現在有了一個小生命仰賴我，還有一份未來需要傳承的「遺產」。

我會留下什麼給我的兒子？

我真的不知道。我沒有一條明確的道路或答案。我沒有學歷，而且在我做為年輕爸爸的時期，周遭沒人能讓我諮詢、向我分享睿智的意見，就連幾句中肯的建議都沒有。我完全不清楚其中奧祕，所以我透過一連串的試錯過程慢慢學習——一如我人生中的所有事。我從來沒有什麼宏大計畫，或者老實說，我完全沒有計畫。我只是每天做到自己能做的事情。

當我了解到情勢必須有所轉變時，我心想：「嗯，我唯一真正會做的就只有工作。」所以我盡可能增加工時。這是我真正必須付出的：努力工作。我開始投入許多時間工作，接著我發現，同事開始聽從我的意見。不知怎的，我比其他人更能說服他們去做事。

我不知道其中原因，不過有些人的話語從不被認真看待，有些人卻能引人關注，並讓聽眾對自己說：「好吧，他說的有道理。」我知道自己擁有一些領導特質，再加上我願意埋頭苦幹，進而創造出更多機會。於是，我的事業就這樣開啟了。

我記得在幾十年以前，我撰寫的某篇文章被刊登時，出版商附上了我的簡歷，卻把職銜從倉庫領班誤植為主管。有一位心胸狹窄、名叫提姆（Tim）的同事，拿這件事大做文章，大笑著對所有人說：「卡麥隆以為自己是主管。他只不過是個領班。」最終，在我正式晉升為主管的同一天，我接受了目前任職處的建築團隊工作。只不過，現在我是主任了。提姆，你還笑得出來嗎？

我在一九九六年，同意於春田市公用事業委員會（Springfield Utility Board）的建築團隊任職。雖然薪水比我在岸對岸公司分發中心當主管來得少，但我還是接受了。所有人都知道，為鄉鎮、市政府或州政府工作，是一個優秀又穩定的職業，所以就算要付出一點犧牲，年輕時代的我還真的做出一個好決定。事實上，這是一個超級棒的決定。後來我一直為春田市公用事業委員會工作。

當時的我認為，如果能獲得像這樣的好工作，我就能擁有自己想要的一切。好工作、好福利，而且是在很棒的公司就職。而在開始上班之後，我感覺自己像是全世界最幸運的傢伙。如今我可以好好照顧家人。我們以六萬四千美元買下第一棟房子，而且在翻修後，以九萬一千美元賣出。接著我們用那筆收益，搬去某個簡樸社區內一棟稍大的房子。事情也都開始步上正軌。

不過換了新工作，代表累積的假期得從頭開始，所以我不再能像前幾個狩獵季那樣，一連十天去荒野打獵。取而代之，我必須變成一個「週末戰士[1]」。但這只不過是另一個我願意付出的犧牲。

我仍然記得其中某些週末。我會騎上越野車，進入我成長時期狩獵的伐木區。我的車停在大門旁的主幹道邊；我會在日出前騎行好幾個小時，以便在太陽升起時多前進幾英里。我想要遠離其他人，使我能夠狩獵到未受侵擾的動物。

就算不是鷹帽荒野這樣的地方，我也會想要盡可能比其他獵人走得更遠。

這首詩是由已過世的吉姆．奧斯本（Jim Osburn）所寫，他跟我與弟弟彼得一起長大。我們三人以及傑夫．畢克（Jeff Peck）與唐尼．馬尼拉，都住在奧勒岡馬可拉區的溫得林路上，大家結為至交好友，彼此競爭激烈。我們的高中生活圍繞著各種運動，其中以美式足球為重心。打球時，我跟唐尼被合稱為「連接」搭檔，因為他是四分衛，而我是外接員。我們完成了許多次達陣。彼得與吉姆比我們小兩歲，自封為「連接二代」，因為他們相信自己比初代更厲害。或許真是如此？我要說的是，我們在好幾年之中根本是每天見面，彼此非常親密。

高中畢業後，狩獵幾乎凌駕了一切。在非狩獵季期間，吉姆與我會這樣度過：每個週末騎馬到我們獵鹿的野外。我們會裝上鞍袋，整天待在山中，試圖模仿電影《來自雪河的人》（*The Man from Snowy River*）。那段日子帶給我許多美好記憶。

吉姆在 28 歲時遭遇一場怪異的騎馬事故而喪命，許多人悲痛欲絕，尤其是他的妻子溫娣（Wendy），以及他三名年幼的孩子；如果吉姆能看到他們今日的模樣，他肯定會非常驕傲。吉姆如今已經過世超過 20 年，但他的形象仍永存於世。像吉姆這樣在壯年喪生的情況，總是令我很難接受其中有何意義。我只知道，我們需要更多像吉姆這樣的人——堅毅、努力工作、忠誠與聰明。

吉姆寫的這首詩，源自他在「馬鹿狩獵營」的經歷。我一直很喜歡這首詩，因為它讓我聯想到一場年度馬鹿狩獵營之中的友情與傳統。我的馬鹿狩獵經驗，僅在於弓與箭，單獨狩獵是其中關鍵所在，至少對我來說是如此。所以我從來沒有在大型馬鹿狩獵營待上一星期，享受白天在山間狩獵，晚上靠著帆布帳篷、柴爐、大餐、玩撲克與喝冰啤酒度過的愉快時光。我想分享吉姆的追思文中使用的詩與照片。

如果你有著像吉姆這樣的好友，要慶幸自己的好運。

馬鹿獵人的盛會
期待了整個夏季
來到一年中的這個時刻
卡車上載好配備
並且帶上一點啤酒

開進營地、停好車子
在美麗的天空下
設置好你的帳篷
開始互相吹牛

砍柴、堆好
如今萬事就緒
搜索幾隻馬鹿
天氣看起來快要下雪

好玩的部分已經結束
辛苦的工作現在開始
拿出你的小刀
放下你的啤酒

我一顆子彈也沒射
卻整天在解體與打包肉塊
我只聽到各種故事
聊著成功逃跑的那隻動物

無論是滿載而歸的時刻
或者大雪紛飛的那一年
你都會擁有一些美好回憶
以及幾張能拿來展示的照片

一切結束之時
無論你有沒有獵到馬鹿
你都會計畫明年回來
對牠射出另一發子彈

——吉姆．奧斯本

宿命般的那個早上，是在細雨紛紛的夏季尾聲。我從自己所在的高處用望遠鏡搜索，看到一群馬鹿在幾英里外棲息。我位在里程九千處（9000 Line），而那群馬鹿位在里程五千處，代表我騎車時錯過了牠們。這也代表其他沒像我前進到這麼遠的獵人，有可能比我更接近牠們。於是我跳上越野車，飛快下坡，騎上主幹道，把自己當成是來弓獵的蘭斯·阿姆斯壯（Lance Armstrong）[2]般猛踩踏板，快速前進好幾英里。

當我來到里程五千處時，要經過一整段上坡路，才能最接近我所看到的那群馬鹿。我的大腿痠得像是著了火，因為我一直坐在椅墊上猛踩踏板。如果你站著踩踏板，會因為壓在後輪的重量不夠，無法順利前進，所以你得坐著撐下去。我整個夏季都在這區搜索獵物，所以我的雙腿夠強壯，很快就騎到那隻馬鹿附近。

我用的瞄準鏡是便宜貨，所以沒辦法在這樣的距離下，清楚分辨出那隻馬鹿有多大，但我知道牠在這群動物的最上方睡覺。我小心翼翼的接近最後看見牠們的位置，手裡扣著一支箭。我的計畫進行得很完美。

那隻馬鹿還在睡覺，我緩緩潛行得更近。當我拉滿弓時，那隻馬鹿面向我。當牠朝我這邊看過來，而我準備射出箭矢的那一刻，我已經預期牠將會站起來，但牠仍維持躺姿。經過長期的反覆練習，我很有信心在這個四十三碼的距離射箭，所以我握住箭尾往上瞄，對準牠肩膀與胸骨交界處的略上方。箭矢完美命中，沒入牠體內直至箭扣（nock）。那隻體型巨大的馬鹿站起身，血從胸部的傷口滴下。由於這是命中心臟的一箭，所以牠沒有走多遠，就倒在一處濃密的新林區。

對一個週末戰士來說，這是美妙的一箭。

我仍然深受荒野吸引，所以當有餘裕時，我會匆匆前往奧勒岡的另一側。某些週末的探索或狩獵行程，大概會像是這樣：

週五下午，我在大約四點時下班，開車往北穿過波特蘭，然後在午夜一點抵達鷹帽荒野的登山口。我會在背包塞滿裝備，開始步行，試著在第一道晨曦出現之前，走完大約十二英里，期間不睡覺。我會在週六清晨破曉之時抵達目的地，以便能在週日之前狩獵或搜索。然後我會在週日晚上下山並開車回家，並在週一早上回去工作。

連續兩天晚上不睡覺，把時間用來搜索，或是在狩獵季時打獵，實在很值得。這些行程賦予我自信，能夠獨自進行長途狩獵。我正在考驗自己，而且我通過了每一道測試。

練習長距離射箭，已經成為我在準備弓獵時的主要項目之一。在這張照片中，我的射擊距離是140碼，越過卡車、瞄準最遠處的標靶。我的目標是要能在練習距離的兩倍內精準命中。舉例來說，如果我能在練習時精準射到140碼，那麼在狩獵時，我會感覺自己能輕易射中70碼外的動物。

1 編按：weekend warrior，指僅在週末外出參加活動、興趣、運動的人。

2 譯按：美國職業公路自由車賽車手，曾連續七次獲得環法自由車賽冠軍，但後來被查出長期使用禁藥提升表現，最終被判處終身禁賽，並取消多項成績。

隨著時間過去，以及馬鹿狩獵變成我的熱情所在——可說是一種痴迷——最後我用完了所有假期，當時的上司對我說，我不能再缺勤了。那時候我已經離開建築團隊，改為擔任採購，所以我的工作時間更有彈性。以採購的業務來說，如果我不在，工作只會堆著，等我回來處理。即便如此，我還是用完了假期。因此我告訴公司，看來我們得做個決定——要不讓我繼續打獵，要不走人；如果我沒有贏得信任、證明自己的價值，公司可能會認為不值得讓我留下。後來，他們讓我繼續去狩獵，而我會在之後補上工作時間。

大多數人會願意冒著失去工作——穩定的好工作——的風險，只為了追尋一項熱情嗎？或許不會。大多數人比我更聰明也更務實。但我很高興自己那麼做了。

不留遺憾的行動指南

別找藉口。
付出你的一切。
在該出現時現身。
表達你的意見。
承認你的錯誤。
從事物的全貌思考。
這是將人生過得充實圓滿的方法。這是我在下定決心追尋熱情時實踐的事情。

什麼是重要的？

世人永遠不會忘記一九九七年八月三十一日這一天，我也不會。不過，我的原因和其他人不同。當時是我做為弓獵手的第八個季節，在那個關鍵的日子裡，我的世界只圍繞著生存、飲食與尋找遮蔽——當然，還包括獵殺馬鹿。

就這樣而已。其他事情都不重要。

從狩獵行程返回時，我已等不及要告訴妻子好消息。我坐進我的豐田車，開上公路時終於能收到手機訊號。於是我聯絡她：「嘿，翠西，我獵到了一隻六叉馬鹿。」

那是我所獵過最棒的馬鹿。但翠西的回覆出乎我意料。

「黛安娜王妃[3]死了。」

「妳說什麼？」

「黛安娜王妃死了。她在巴黎發生車禍事故。」

「誰在乎那種事？」

我知道這聽起來似乎很沒血沒淚，不過你瞧……當你返回荒野，獵殺到一隻六叉馬鹿時，

3 編按：Princess Diana，因其人格特質與影響力，被英國社會稱作「人民的王妃」。

其他事情都不重要了。黛安娜王妃美麗又善良，她是最頂級的偶像名人，她的過世是一場悲劇。大約有二十五億人觀看了她的喪禮。我能理解。

但對二十九歲的我來說，在一九九七年八月底，我唯一關注的事情，是在荒野射中一隻好馬鹿。而且在那個時候，這隻六叉馬鹿是我所獵過最棒的獵物。

黛安娜王妃，請原諒我的自私。

羅伊與家人住在阿拉斯加，不過我們會通電話保持聯絡，分享彼此在狩獵方面的新冒險。我會告訴他自己獵到什麼、說幾個故事，羅伊則會告訴我他在狩獵與當嚮導時的奇遇；也有時我們只是在閒聊胡扯。我們試著每年至少碰面一次，做點宏偉的大事。

我頭兩次遠征阿拉斯加的探險，是在一九九七年前往科迪亞克島狩獵矽地卡黑尾鹿（Sitka blacktail deer），以及在一九九九年前往威爾斯親王島獵黑熊。這些年來，我可能總共在阿拉斯加狩獵了三十次。我們一起體驗過偉大的冒險。

我仍然能回憶起自己在道爾頓公路向北開車十五小時，前往位在阿拉斯加北部的普拉德霍灣油田。那裡基本上是公路尾端，會一路向上帶你抵達地球頂部。如果登上某個制高點，你甚至可以想像自己能看到地球的曲面。那裡別無他物，只有美妙、狂野的狩獵，而對我們來說，這就已經足夠了。我們獨自進行了漫長的四十英里泛舟行程，而且兩人都用弓獵到馴鹿。期間我還被一隻灰熊追逐，我們緊張刺激的度過了一整週。

打從第一天，我們的旅程就被巨大的夢想驅動。年輕時羅伊與我都非常好勝，就算在兩人之間也是競爭劇烈。我記得我們彼此撞開對方，爭奪射擊一隻巨大馬鹿的位置，那時候我二十歲，羅伊二十二歲。一如兄弟間可能的相處模式，我們會爭論戰術與裝備，什麼事都吵。做為獵人，我們都在小規模的環境中——我們稱為家鄉的小鎮——取得成功。我們也知道，成功常會孕育出嫉妒，所以早年有些人試圖貶低我們在弓獵方面的成就。這些事情都激勵我們更加努力，使我們不只在個人層面更加強壯，也在弓獵搭檔層面形成牢不可破的聯繫。

我相信我們之所以能締造出堅定不移的聯盟，是因為早在許多年以前，我們的心態便是：「在弓獵中除了『我們』，剩下的都是對手。」事實上，情況並非如此。儘管人們會說壞話，而那些說壞話的傢伙，靠話語能造成的影響就這麼多。我們很清楚，當去到廣闊、偏遠的土地時，沒有人能真正跟我

在我體驗過的任何成功經驗裡，這件上衣適切的捕捉到其中關鍵。我唯一擁有的天賦，是比競爭者投入更多時間與努力。

們正面競爭。那裡只有人、動物、土地，以及與自己的對抗。無論如何，這種「我們對抗他們」的心態，讓我們保持專注，而且不斷想要比自己在心中競爭的弓獵高手更厲害。

在曾經一起打獵的夥伴中，羅伊是唯一真正沒有極限的人。如果我想走得更遠，他會毫不猶豫地跟上。如果他想更進一步，超越大多數人會選擇放棄的境地時，我也會跟隨他的步伐。

我們不在意中途必須忍受的痛苦。早年那些在艱苦狩獵中求生的日子裡，我們一起應付過許多生理與心理上的痛苦。

或許，這就是為什麼，我再也沒有找到其他能一起狩獵的人，羅伊與我各自都組成了家庭，也有工作來養家活口。不過對我們來說，日常生活乏味單調，我們每次見面時都會拿這件事說笑。我們知道所有人都會擅長某件事。有些人擅長當保險業務員、建築工人、老師或醫師，而我們則是擅長在困難的弓獵中達成目標。

「卡麥隆，我們天生就是幹這種事的人。」

當我們排除萬難，自我考驗的時候，羅伊常會說出這句話。我們就是為了這種事而活。那些普通的日常生活，與觸動我們心靈的熱情截然相反。

弓獵是一項挑戰，定義了我與羅伊，並且賦予我們一種身分認同。在早期，有時候我會承認，我們或許都對狩獵太著迷。這些年來，儘管羅伊熱情不減，仍然深受對山脈的熱愛吸引，但他在排定事情優先順序方面做得比我好。一如我人生中的所有事，我要隨著時間過去才會漸漸改善。

先付出，紀律便隨之而來

我已經在同一家公司任職了二十五年。我從來沒有請病假，我從來不會缺席。人們在知道我從弓獵副業賺的錢更多之後，總是會問我為何不辭掉正職。既然敬業態度是我唯一精通的事，而我在公用事業公司的工作，便是培育那種敬業態度的重要一環，這就使我感覺自己受到感召，應該留在那裡繼續工作。我真心喜歡我的下屬與同事。我相信他們，希望他們成功。又或許我只是有顆忠誠之心？

此外，我從來不放棄，也不打算現在開始這麼做。對我來說，獲得那份工作意義重大，所以我很難這麼說：「嘿，這是我的離職信，我要去當全職弓獵手了。」我不知道自己能不能做出那種事。我仍然會運用假期去打獵，但也會去上班。要取得其中的平衡，只不過代表我每天得更努力一些。我喜歡在我工作的地方上班，所以我真的不覺得有需要取捨。我就是幹這種事的人。

事實上，我總是非常努力工作，因為我從未真心覺得自己擁有充沛的天賦與才能。如果我沒有一個固定的工作，我會感覺很不自然。我覺得那種生活是保留給某些明星人物，而我並不認為自己有那種本事，所以我奮鬥不懈。

我在訓練方面奮鬥不懈，也在工作方面奮鬥不懈。

從不怠惰是我唯一的強處。所以我不能輕描淡寫的說：「今天不去跑步了。我犧牲的已經夠多了。」

我不做那種事。

所有人都做那種事。所有人都會找藉口，所有人都會找理由。你永遠都能變出一個說法，解釋你為何不去面對挑戰。所以我已經學到，永遠不要在意有什麼藉口。藉口永遠無法令人信服。這就是我的心態，也是我的強處。這就是我打造耐力、培育韌性的方法。在我的行程表裡，從來沒有休息日，而這就是我勝過別人的理由。

這不是天賦。不是運氣。不是訣竅。

這是紀律。是耐力。是敬業態度。

過去的三十多年，我已經聽過同樣類型的各種藉口了。

「是啊，我也能在弓獵上做點大事。不過我有孩子要養。」

我也有孩子。

「我希望我能像你這樣隨時訓練、射箭，不過我有全職工作。」

是哦，我也有全職工作。

我沒有天賦。只有堅忍不拔。

——亨利・羅林斯（Henry Rollins）[4]

我一直是個努力工作的員工，但努力只是起點。敬業的精神不是在心裡想著就會出現，你必須付出才能獲取它；**紀律與卓越，並不是只靠著憑空設想便能取得**。下定決心每天去做某件事，持續一年。不管是跑每天一英里路、讀一個章節的書、寫一段文章、吃早餐，或是喝一加侖的水——找出某種能幫助你自我提升的事情，每天去做，持續一年。

那就是你打造出紀律、耐力、敬業態度的方法。

如果你把目標設得高，請確保在這段旅程中，自己具有充沛的熱情來驅動你前進。偉大的成就從來無法輕易達成，所以在這段路上，你必須愛上自己勢必要付出的辛勞，否則這場追求將會徒勞無功。

許多人看過美麗如畫的野外影像、狩獵戰利品的照片、打獵行程的紀實影片，以及改變人生的冒險故事。他們會告訴自己與其他人：「這就是我一直以來想做的事。」

但一支十分鐘的影片，或是一篇兩千字的文章，無法充分展現出一場為期十天的狩獵。你所看到的全是精彩時刻。而在這些精彩畫面裡，你很有可能忽視了血、汗水與眼淚。

獨自進行狩獵，代表這場狩獵從頭到尾由你包辦。你必須先做調查，研究地圖上的細節、測試裝備，實地勘查與找到獵物。最後你才終於能夠品嚐到成功的滋味——但唯有在射出的箭矢準確命中之時。

---

4 譯按：美國演員、作家、記者與廣播節目主持人。

很少有人能在人生中，把所有時間奉獻給自己的熱情。
你願意犧牲什麼來繼續追求熱情？假期時間？
與家人相處的時間？追劇時間？
付出行動、努力工作、做出犧牲，達成目標。
持續不懈，不斷拚戰！

路只有一條，沒有捷徑

在做出必殺一擊之前，你待在野外的時間，充斥著寂靜與一陣陣想家的感受。你很可能會懷疑自己，為何決定面對這麼巨大的挑戰。在崎嶇又嚴酷的野外不斷行走；或許烈日當空，或許強風把你的臉部吹得乾燥、嘴唇龜裂，又或許你對狩獵的熱情，以及你所生起的火，都在象徵意義與實質意義上被雨勢澆熄。當你獨自在搜索獵物時，心中有可能不斷生起這些疑慮與恐懼——這只不過是白天而已；夜晚顯然更昏暗，而更大的考驗將是管不住的思緒與孤獨。

最終的問題就是……**你對夢想的執著，是否足以讓自己忍受這一切？**

荒野會打垮那些僅有強健體能，卻在心智上無法堅持的人。因為在經過幾天孤身一人的生活，沒有日常的任何干擾後，他們往往會崩潰。

你的終生志向是什麼？你的長期目標是什麼？

無論那是什麼，無論是成為獨行的荒野獵人、醫師或音樂家，你只需要知道，所有獎勵都必須歷經艱苦才能獲取。

在山脈之中，沒有通往成功的捷徑。人生也是如此。

最努力的人才能獲取成功，就是這樣。

開始努力吧！

信念5

【把輕鬆留給關鍵時刻】

我在早年一無所知的日子，就享受到幾次馬鹿狩獵的成功，而在這個過程中，我學到一件事：成就多半伴隨著一些血。我自己的血。

弓獵並不輕鬆，不過這對我來說很完美。我討厭輕鬆。

輕鬆對我的意志沒有幫助。輕鬆無法改變我的人生。

說起傳奇故事時，沒人會說他們選擇了一條輕鬆的道路。

這就是為何我熱愛荒野弓獵。它不輕鬆。它是一場強烈考驗心智、生理與精神的旅程。它會讓你的人生改變。在山間射中一隻巨大的六叉馬鹿，能帶來巨大的滿足感，但其中的過程永遠不會輕鬆。你可以靠運氣矇到一次，但如果你期待要像我這樣每年獲取成功，你勢必要付出努力。

「辛苦訓練，輕鬆狩獵」，代表我希望自己的訓練辛苦無比，以至於即使是最困難的狩獵，感覺也比訓練時來得輕鬆。長程越野跑步使我在訓練時傾盡全力，並賦予我強健的心智與持久的體能。

辛苦訓練並不輕鬆。

如果不用每天跑步，真的很輕鬆。

如果不用每天舉重，真的很輕鬆。

如果不用每天練習射箭，真的很輕鬆。

唯一的問題是：輕鬆就是遜！

你不會在醒來時，看到鏡中影像變成全新的一個人。你不會在一夜之間出現轉變，或是發生巨大的改善。你只能一步步慢慢調整。

不過，這個過程完全不輕鬆。我所做的一切都很困難，弓獵、跑步、舉重，皆是如此，沒有捷徑可找。你只能花費時間與努力。

試著盡可能努力訓練，你就能在那些艱難辛苦的狩獵行程中，邁出通往成功的一大步。儘管我每天都練習射箭，不過我相信真正有鍛鍊效果的那幾箭，是在我跑完超遠的距離，或是做完格外辛苦的重量訓練，勞累、疲憊、虛弱且心神耗竭時所射出的箭；正如我在那些長時間於荒野狩獵所經歷的狀況。我知道如果我可以在有那種感受的時候，還能練習把箭射中靶心，我就能在關鍵時刻發揮得更完美。

人們向來會尋找輕鬆的出路，有時連我也不例外。人類的身體能做到驚人的事情，只要我們能在心智上竭盡全力。有些人說，每天不斷拚戰，用盡你的一切，這樣做實在「太過頭」。我無法理解那種心態。我也不想理解。

人生並不輕鬆。你只能不斷堅持下去。

第六章

痴迷其中，開始白日做夢

大多數人不會放棄一切。但我會。

改善並成長，或者認輸投降。這是我們每天都會面對的兩個選擇。有時候，成長或許只需要一個簡單的念頭，像是自動自發外出在雨中跑步；但它也可能是某種你從小就深植心中的渴望。

我年紀還小時，狩獵並不是我唯一的熱忱所在。一塊好吃的馬鹿肉排足以激勵任何人，而文字也一直是大大激勵我的元素。我從小就喜歡優美的文章，如果內容跟狩獵有關更是中意，但主題為何其實並非關鍵。我對能夠描繪出景象的文字很著迷，我始終不擅長寫作，但我希望能夠改善，而且很努力嘗試。

一如我稍早前提到，我最愛的書籍之一是波普的《用弓與箭狩獵》，其中還有一篇由佛瑞德．貝爾（Fred Bear）[1]撰寫的特別介紹。我爸在他去救世軍（Salvation Army）特賣採購時，為我買下這本書。我沉浸於書中，它描繪的畫面深深烙印在我心底。

青少年時期，我會買下並閱讀貨架上的每一本狩獵雜誌。我熱愛它們的觸感、氣味、照片，當然還包括裡面的文字。我曾經把雜誌文章裱框起來，並在相簿內塞滿剪下來的雜誌文章。我有一整套狩獵雜誌的收藏品——一疊疊惹惱我妻子的書籍——而且我從來沒考慮過扔掉。對我來說，它們是不可磨滅的歷史，你可以把它們說成是我的弓獵遺產。

小時候，我會在奧勒岡西部的林地間漫步，回想我最喜愛的狩獵作家分享的軼事。我認為

1 譯按：美國弓箭獵人和製造商，在二十九歲才開始弓獵，被認為是弓獵界的先驅，過世後入選弓獵手名人堂。

那是一個特別的時刻。每本雜誌都有很棒的作家，不過我似乎對《弓獵手》（*Bowhunter*）雜誌內的文章最有共鳴。我還年輕，但對我來說，它是市面上最大、最棒也最可信的雜誌。

一如今日的孩子追捧職業運動員那樣，我敬重我的「狩獵偶像」。他們對我意義非凡。回想一九八〇年代末期，我在昏暗的客廳看電視，畫面閃閃爍爍，喇叭發出公馬鹿的呼嚎聲，播放著影像模糊的

我與弟弟彼得。鮑伯外公在奧勒岡東部訓練、參賽與配種奎特馬。我長大後曾在那裡工作，他是個很強悍的男人，就算以牛仔的標準來看也不例外。或許這就是為什麼當彼得就讀高中時，他的卡車貼了一張保險桿貼紙，上頭寫著：「如果你不是牛仔，那你什麼都不是。」

《馬鹿狂熱》（*Elk Fever*）影帶。我曾多次觀賞這部影片，幾乎能複述出主持人德懷特・休伊（Dwight Schuh）與賴瑞・D・瓊斯（Larry D. Jones）的每一句臺詞。

我仍能清楚記起劇中「將松果放進靴子」的惡作劇，以及所有厲害的弓獵動作。我買了類似德懷特的綠色羊毛手套，並且跟他一樣，在箭矢插著紅白色的箭羽。我模仿賴瑞在臉部塗上白灰色的迷彩，而且我在投稿狩獵文章時，總是跟賴瑞・D・瓊斯一樣，在署名處的中間名使用縮寫。

那時候的《弓獵手》雜誌，是由我非常喜歡的M・R・詹姆士（M. R. James）編輯與經營，對一個熱愛弓獵的孩子來說，他同樣是一名權威人士。早年我進行弓獵時，甚至會在脖子繫上一條紅領巾，就像我在許多雜誌文章裡看到他做的那樣。

我的痴迷不限於《弓獵手》中崇拜的偶像。在我頭幾次獵殺成功時，我完全沒有露出笑容，試圖模仿當時弓獵界的大人物邁爾斯・凱勒（Myles Keller）；當然還有查克・亞當斯（Chuck Adams），他是弓獵之王，由於他跟我一樣都在成長階段狩獵黑尾鹿，因此我也感覺很自豪。

說到家鄉的英雄，已過世的比利・克魯斯——奧勒岡弓箭公司的創立人，以及在奧勒岡鷹帽荒野狩獵馬鹿的傳奇人物——在我心中宛如神祇。早年我狩獵時，比利在同一個荒野、同一處水源地上方，成功獵取大型馬鹿的美妙故事，比任何事物更能激勵我變得更加強悍與堅毅。我正是因為他而使用奧勒岡弓箭牌的弓，我也永遠不會忘記自己第一次為奧勒岡弓箭拍雜誌廣告的經驗。在那些日子裡，我對弓獵的熱情主宰了我的生活。至今也幾乎沒有改變。

我在一九九〇年寫下第一篇狩獵文章，並於我的第一個弓獵季（一九八九年）之後不久刊登。那則故事名為〈馬鹿、鹿叫聲與搞砸〉，內容是關於我做為弓獵手，在第一個狩獵季獵殺到的幼年馬鹿，以及之前我失手錯過的一隻巨獸。

在我的小小世界裡，所有事情都順利無比。

我自以為如此。

「請你重寫後再次提交」

所有人都需要聽取意見回饋，但你未必能輕易獲得中肯的評價。大多數人讀完我的東西之後會說：「嗯，我認為它聽起來很棒。做得好。」這種評語只會惹惱我，因為我知道它沒有那麼棒，但我找不出理由。

卡爾．艾倫（Carl Allen）是個敢於說真話的人。就在我遇見翠西的那個倉庫，我曾經跟卡爾一起工作。在一個滿是有趣人物的工作場所之中，卡爾又更是有趣。他跟妻子會隔著倉庫的對講機彼此對罵，而且在工作與爭吵時，兩人會抓起垃圾桶互扔。他是一名嬉皮，而且有點瘋狂。他不是獵人，不過他聰明且讀過很多書。有天，我決定叫他讀我在《西部弓獵手》寫的一篇文章。我知道作家想要、也需要回饋——吐露了心聲後，最終也得找個人問道：你對我的心聲有什麼看法？

於是我詢問卡爾是否願意讀我的文章。儘管他不明白為何要進入荒野獵馬鹿，但他了解文筆好壞與否。

讀完之後，他並沒有說出「做得好」這種禮貌性答覆，而是問道：「當你在荒野追蹤動物時，是什麼樣的狀況？你聽見哪些雜音？當你跨出步伐時，它們聽起來如何？你能讓我身歷其境嗎？你能不能讓我知道，你在那個時刻遭遇什麼樣的狀況、有什麼感受？」

卡爾的意見，幫了我很大的忙。

「我希望能跟你一起參與這場狩獵。我希望你能用文字描繪出那幅景象，讓我身歷其境。」

我只有簡單回答：「好。」接著我理解到，天哪，他說得沒錯！我得讓讀者跟我一起參與這些狩獵。我必須讓他們知道這些事情是什麼感受：在追蹤公鹿時，我手裡扣著一支箭，當時有微風吹拂著臉，使我確定在自己射中鹿之前，我的氣味不會被牠聞到。

卡爾的意見讓我有了進一步的理解，並且鼓勵我更加投入撰寫文章。我已經很習慣在狩獵時不斷深入荒野探險，所以鑽研寫作並不會讓我感覺辛苦。試著更詳盡描述細節。試著透過紙上的文字，把景象描繪得更好。

在你終於獲得建設性批評之後，改進的第一步，就是採取行動。

我全力以赴。

EASTON

March 4, 1996

Cameron Hanes
3241 Montebello Ave.
Springfield, OR 97477

Dear Cameron:

We appreciate your loyalty to Easton over the years. We're proud of the quality and integrity we build in to our entire line of arrow shafts and accessories. And it says a great deal about a product when the consumer is the one shouting its praise.

Enclosed is a new Team Easton camo cap and one of our new window stickers. We hope you will continue to support the bowhunting publications with your hunting stories, and that you will continue to use Easton arrows in all your bowhunting adventures.

Good hunting!

Sincerely,

Randy A. Schoeck
Director of Marketing

運動品牌 Easton 在讀到我的狩獵文章後寄送了一些公關品給我，然而對我來說，狩獵從來不是為了賺錢，但有錢賺也不賴。正如這封信所顯示，在這個產業獲得成功的人，起初的報酬多半是貼紙與帽子。

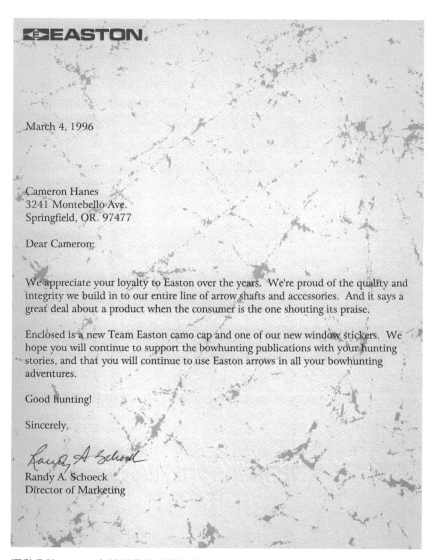

在我寫了許多篇指南類文章，並且編輯過《伊斯特曼的弓獵期刊》（*Eastmans' Bowhunting Journal*）狩獵雜誌之後，我做為作家的評價備受認可，不過我真心想做的，是撰寫狩獵冒險的文章，因為那是我做為讀者時最喜愛的內容。雜誌產業需要技術型與指南型文章，但老實說，我唯有在撰寫「大事」時才會全心投入，所以在我為《伊斯特曼的弓獵期刊》工作之前，我嘗試去做了大事。

若想妥善描述一場大冒險，撰文者勢必得有些才華。一如我人生做過的大多數事情，我本末倒置，把做事的順序搞錯了。

對我來說，開啟寫作職涯的最佳起步，是在世界上最棒的狩獵雜誌《弓獵手》刊載文章。於是我在成果豐碩的一九九四年——獵到兩隻符合狩獵俱樂部計分標準的黑尾鹿——寫了一份草稿，提交給詹姆士。當時我很興奮自己的文章有機會登上《弓獵手》。

1994 年，我在離家不遠的伐木區獵到這隻公鹿。牠是我最好的黑尾鹿獵物之一，並且成為我第一本書《弓獵戰利品黑尾鹿》的封面。

在我把文章傳給詹姆士的幾週之後，我開始每天從公司打電話回家，詢問翠西是否收到從雜誌社寄來的信件。但每天我妻子的回覆都一樣：「卡麥隆，沒有，今天沒收到。」

兩個月之後的某天，事情終

於發生了，我的記憶宛如昨日般清晰。我在中午休息時間，上樓走向倉庫的午餐室。我打電話回家，翠西接聽之後說：「《弓獵手》寄了東西給你。」

我心裡七上八下，要翠西打開郵件。我聽見撕開信封的聲音，然後她說有個叫詹姆士的人寫了信給我，還附上一些其他東西。她開始讀信。

「親愛的卡麥隆，謝謝你寄來〈公鹿之禮〉（Bonus Bucks）草稿。恭喜你獵到兩隻不錯的戰利品。在此我歸還你的文章與照片，並且邀請你重寫之後再次提交。」

隨後是滿滿一頁的優良建議，信件最後以下列句子結尾：

「重寫你的文章，然後嘗試再度寄給我們。你所描述的獵鹿經歷，確實有潛力成為一篇好文章，但你得多付出一些努力，才能讓它好到足以在《弓獵手》刊登。祝你好運，如果你需要具體的編輯建議，歡迎你提出。M．R．詹姆士敬上。」

在翠西對我讀完第二句之後，我就已經知道這封信的走向。我非常難過。自從我在十五歲獵殺到第一隻鹿，並且在英語課寫了一則故事之後，我一直夢想要成為一名戶外活動作家。如今，我的夢想破滅了。

重寫之後再次提交？

我才不想重寫。**我認為自己已經非常努力**寫出那篇文章，並且掏心掏肺的傾訴故事。我知道裡面的每一個字都無比正確。

秉持著「讓你瞧瞧我的厲害」的心態，我一字未改，憤恨的把文章寄給一本在地的雜誌。

對方選擇刊登，並給了我一張二十五美元的優渥支票。

事實上，那篇文章根本不值得任何一毛錢。其中所描述的故事，只是一個傢伙靠著運氣獵到兩隻好公鹿。它沒有讓讀者學到任何東西，沒有提供有效的洞見，也沒有分享辛酸的教訓。雖然當時的我氣惱又沮喪，不過詹姆士說的沒錯，我的文章並未符合《弓獵手》的標準。

不過，這種令人難過的失望，對於我作為一名作家的成長是必要的。這次的嘗試，讓我面臨著兩種選擇：要不改善並成長，要不放棄投降。

我選擇不斷拚戰。

白日做夢，才是危險人物

你願意犧牲什麼？

為了在人生中成就任何東西，你必須付出犧牲。這裡說的不只是我們所認定的典型犧牲，例如金錢與時間。有時候，你得犧牲你的情緒能量，或是別人對你的信任與敬仰。一切全是為了一個夢想。

一個人所抱持的夢想，永遠不會跟另一人的一模一樣。別稱「阿拉伯的勞倫斯」的英國學者、作家兼士兵，湯瑪斯・愛德華・勞倫斯（T. E. Lawrence）曾這樣形容夢想：「人人做夢，卻非等值。於夜晚心智蒙塵的休止期做夢的人，白晝醒來便發現一切枉然。但白日做夢的人是危險人物，因為他們睜大眼睛推動夢想，使其成真。」

使夢想成真的唯一辦法，是付出犧牲。

回顧一九九〇年代中期，那時候我還是無名小卒，免費為《西部弓獵手》寫稿。我一直想要成為作家，但我並不是真正的作家。時任《西部弓獵手》的編輯道格．沃克（Doug Walker）詢問我，有沒有興趣參加他主辦的作家狩獵團，即使要價三千美元，我還是決定參加。雖然當時的我不應該把錢花在遠行弓獵上。但我不在乎。我的夢想不只比我的能力更遠大，當然也比經濟狀況更重要。

那時我跟翠西的財務緊迫。我們的家庭剛增加了長子（坦納），所以翠西正在休為期六週的產假，而我的薪資大約是時薪十二美元。在這六週期間，我們參加了名為WIC的營養補充計畫[2]，直到翠西返回工作崗位。花費三百美元已經會有點勉強，至於花費三千元？那將是蠢到可笑的行徑，也確實如此。

一部分的我知道這是一個好機會，但另一部分的我卻認為，我獲得的回報絕不可能超過這筆支出。就算之後能替《奧勒岡獵人》（*Oregon Hunter*）撰稿，每寫一篇文章可以拿到二十五美元，那得寫多少篇才能賺回三千美元？每年能刊登多少篇？當時的我只在奧勒岡州狩獵，所以我能寫出多少篇文章？用不著是天才，我也知道計算起來並不樂觀。

在一位親友給我兩百美元參加這場狩獵後，我決定以信用卡支付剩餘的費用，把它當成業務投資。我可以利用這場狩獵，做為獲取名聲的契機，然後開始販售狩獵文章，藉此按月還卡債。我只需要大約十年的時間，就可以讓這場狩獵回本。

唉，年輕人滿腦子都是不切實際的夢想。

沒錯，短期來看，我明白這是一個很糟糕的決定。最終，我在我任職的倉庫盡可能長時間工作，有時一天上班十六個小時，只為了清償那場狩獵的費用。我為此花掉的錢，可能是當時我做為狩獵作家所賺到的總額一百倍以上。

我對那場狩獵的細節記得清清楚楚。地點在德州的 Y.O. 牧場，占地非常廣闊，獵物可說是在其自然棲息地之中放養，這在德州並不常見。我所支付的費用，讓我可以狩獵兩隻白尾鹿

新婚不久，我與妻子翠西就得快速調整，迎接坦納的出生。她一直是我們家庭中的穩定力量，要不是她，我不可能實現今日的成就。

2 譯按：婦嬰幼兒特殊營養補充計畫（Special Supplemental Nutrition Program for Women, Infants, and Children），補助的對象是懷孕婦女、嬰兒與五歲以下的兒童，透過發放食物券來提供營養補助。

(whitetail deer),其中一隻是八角尖的小鹿,另一隻則是中等的七角尖公鹿。然而我還是去了這趟旅程,而且從未因此後悔。

你必須抱持這種心態。

你是否願意為了自己冒險?

你是否願意,而且能夠做出像那樣的蠢事?

我知道這樣做並不明智,但我常常做出這種事,然後以「遲早會有回報」來自我辯解。我不會深究自己是否可以回本,以及能多快做到。

我不會質疑這樣做會不會使自己陷入某種境地。

我的心態是採取行動。

是相信。是冒險。是大膽,然後一試再試。

痴迷就是孤獨前行。

如今,歷經了三十三年之後,我已深深著迷於弓獵。

有些人會看著我胡說八道。他們不曉得我在這幾十年之中,付出了多少犧牲、面臨過多少困境。我已經學到,說最多話的人不會像我這樣犧牲,而願意付出犧牲的人,不會亂講話。因為他們明白其中道理。

我唯一知道的是,**你不需要任何人相信你的夢想**。如果專心致志,不管你想成為什麼都能實現。

五萬美元的冒險

我是一名作家，當我記下某件事時，它便成為我的個人檔案中的一部分。我喜歡在感受最鮮明時——包括成功、失敗、痛苦或勝利——記錄下來，這樣我的文字會最準確也最感人。不管我嘗試捕捉哪種體驗，我都不希望自己想描述的感受被時間沖淡。我也是那種做事只能百分之百投入的人。我要不全力以赴，要不不屑一顧。我做事從來不會半途而廢。

我從來沒有什麼大計畫。某天，我決定自己要寫一本書，而且我希望那是一本超棒、全彩的精裝書。沒人寫過弓獵黑尾鹿的書，所以我把它當成主題。那就是我的計畫。要花多少錢？

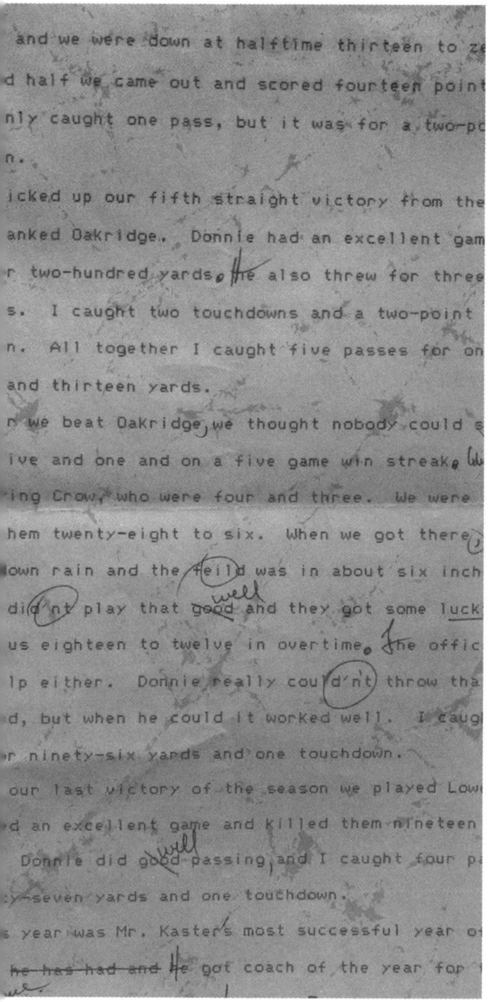

and we were down at halftime thirteen to ze
d half we came out and scored fourteen point
nly caught one pass, but it was for a two-po
n.
icked up our fifth straight victory from the
anked Oakridge. Donnie had an excellent gam
r two-hundred yards, he also threw for three
s. I caught two touchdowns and a two-point
n. All together I caught five passes for on
and thirteen yards.
r we beat Oakridge, we thought nobody could s
ive and one and on a five game win streak. W
ing Crow, who were four and three. We were
hem twenty-eight to six. When we got there
own rain and the feild was in about six inch
did'nt play that good and they got some luck
us eighteen to twelve in overtime. The offic
lp either. Donnie really could'nt throw tha
d, but when he could it worked well. I caug
r ninety-six yards and one touchdown.
our last victory of the season we played Low
d an excellent game and killed them nineteen
Donnie did good passing, and I caught four pa
y-seven yards and one touchdown.
s year was Mr. Kaster's most successful year o
~~he has had and~~ He got coach of the year for

我一直都非常喜歡寫作。倒不是我真的很擅長，不過我總是喜歡透過文字來分享自己的經驗。

我會找出答案，然後計算印製費用以及每本該訂多少價格。

原來，印製五千本需要五萬美元。這筆費用比我有的資金多了將近五萬，但我仍然決定執行下去並發行這本書。我得向所有親戚借錢，露比（Ruby）外婆投資最多，給了我將近一萬五千美元。

執意製作一本全彩精裝書，是不是一個愚蠢的決定？沒錯。但我還清所有人的錢，包括我的外婆。

當我還她錢時，她很驚訝我這麼做。之前從來沒有親戚還她錢，因為親戚間的往來，很遺憾地向來如此。大家總會說「放心，我會還妳錢」這樣的話，後來卻因故推託。不過還債正是我會做的事，我一向言出必行。我唯一要求的是其他人也遵守承諾，無論內容為何。

雖然花上好一段時間，不過那五千本《弓獵戰利品黑尾鹿》銷售一空。我家長期堆放著許多箱書籍，我甚至曾經得把它們搬去新房子。在發行這本書之前，我真的沒有仔細想清楚。我沒有坐下並擬定商業計畫，或做任何類似的事。我只是抱持信念與決心，認定自己必須寫下並自行出版這本書。

當我在二〇〇五年寫下第二本書《荒野弓獵》（*Backcountry Bowhunting*）時，我的名聲已經更大，也跟一家出版社合作；而那本書爆紅了，如今它已經是第九刷，累計銷量達九萬本。這兩本書，代表我又為了自己冒了兩次大險——我不只在弓獵領域冒險，也在寫作方面，我的另一項熱情冒險。

「追尋完美」的旅程

我花了二十年時間，才終於得以在《弓獵手》刊載幾頁文章。在累計二十年長期努力之後，我終於在該刊二〇〇九年九月號，以〈流血〉（Bleed）為題刊載專欄，並且在目錄頁印上「卡麥隆・R・漢斯」。

在這二十年間，我寫了幾百篇雜誌文章，著作了兩本書，擔任一本狩獵雜誌的編輯十年，鍛鍊我的弓獵與寫作技巧，並且盡我所能養育三個孩子長大——過程中仰賴妻子翠西堅定不移的支持。如今，這場漫長的旅程回歸原點，我終於有幸為自己最喜歡的狩獵雜誌撰寫固定專欄。

弓獵使我成為今日的我。當想起弓獵時，我想到的是在荒野中，於勉強辨識出來的獸徑上行走，邁向孤獨又崎嶇的山脈。我所熱愛的荒野狩獵，其中毫無容易之處。在我的世界裡，弓獵不時會讓你想要哭泣，讓你渾身汗涔涔的時間比乾爽來得長，還可能迫使你流點血才能取得成功。

不久之前，我在公司的辦公室整理東西時，正巧找到一張由《伊斯特曼的弓獵期刊》製作的傳單，為我的書籍《弓獵戰利品黑尾鹿》宣傳。我來回看了幾次，讀著名人為我這本書做出的推薦，心中浮現兩個念頭。

第一個念頭是，我敢說當今社群媒體上的一些人，可能不認識查克・亞當斯、麥克・伊斯特曼（Mike Eastman）、蘭迪．烏爾姆（Randy Ulmer）或德懷特．休伊。他們全是狩獵界的傳奇人物，是我在成長階段崇拜的英雄，我從他們身上學到做為弓獵手與作家的訣竅。他們為狩獵產業內的許多人開創了基礎，也對我個人造成重大影響。

當我在山間追蹤獵物，扣著箭矢蓄勢待發，雙眼掃視周遭時，我會想起查克在那個夏季尾聲，去科迪亞克島獵矽地卡黑尾鹿；或是他那張知名的照片，以弓箭獵殺巨大的棕熊。我會想起他的毛線帽、他的笑容，還有以今日標準來看似乎巨大無比的鋁製箭矢。我想要成為查克。他心無旁騖的專注力，是我想要模仿的態度。我不富裕，在弓獵技巧上也還很青澀，但我以努力來彌補。我在三十多年前就已經學到，只要付出超乎尋常的努力，我便能在狩獵方面取得高於平均的成果。

像查克與蘭迪這樣的獵人，設下了傑出弓獵者的標準。我長期閱讀他們的文章，研究他們的照片，渴望體驗他們人生中的經歷。我至今依然如此。當多數人看扁我時，麥克．伊斯特曼相信我，並給予我改變職涯的機會，邀請我為《伊斯特曼的弓獵期刊》工作。已逝的德懷特則向我展現「文字的力量」的真諦，幾十年以來，他的著作不斷激勵著我。此外，他不只是一名優秀的作家，他的為人處事更勝一籌。我很榮幸能夠認識他。

我的第二個念頭是，當這張傳單推出時，他們為我以及我的書籍，親切的寫下讚譽好評，這似乎令人難以置信。但他們至今依然會這麼做。我已經意識到，羨慕與嫉妒有時會蔓延並腐蝕戶外活動產業。大家並未互相提攜，組成更強大的獵人團體，彼此團結、熱情又專注，齊心追求共同利益，我們的自尊反倒促成彼此攻擊。我們的人數不多，實在禁不起自我分裂。我們互相需要彼此。

在我奮力追求成功時，這四位開拓先鋒對我的讚譽意義重大。他們讚揚我，儘管他們並不需要這麼做。對我來說，這明確展現出他們的為人，而在我看來，這也能充分解釋他們為何能在狩獵、寫作與戶外活動領域，奠定偶像級的名聲。

那些傳奇人物協助並引領我走上這條道路，至今我依然深感謙卑、榮幸與謝意。

一九六二年十二月十日，約翰．史坦貝克（John Steinbeck）站上領獎臺，基於「他寫實且富有想像力的文字，結合引人共鳴的幽默，以及敏銳的社會知覺」，因而榮獲諾貝爾文學獎。他的開場白，彰顯出他感覺自己有點不配獲得這個獎項。

「在我的心中，相較於其他我尊敬與欽佩人士的文筆，我或許仍然懷疑自己是否值得獲得諾貝爾獎。但毫無疑問的是，我很高興與自豪能拿到這個獎。」

我也曾認為自己像是冒牌的假貨，而這反而促使我在做所有事情時更加努力——跑步、訓練、狩獵，甚至是寫作。

我喜歡史坦貝克另一句名言：「作家是被派來宣告並慶祝人類已受證實的能力，即心靈與精神的偉大——逆境中的英勇、膽識、憐憫與愛。在對抗軟弱與絕望這場永無休止的戰爭中，它們是彰顯希望與值得效法的鮮艷旗幟。我深信，倘若一名作家不相信人類可趨於完美的性質，代表他無意全心投入，也不該在文學界立足。」

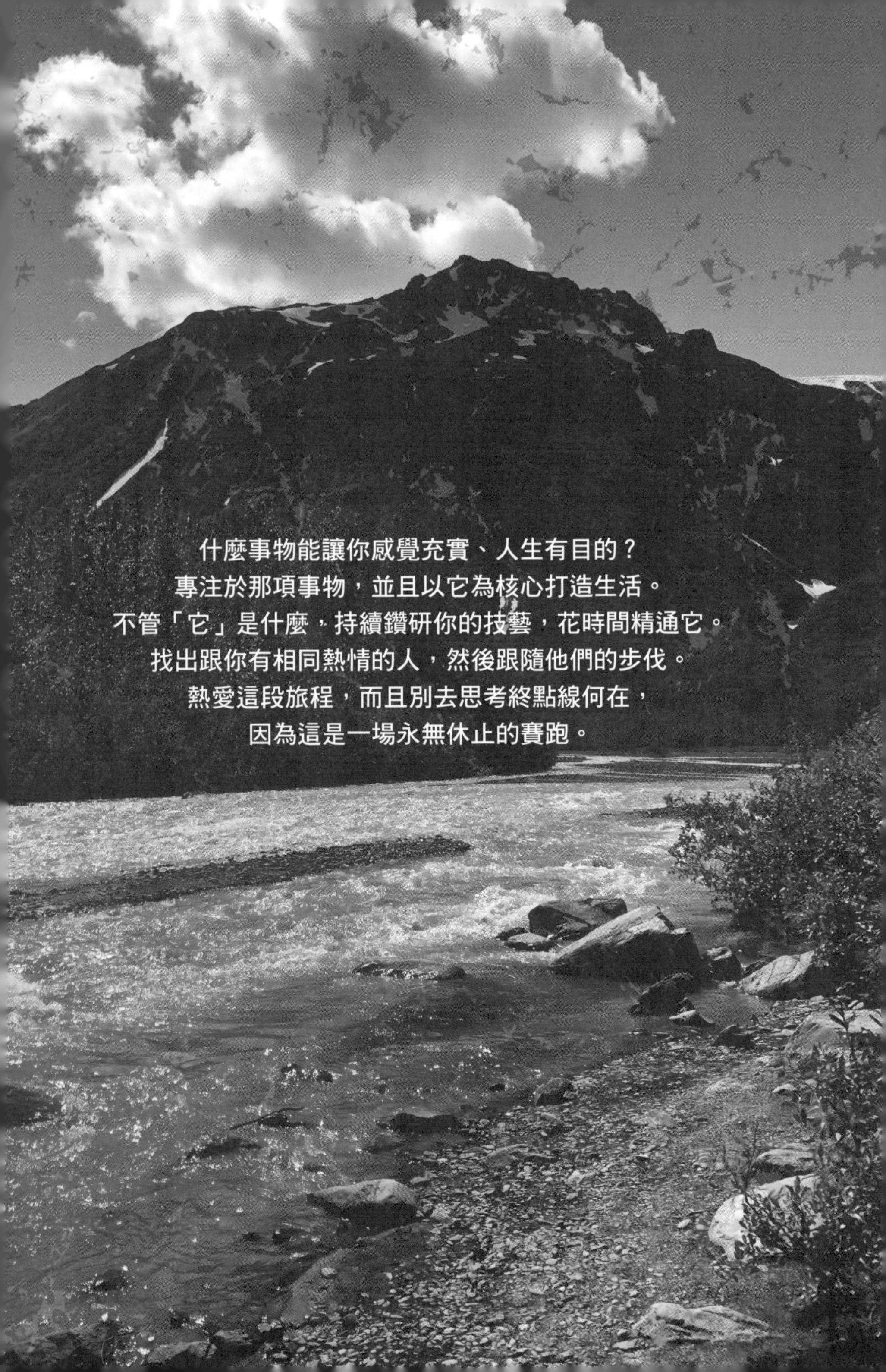

什麼事物能讓你感覺充實、人生有目的？
專注於那項事物，並且以它為核心打造生活。
不管「它」是什麼，持續鑽研你的技藝，花時間精通它。
找出跟你有相同熱情的人，然後跟隨他們的步伐。
熱愛這段旅程，而且別去思考終點線何在，
因為這是一場永無休止的賽跑。

史坦貝克指的並不是「成為完美」，而是指追尋完美的旅程與投入。這讓我聯想到我自己的旅程。我在弓獵上追求完美的渴望。我想讓那些冒險故事刊載發行的夢想。

說到人類可趨於完美的特質，使我想起自己在二〇〇九年所參加、我的第一場一百英里耐力賽跑。我想起在其他人身上見到的熱情，以及他們獲得的成功。

你的夢想是什麼？我的夢想是成為「完美」的弓獵手。我想要在每場狩獵中有所收獲，並且射出完美一箭，讓我獵殺的動物，能夠快速且無痛苦的死亡。我明白或許弓獵並非我能精通的技藝，不過那是我的目標。

這就是我在這段旅程中，開始強化跑步與訓練的理由。

偉大只會來自於不斷苦練。奮力追求完美，代表你必須投入你擁有的一切來追逐夢想。該是真正痴迷其中的時刻了。

信念6

【沒人在乎，繼續努力】

你在這個狩獵季射了一支好箭？
沒人在乎，繼續努力！
你錯過了這個狩獵季？
沒人在乎，繼續努力！
你的工作獲得晉升？
沒人在乎，繼續努力！
你的狗死了？
沒人在乎，繼續努力！
你贏得超級盃？
沒人在乎，繼續努力！
你沒辦法跑完馬拉松賽？
沒人在乎，繼續努力！
你贏得馬拉松賽？

沒人在乎，繼續努力！

你跑步前往畢斯加山（Mount Pisgah）山頂的紀念碑？

沒人在乎，繼續努力！

沒人真心在乎你的目標。

沒人在乎你沒有實現目標時說出的藉口，或是你認為自己應有什麼回報。

你想要別人在乎？那就做些非凡之舉，做些人們無法輕易忽略、輕視或更勝一籌的事。

最近的成功？昨日之事已無價值。

最近的失敗？昨日之事已無價值。

昨日無足輕重。

投入你所擁有的一切於今日。

為明日煩惱，關注明日。

你過往的成就毫無意義。我們不會居功自傲，不求進步。即刻起身努力！

你獵殺到你的第一隻馬鹿？很好。

現在更加努力，把那次成功當成墊腳石。

這就是我在意的事情了！

第七章

最大阻礙是心靈上的小小戰鬥

長途耐力賽跑可以剝離一個人的肉體與心靈，直到核心袒露。但這項挑戰的另一面，則是增強力量與自信，克服普通的日常挑戰，因為在征服過一場超馬（**ultramarathon**）[1] 之後，日常生活中的考驗便似乎沒那麼可怕了。這張照片是在我參加猶他州羚羊島 **100** 英里競賽（**Antelope Island 100**）時拍攝。我在徒步 **100** 英里賽跑中，以 **22** 小時 **41** 分的成績完賽。

在奔跑之前，你必須先行走。

許多年前，狩獵與跑步像是油與水般不相干。我跑步是為了保持身體狀況良好，也明白這樣做能幫助我狩獵，但從來沒人討論過**獵人該怎麼鍛鍊**。坊間沒有像安德瑪（Under Armour）這樣的運動機能服飾品牌，為現役獵人製作高品質的裝備，並向所有願意聆聽者展現，何謂「狩獵運動員」（Athletes hunt）。

我之所以開始跑步，只是為了其中的考驗，為了督促自己。

在二〇〇〇年時，我跑過的最長賽程是十英里；有一次，我在奧勒岡撒冷市參加一場七．三英里賽跑，人們都認為我腦筋有問題——跑那麼遠的距離，只為了「保持體態」，能夠在我家附近的森林獵黑尾鹿。接下來，我跑了一場半馬，然後在二〇〇三年，我跑了第一場全馬，並且以第三名完賽。

大約是在那個時候我開始注意到，身體狀況會對我在森林中狩獵產生重大影響。而這就是我可以提升能力的地方！當我狩獵時，一天的步行距離可能會超過二十英里，所以提升耐力是個關鍵。一般來說，我的身體狀況越好，我就越容易取得成功。而且我已經發現，這個方法真的沒有上限。至今我仍在嘗試。

在跑完第一場全馬之後，我已經參加過許多場超馬，而在弓獵季前夕的體能巔峰狀態時，

1 譯按：即賽程超過標準馬拉松的競賽，常見的距離包括五十公里、一百公里、五十英里與一百英里。

我每天至少會跑二十英里。我這樣努力自我提升，不只是為了鍛鍊體能，也為了讓自己心靈強韌；從我能連續多年取得成功狩獵成績，便可看出其成效。我之所以熱愛耐力賽跑，在許多層面跟我熱愛弓獵的理由相同。有時候，兩者的**訓練會把最強悍的人逼到幾近崩潰**。而從長期來看，對兩者投入的努力，最勤勉、**犧牲最多的那個人，總是能獲得公道的回報**。

不過，當我說「這並不容易」時，你得相信我。而當我再說「如果我做得到，你也做得到」時，你也要相信我。

無論你從何處著手，你都必須持續不斷付出努力。

我並非天生就是一名優秀的跑者。我曾經連跑上三英里都有困難。我知道那種感覺。在你能奮力登上山巔之前，首先你必須離開沙發、開始移動。

慢慢來，比較快

那麼，你該從何處著手呢？

正如我一再重申，我不會提出建議，我只分享自己做了哪些事。我也知道，我的做法未必適用於所有人，或許我以外的任何人都不適合。儘管如此，若想看到你的旅程將引領自己前往何方，首先你必須開始行動。我完全不在意你怎麼做——跑步或健行都無妨——只要你簡單的

這張照片是在奧勒岡尤金市外的畢斯加山拍攝。我幾乎每天都來這裡跑步，因為除了在山上跑步以外，我沒找到其他更好的活動，能讓我的身體做好準備，應對狩獵時會面臨的挑戰。

邁出步伐、開始移動，這樣就很好了！

如果你從未跑步過，那也沒關係。出門在你家附近走一圈；去某個地方做點事，只為了消耗一些卡路里，促進你的新陳代謝。有機會時就走路（就算得走上半小時），事後你會感覺很舒暢。只要固定出門走路兩週，你就會驚喜的發現自己能走得多遠。接下來，再開始融入一些跑步。走路五分鐘，跑步五分鐘，接著走五分鐘，再跑五分鐘。慢慢的，你將能跑得更久。走路五分鐘，跑步十分鐘，接著走五分鐘，再跑十分鐘

你很快就會發現，自己能在整段時間中保持跑步。接著你可以在路途內加入幾座山丘，但是要慢慢來。許多人沒辦法在山上跑步。如果你做得到，那很棒，但你不會一開始就往上坡跑。

我無比熱愛在山間跑步，但我已經鍛鍊到讓身體能夠這樣做。我看過許多人開始跑步，可是在一開始就過度努力，導致常常小腿內側疼痛，接下來什麼事也不能做。因為會操練到在日常生活中一般不會運用的肌肉，所以你得先培養那些肌肉，才能全力以赴。以跑步來說，你必須慢慢來，接著投入時間與努力。

我的跑步經歷是一場進化。當我開始每週跑五十英里時，我很快就能在一場半馬賽事中，以少於一小時二十分鐘的時間完賽。而在我的第一場全馬以第三名完賽之後，我仍然不相信自己在跑步方面有才能或天賦異稟。我只是知道我很努力，而且還可以更努力。

如果我不斷選擇向上提升，那就不存在極限。

我並非天生具備驚人的才能。**我的祕密在於時間**。我奮鬥了許多年才來到如今的境地。

在我手握弓箭進入森林的第一年，我很快就發現了這件事。我還記得自己心想，根本不可能接近馬鹿到弓箭射程之內，然後以一支箭將牠射殺倒地。沒人跟我說，在馬鹿棲息的森林裡獨身一人只帶著弓和箭，會感到如此無助。但我堅持下去，而且每天都學到新教訓。

一天，再一天；又一天，多一天。

最終，隨著每天過去，我開始掌握其中訣竅，並且在連續十八天弓獵之後，我的努力獲得回報，射中了一隻幼年馬鹿。那場成功的關鍵是什麼？時間。我花了將近三週時間不斷狩獵，每天付出極大的努力，才能獵殺到那隻年輕的馬鹿。但像弓獵這樣困難的技藝，任何改變都不會在一夜之間發生。

如今我在弓獵方面的本事，可能比當時的我好上十倍。會有如此變化的最大理由，是我從來不覺得滿足。我總是試圖更上一層樓——讓身體狀況更好，射擊更準確，狩獵更睿智。

你必須不時思考自己何必外出做這些事。多年以來，我給過自己上千個繼續跑步的理由，但它總是能回歸到我開始跑步的起源。簡而言之，是出於自我滿足，以及一股成就感。

——史蒂夫・普利方丹

這需要時間。

你不能像這個年代的所有人那樣，期待能立刻獲得滿足感，在一夜之間就看到成效。當然，起初我也像大多數人一般，希望馬上看到成果。那純粹是年少無知的展現。

我有許多需要學習之處。而正如知名的雕塑家米開朗基羅（Michelangelo）在高齡八十七歲時所說：「我還在學習。」

持續向上提升

我向來都在尋找更巨大、更艱難的考驗自我挑戰。我在發現自己能跑全馬之後，便開始放眼超馬。二〇〇五年，我參加了麥當勞森林五十公里競賽（McDonald Forest 50K）。又一次，在我熟悉的小小社交圈之中，大家都認為我腦筋有問題，而在我奔跑的時候，我也有點覺得他們說得沒錯。這是我在當時所做過最艱難的事情，我發誓再也不會去做。當然，後續幾年，我每年都參加了那場賽跑。

二〇〇七年，我決定參加比格霍恩越野跑競賽（Bighorn Trail Run）。比賽開始的三週前，我每天在部落格分享「生活中的一天」（Day in the Life），展現我為這場大賽做了哪些準備。底下是我在比賽十天前發表文章的摘錄：

清晨四點：我起床了，睡不著。淋浴、看電郵，吃泡了水的穀片，看報紙，逛幾個論壇，咖啡在通勤時喝。出門前，妻子提醒今天是我們的結婚十五週年紀念日。天哪，我心頭一沉。倒不是我忘記這件事，不過最近實在很忙。

營養補充品：綜合維他命、鈣、鎂、維他命D、維生素之綠（Vitamineral Green）的綜合飲品，以及魚油膠囊。

早上六點：上班，在門外快速做三十個引體向上。今天早上到目前為止，都感覺沒什麼精神。因為昨晚睡得不多。

早上十點：喝咖啡，吃掉一個全麥餐包。

中午十二點：吃掉兩個雞肉佐黑豆的墨西哥捲餅、西瓜，以及兩片翠西每天幫我準備的無奶油全麥麵包。她是最棒的太太。喝水。

下午四點：回家，陪孩子玩。吃了一點肉排與全麥麵條。輕簡的一餐。外出跑步時，帶著包好的火豬牌致命七針款瞄準器（Spot Hogg SDP sight），我會在跑步期間去「弓架」待一會兒。韋恩為我的霍伊特牌矢陣款（Vectrix）與矢陣特大款（Vectrix XL）這兩把弓，配上了自製的紅白藍三色弓弦。我在回家前射了兩支箭。我用矢陣款的弓，兩箭就射穿了靶。天哪，感覺真好。跑回家（整段路是輕鬆的六英里），用火神款（Vulcan）的弓練射二十四次，並且在我又出門跑步前，從翠西手上接過一碗肉排麵。坦納會出賽兩場夏季聯盟籃球賽，我在前往第一場的路上，把麵囫圇吞下。

晚上六點半到九點半：看籃球賽（坦納表現得不錯），以及用電腦做事。有一大堆電郵要回覆。這個每天更新的部落格，真的勾起了大家的興趣。我覺得很棒。我可以整天整夜聊弓獵以及相關的主題。當然，現在似乎有更多人想要盡力為嚴峻的荒野行程做好準備。這會促成弓獵的成效提升，而更多人取得成功，則代表弓獵的傳統蓬勃發展。這是我最重視的目標。

我想在這個空間分享一件事：別認為你得跑上十、二十或八十英里的路，才能當個成功的弓獵手。我確實認為，如果你能做得更多，你就能變得更好，尤其是以野外活動來說。儘管如此，許多人完全沒有在狩獵季之前練跑，也能順利用弓獵殺動物；也有人每年在狩獵季的一週之前，才抹去自己弓上的灰塵。問題在於，持續使用那種做法的人，是那些可能五或十年內毫無狩獵成果的傢伙。以平凡人來說，如果你沒讓自己的身體做好準備、不做練習，那麼即使你用弓獵殺到任何東西，也很大一部分是仰賴運氣。

弓獵的關鍵在於事前準備，我的目標是希望能激勵大家，向上提升自己正在做的事情，藉此做好準備。如果你每週跑一趟三英里，或許這個部落格能鼓勵你每週跑三趟？話說，我的意思並非我這樣做，所以你也該這樣做。我想表達的是，不管我們所謂的「正常」是什麼，我們都能更進一步。這適用於我、你以及所有人。這樣做，弓獵便能得益。又一次，成功與分享正向的經驗，使弓獵興盛發展，為這項運動注入熱情。你有沒有做盡自己能做的事情了呢？

一如往常，我分享自己在做的事情，而非告訴別人該怎麼做。大家所能看到的第一件事，是如果我設定了目標，我就會在身心兩方面都一〇〇%投入，盡我所能做到最好。我的目標是讓自己做好準備，參加極度艱難的比格霍恩越野跑競賽——賽程三十二．四英里，比賽地點位於懷俄明州的比格霍恩山脈——並且要以我當時最好的超馬成績完賽。

在這場競賽之前，我最好的成績是在二〇〇六年的錫斯基尤全程越野跑競賽（Siskiyou Out & Back Trail Run, SOB），比賽地點位於奧勒岡的阿什蘭市，以第六名完賽。參加比格霍恩越野跑競賽（如果我沒記錯，我以第二名完賽）這個目標的附帶產物，是我希望藉此向那些對獵人抱持錯誤印象的人，展現我們是一群充滿激情的人。而我為此訓練所付出的所有努力，則全是為了弓獵，毋庸置疑。

冒險永遠是，也處處是穿越已知之幕、步入未知境界的旅程。在邊界所見到的危險力量，與之周旋充滿風險；然而對於任何有能力和勇氣的人來說，危險終將消散。

——約瑟夫．坎伯，《千面英雄》

你的「第一道門檻」是什麼？

如果我們全是約瑟夫．坎伯（Joseph Campbell）[2]筆下《千面英雄》（*The Hero with a Thousand Faces*）所提到的男女英雄，我們會經歷且接受冒險的召喚。當我決定將弓獵做為我追尋的熱情所在，並且盡力成為最棒的獵人時，我就已經回應了屬於我的召喚。

最終，我們會來到無法回頭之處，非得克服路上阻擋我們前進的所有障礙。這些障礙可能是深植心中的恐懼，或是讓人洩氣並扯後腿的藉口。坎伯把它稱為「跨越第一道門檻」。

當離開沙發走出大門時，**你心知無論如何，自己都會面對更多困難**，這很容易就會使你不想進一步深入探索未知領域，但我在開始弓獵時這麼做了；又在羅伊搬家之後，我開始單獨進行荒野弓獵時，繼續這麼做。如今，我進一步督促自己，跑上更遠的距離。

超級馬拉松？我在想什麼？

我站在門邊，而門外正如坎伯所寫，存在著「黑暗、未知與危險」。當然，這種事讓我感到興奮。或許除了羅伊之外，沒人能理解我的感受。

沒有攀不上的山峰，沒有跨不過的挑戰，危險不在考量之中。

雖然羅伊不像我是個跑者，但他能清楚理解，是我靈魂中深藏的意志，促使我參加比格霍恩越野跑競賽。

我準備好了。

面對心靈上小小的戰鬥

我在開賽時先做好了計畫，目標是奮力先聲奪人，試圖在起初的十四英里「震撼」其他跑者，這段路程包括一些辛苦的上坡路段（接近五英里），以及嚴苛的狩獵小徑下坡路段。跳過樹根、在泥濘中打滑，或是涉雪前行，都是這段路程的一環。我重重跌倒了兩次，在險峻的下坡腳步一絆，像超人那樣飛起來，只差沒有真的在飛。我踉蹌的在山脈下坡路段打滑，雙臂大開，期間滿是石礫、樹枝與泥土。我說自己像超人，是指雙臂大開這一部分。

山上非常潮濕，所以在整段三十二英里的跑步過程中，我的鞋子濕透又沾上泥濘。濕氣讓皮膚變軟，使我的腳非常難受：跑步時的大半期間，我長了許多令人難受的水泡。這項額外的變故讓我非常痛苦，但也使我比以往參加的任何比賽表現更好。在抵達大約七英里時，我成為第一名，當時我們正跑在一條馬鹿獸徑上，肯定嚇跑了一群馬鹿。地上牠們有前往遠處的新足跡，而這讓我感到振奮。這裡，是我的地盤。

3 編按：美國神話學家，其著作《千面英雄》討論了全世界神話故事的英雄旅程與其轉化過程。

比賽中的這一部分，使我重溫在荒野中匆忙攔截一群馬鹿的時刻。我想像自己拿著弓跑下小徑，中途瞥視著陰暗的林間，尋找馬鹿現身的跡象。這種感覺好極了，而且我知道，在我超越原本領先的傢伙之後，我就不再需要在意他——因為一名在懷俄明最棒的馬鹿棲息地奔跑的弓獵手，絕對是難以擊敗的硬漢。這段路涵蓋了一條漫長的五英里上坡，落後我的跑者，會在遠處就看見我。我決心在這段路程盡可能全力奮鬥，希望藉此**打擊其他人的意志**，認為自己無法擊敗我。

可惡，那個來自奧勒岡、穿著安德瑪的傢伙，根本不會累。這場比賽只能爭奪第二了。

在我跑完這十四英里路，抵達山丘頂部時，我至少維持著四、五分鐘的領先幅度。我啃了幾口食物，接著因為氣溫快速上升，脫掉上衣，然後繼續前進。在那個階段全力奮鬥的壞處，是我的股四頭肌與小腿都熱得發燙。但我仍然得繼續奔跑——前方還有十八英里，我必須表現得無動於衷，才能粉碎落後者的希望。他們勢必都在尋找任何我疲憊的徵兆，例如抱頭、彎腰或摸膝等動作。我的計畫成功了……幾乎如此。

在抵達第二十四或二十五英里時，我仍然保持領先。問題是，比賽並非在第二十四或二十五英里結束。我在一個補給站停下腳步並恢復體力，感覺身體糟透了。我的肚子不太舒服，懷疑是不是高度造成的影響。我住在低海拔地區，不習慣在兩千七百千公尺高的地方跑步。我在賽後甚至吐了兩次。兩名跑者快速進站，抓了點東西就跑，比我更早離開。

在這場超馬競賽中，有些人的意志已經消磨殆盡，但這兩人顯然還在比賽中。

我持續奮鬥，超越原本在第二名的傢伙，但始終追不上冠軍。這也不意外，畢竟對方耐力超凡，宛如不知疲憊的機器。他是來自華盛頓州西雅圖市的麥特・哈特（Matt Hart），原本打算參加一百英里的賽事，卻轉念來跑我這場。我真希望他去跑一百英里那場。

我的好友兼弓獵導師德懷特・休伊也參加了同一場比格霍恩競賽，做為他的超馬初體驗。他選擇了一場困難的賽事。以六十二歲之姿，他的狀態無疑保持在高檔。槍聲一響，眾人起跑，休伊邁出步伐，並在六小時五十一分三十七秒之後跨過終點線，完成一段偉大的旅程。他看起來像是十足的猛男，是一名真正的山間超馬跑者。居依・伊士曼（Guy Eastman）也來到山上拍攝比賽過程。休伊在他的年齡分組中以第三名完賽，鼓舞並激勵了許多人，相信自己可以做得更好。

我喜歡兩件事：山間冒險以及跑步。把兩者合而為一，造就了我美好的一天。在一段28英里的山間越野中，我跟弟弟泰勒與艾希莉・諾德爾（Ashley Nordell）同行，並拍下這張照片。

我則是以第二名完賽，成績四小時五十三秒。這是我有生以來最美好的一天。儘管在跑步時感覺難受，我非常感恩自己有能力在山林間越野奔跑，它帶給我十足的信心，去從事我真正的熱情：弓獵。兩者所需的紀律十分相似，它們都很困難，而且在賽跑或狩獵的途中，你都會在心靈上面臨許多次小小的戰鬥。準備最充分、付出最勤奮、意志最堅強的人，將能在兩者之中尋得成功。

完全取決於心態

在我參加過的絕大多數賽跑，總會遇上我想停下腳步並放棄的時刻。同樣的，在許多次辛苦的狩獵期間，我也想過要放棄行程，回家跟家人一起舒服生活。山間狩獵使我堅強，有助於跑步的表現。跑步則以另一種方式使我產生韌性，這又有助於我在山間活動。

所以，為什麼我不放棄？是我心中存在著什麼，使我堅持下去？

或許是因為，我不想讓人失望。因為我是平凡小鎮出身的平凡人，卻膽敢夢想鶴立雞群，在人生中尋得成功。

或許我一直想要證明其他人錯了。在開始跑馬拉松之後，我了解到耐力賽跑與狩獵之間的關聯，因為在兩者的鍛鍊中，你都會面對無比巨大、使你想要放棄的壁壘。如果你放棄一場狩獵，沒人會批評你，畢竟大多數人無功而返。這個狀況也適用於超馬。如果你沒辦法撐到跑完一場超馬，沒多少人能說你是個失敗者，因為你所認識的大多數人，很可能連起跑線都不會站上去。但對我來說，失敗會使我感覺到，那些長年質疑我的人說得沒錯。我無法接受那種事。

我只想著成功。我所做的所有訓練，全是為了不惜一切取得成功，力抗萬難與劣勢。

「完全取決於心態。」

我總是這麼說，而且這句話正確無誤。

如果你相信自己做得到，

你要如何自我成長並突破自己？有許多方法能讓你在技藝方面更為精進，建立你的優勢。並非人人都需要去跑超級馬拉松才能追尋熱情。或許你需要的是，閱讀並了解你所投入領域的歷史，或者向該領域的大師請益。跑馬拉松教會了我，如何在想要放棄時，打破心中豎起的壁壘。

你生命中的馬拉松是什麼呢？找到一個方法來堅持並考驗你的熱情！

你就能做到。

我們全都擁有幾乎無窮無盡的潛能。
我們的肉體所能做到的事情，遠比我們對它的要求來得多。
拿掉心中的枷鎖，走到門外，今天就開始跨出步伐。
什麼事會讓你燃起熱情？你可以在那裡變得更好。
投入到鍛鍊身體，會加強你的信念。
你必須相信自己，才能達成目標。

信念7

【體能與心智是最萬用的工具，用訓練打磨它們】

在我的人生中，我擅長的事情不多，不過用弓射殺動物，是其中一項我能長期取得成功的活動。然而，狩獵並非就此結束。接下來，你得從獵物身上取下肉塊並打包，然後帶離山區。用弓射殺馬鹿，本身已是極端困難的挑戰，但在那之後立刻要面臨的難關，則是解體馬鹿。這是一項我熱愛且衷心期待的苦差事。無論那些不狩獵、抑或沒從事過荒野狩獵的人，對這件事有何看法，在原野上屠宰馬鹿是一種藝術。我已對這整個過程上癮。

從剝皮開始，然後分割四肢。接下來是脖頸、腰脊、肋脊與裡脊肉。最後，則是拔下鹿角與鹿頭。你得把各部位的肉塊逐一打包攜出，但這需要時間；過程中最保險的做法，是把肉掛在昏暗的林間（樹叢茂密、樹木巨大，上方被林冠遮蔽），使其保持陰涼。

你需要把肉掛在空氣流通之處。此外，你也會希望熊沒那麼容易接近獵物；如果運氣好，你在幾次來回之間不會離開太久，由於攜出與折返可能會花上好幾個小時，記得留下一件沾染你的氣味的上衣或外套充當威嚇。這樣做可以讓大多數掠食者避開該處，直到你回來裝滿另一袋背包或掛籃。

如果你帶著馱獸，或是有朋友或家人協助，那麼你有可能一趟就把肉與角打包帶走；不然就得自行來回多次搬運。我每天的訓練，正是為了這些時刻：從我以完美一箭射殺獵物的地點，走上好幾英里路，打包帶走沉重的野味。如果一切計畫順利的話……。

這就是為什麼我無法理解那些質疑者，他們批評為了狩獵做訓練的準備，宣稱體能狀態對獵殺大型動物幾乎沒有影響。體能與心智，是我們在森林裡使用的工具，而訓練可以打磨那些工具，就這麼簡單。你帶進山區的工具——背包、睡袋、爐子、弓、雙筒望遠鏡、體能、心智——越優秀，你就越能取得成功。所以我做足準備——

每年在山區跑數千英里的路，藉此打造耐力。

在狩獵季以外的期間舉重數千磅，藉此強化力量。

在弓獵季之前，至少會練射一萬五千支箭，藉此建立我對自身技藝的信心。

這項過程給予我人生意義與方向。我付出努力，因為那是我擅長之事。這些付出使我獲得成功，讓我的臉上露出笑容，儘管肩頭扛著重擔。

我很感激弓獵使我能夠養家活口，克盡我的天職。

第八章

想像達成目標的景象

suasponte

我夢想得如此清晰、如此明確、如此頻繁，以至於它自行在現實中顯現。

——康納．麥葛瑞格（Conor Mcgregor）[1]

雖然我接下來描述的經歷發生在神祕麥克（Mystic Mac）說出上面這句名言之前，不過他的心態，正是我在二〇〇八年試圖效仿的。

「相信它，接著實現它。」當我在波士頓馬拉松（Boston Marathon）大約第七英里處看見「那個男人」時，我想起了這句話。

當時他身穿一件金色賽服，跑在一大群跑者之中。

他在這裡。就是他。

二〇〇八年，我首度參加波士頓馬拉松，實現我當時的夢想。任何一名馬拉松選手，哪有沒夢想過參加波士頓馬拉松的呢？在賽事日稍早前，我得知美國知名自由車手蘭斯．阿姆斯壯也會參加這場馬拉松，於是我興奮的告訴我的孩子。

「我要在波士頓找到蘭斯，跟他一起跑一會兒。」我對我的兒子坦納與特魯特說道：「或許有人會拍出一張我們同時入鏡的照片。接下來，如果我在末段還有餘力，我會盡量努力，在他面前溜過終點線。」

1 譯按：綜合格鬥運動員，曾兩度在終極格鬥冠軍賽奪冠。後文提到的神祕麥克，是他使用的藝名之一。

我的孩子大笑著聽我說話。

「你真的認為你能擊敗蘭斯．阿姆斯壯嗎？」坦納問道。

我們看著他稱霸環法自由車賽（Tour de France）許多年，所以孩子們都清楚他的英雄地位。

「你只是一個老爸。他是蘭斯。」特魯特接著說。

我能理解他們的質疑。

蘭斯既是知名人物，也是耐力競賽界的傳奇。雖然當時他剛接觸馬拉松不久，但他曾榮獲奧運獎牌，又七度蟬聯環法自由車賽冠軍，是史上最厲害的耐力運動員。

那時他不只是我的英雄，幾乎人人都很敬佩他。在自行車上

我在 2008 年的波士頓馬拉松與耐力競賽界的傳奇蘭斯．阿姆斯壯，並肩跑了大約一半的賽程，促使我達成自己次佳的馬拉松完賽成績：2 小時 50 分鐘。

表現優異是一回事，但他聲名遠播的最大原因，或許是他克服了已經轉移到肺部與腦部、可能致命的晚期睪丸癌。

兩年前（二〇〇六年），我與蘭斯同時參加了另一場賽事：紐約馬拉松（New York City Marathon）。我以兩小時五十分二十一秒的成績完賽，在二十六．二英里的賽程中，平均約以每英里六分三十秒的速度前進。那一次，我在一英里處的標誌超越蘭斯，後來再也沒有看到他。我敬仰蘭斯，每年都喜歡看他在環法自由車賽出賽，所以能在一場耐力競賽中擊敗這位史上最厲害的運動員，讓我非常興奮。

當然，我們之間並非真的在比賽，不過所有人都認識蘭斯，也想要裝作彼此在競爭，即使可能只是一廂情願。

任何事都可能發生。無論人們告訴你有90%的機會、50%的機會，或只有1%的機會，不管是什麼，你都必須相信，而且也必須奮戰。

——蘭斯．阿姆斯壯

到了二〇〇八年，蘭斯已經努力訓練，真正被人認可為馬拉松跑者。在波士頓之前的某場馬拉松賽事，他跑完二十六．二英里的時間（兩小時四十六分），比我過往的紀錄都來得短。他在波士頓馬拉松的目標，是在兩小時四十分以內完賽。波士頓馬拉松的開賽日是愛國者日（Patriot's Day），四月的第三個週一，而在我的估計中，以我在那一年的訓練階段，想把完賽時間壓在兩小時四十分以內，實在不太現實。我剛結束狩獵季不久，頻繁旅行導致我很難練跑。此外，我只是一名來自奧勒岡的荒野弓獵手，而且比蘭斯年長四歲。夢想成真的機率確實不大，但這並無法阻擋我**想像它真正發生的景象**。

放棄，痛苦便會永不消逝

在波士頓馬拉松的一開始，我看見蘭斯遠遠跑在前方，位於精英跑者的群體中。我跟他之間有著好幾千人，所以我得好好努力才能追上他。不過我自覺狀態不錯，比平常更有自信。果不其然，在起跑後的七英里，我已經能在視野內看見蘭斯。我簡直不敢相信。

我追上他所在的群體，並且適應他們的節奏。我跑得比通常的起跑速度慢一點，話又說回來，我向來在起跑時衝得太快，一陣爆發之後，接著發現自己舉步維艱、疼痛難當的勉強完賽。我不是一個聰明的馬拉松跑者。而蘭斯的配速員把速度控制得很好，維持穩定的節奏。我理解到，他們跟我不同，備妥了堅實的戰略。

在大約十四英里處，我們開始爬坡。就我所知，蘭斯的配速員這時已經消失，但他仍然奮力向前。他爬坡的氣勢驚人，我完全無法跟上他的節奏。我渾身疼痛，開始自我指責。

我明明有機會跟蘭斯一起跑步，如今卻讓他拉開距離，實在無法置信。

我將會回到跑者大隊之中——那些對我來說毫無特徵、姓名未知的陌生人之中。

我已經沒有餘力。完全沒有。

希望在這段路上，有人會拍到我跟他一起入鏡的照片。

人生中的這種時刻，正是我們會在日後回顧的關鍵瞬間——當我們必須做出選擇，決定要放棄或堅持下去。

蘭斯很清楚這種時刻，畢竟他在二〇〇〇年出版的書籍《重返豔陽下》（*It's Not About the Bike: My Journey Back to Life*）中便已提到——「痛苦是一時的。它或許會持續一分鐘、一小時、一天或一年，不過終會趨緩，被其他東西取代。但如果我放棄，痛苦便會永不消逝。」

我正準備要認輸投降，認為自己已經用盡全力。此時自我懷疑也開始滲入心中。

我緊緊盯著前方他奮鬥不懈的小腿。

神啊，為何我無法成為奧運運動員？為何我沒有那種天賦？

我跟其他人並無不同。有些日子過得格外辛苦。我的身體疼痛，意志動搖，心靈軟弱。在那些時刻，回家放鬆會是輕鬆得多的選擇，但我從來不會那樣做。

狄奧多・羅斯福（Theodore Roosevelt）總統曾說：「我們欽佩那種表現出奮力向上的人，那種永不傷害他人，能隨時幫助朋友，但是也具有剛健的特質，足以在現實生活的嚴酷鬥爭中獲取勝利的人。」在人生中，你可以在哪些地方取得勝利呢？它不必是波士頓馬拉松，可以是打造並維繫一段關係，或者開啟一段復原的旅程。癮君子與酗酒者會記錄他們保持清醒的日子，但不是用來炫耀，而是為了銘記這些勝利。在追尋熱情的途中，你能做什麼來實現重要的成功里程碑呢？

我總是會到場並苦苦堅持。這正是我做出的決定。

蘭斯曾在接受有線電視新聞網（CNN）的專訪時說：「我相信心靈能驅動肉體，一旦我們的心靈說『我想要做這件事』，肉體便會隨之跟進。」

我想要這件事。我會用盡全力。我會追上蘭斯。就算我嘔吐、暈倒或發生其他狀況也沒關係，至少我鬧出了一個大場面。

我盡力奔跑並加快節奏，試圖縮短彼此之間的距離。我的雙腿沒剩下多少精力，感覺十分沉重，但天哪，我慢慢追上他了！毫無疑問，我開始感覺比較舒服了。我實在難以置信。

我追上蘭斯的時候，正好來到賽程中最辛苦的山坡路。他加速跑過丘陵，稍微拋開我，但在我們越過山頂後，我重新趕上，彷彿我跑下坡路時比他更輕鬆。大約在十九英里處，我們爬上一段相當長的斜坡時，蘭斯開口問了我一個問題。

「這裡是心碎坡（Heartbreak Hill）嗎？」

「不是。心碎坡離這裡還有兩英里遠。在二十一英里處。」

「那這裡到底是什麼鬼地方？」

我不知道，不過這裡讓我渾身難受。

「你感覺如何？」我在兩人一同穩定移動的時候問他。

「我他媽的快要累死了！」蘭斯答道。

我心想，謝天謝地，因為我也快要累死了，不過這帶給了我希望。可憐蟲喜歡有人陪伴。我們大致一起前進，偶爾簡短交談幾句，一步步跑過這段路。這時候我跑起來感覺變得比較輕鬆，我的精力顯然已經恢復。

「嘿，我的配速員沒有跟上我。」蘭斯說道：「你今天打算跑多快？」

「或許是兩小時五十分。」我回答。

「如果你不介意，我就這樣跟著你。」

「好啊，沒問題。」

這是我有生以來說過最輕描淡寫的一句話。

粉絲竭力呼喊，音量大得震耳欲聾。他們看見蘭斯出現，個個欣喜若狂。當時他是世界上最知名的人物之一，人們對他瘋狂著迷。在補水站，每名志工都興高采烈，希望自己能成為遞水給蘭斯的那個人。當我們跑步穿過市區時，我聽見在賽道旁聚集的粉絲大喊「蘭斯！」不下一萬次。這實在超乎現實。

我在傳奇人物的身旁跑步，對方激勵了全世界幾百萬人，克服了重重阻礙。他直面死亡並奮戰回歸，成為頂尖精英。

那一天的波士頓風光明媚。在賽程的最後幾英里，後方有機車載著攝影師，拍下蘭斯跨出的每一步。粉絲們伸出手致意，我暗忖這會不會讓蘭斯聯想到環法自由車賽？

當我們繞過終點線之前的轉角時，我告訴自己，好，要上囉。基於媒體的拍照需求，蘭斯有獨自的一條終點線與彩帶，所以我們在那裡分道揚鑣。然後我挖掘深藏體內的餘力，讓自己沉浸在痛苦之中。

令人驚喜的是，最終我領先蘭斯十二秒，以兩小時五十分四十六秒完賽。賽後的某一刻，蘭斯用手比向我。儘管這聽起來很瘋狂，不過我們在跑這場馬拉松的時候，彷彿建立起一種虛擬的連結。我也比向他，然後走過去跟他握手，說我很榮幸能跟他一起跑步。我不確定他是否還記得我，不過我永遠忘不了那一天，以及那場獨一無二的馬拉松。

由於隔天要上班，賽後我匆匆趕往機場。我滿心欣喜，想跟故鄉的親友聊聊這場比賽。在機場完成報到手續之後，我掏出手機，聽語音留言與查看電郵。我不敢相信，竟然有那麼多人看了我跟蘭斯一起跑步的影片。在那些精英男女完賽之後，報導主軸便落在蘭斯身上，所以攝影機自然都鎖定著他——以及我。

在所有語音留言中，最窩心的鼓勵來自翠西。她說話時，聲音因為情緒滿溢而變得哽咽：「卡麥隆，我正在電視上看著你，我實在不敢置信。你跟蘭斯並肩大步向前，我只想告訴你，你看起來有多棒，你跑步時有多強壯，以及我為你感到無比驕傲。看著你的畫面，使我的眼底湧上淚水，因為我知道你付出了多少努力，才能實現你目前正在做的事。記得回電給我！」

至今，那仍是我收過最甜蜜、最誠摯的訊息。我站在人來人往的機場內，咀嚼她說的每一個字，然後搖搖頭，心想我何其有幸。後來翠西跟我說，我們的小兒子特魯特，當時就坐在沙發上，眉開眼笑看著電視上的我，一個字也沒說，只展露出大大的笑容。之後我得知，坦納與特魯特就讀的學校，以校內廣播宣布他們的父親在波士頓馬拉松，跟蘭斯．阿姆斯壯一起跑步，並且擊敗對方。

確實是美妙無比的一天。

心中燃燒著火焰

二〇〇八年，當時蘭斯還是運動界的神祇，世人都崇敬他，我也不例外。那時候，禁藥醜聞、公眾撻伐以及後續事端尚未爆發。那些事情是否有貶損我跟他一起跑馬拉松的回憶？

完全沒有。

這樣說吧。情勢已定，蘭斯為他的不當行為付出代價，勝利的紀錄被撤銷，賠上幾百萬美元罰款，更喪失世人的敬重。

在那場賽事的整個後半段，跟蘭斯一起跑步，是一個超乎現實的體驗，同時也是一種榮耀。在那之後他被爆出的所有事情，都不會玷汙我跟他一起跑步的回憶。

大約也在同一時刻，因為我過於強調訓練對山區狩獵的重要性，開始受到攻擊。批評至今仍未止息，不過我的態度一如既往：關於我如何為肉體與心靈做足準備，以便面對弓獵帶來的考驗，我的動力完全不會受到批評影響。

不久前，我觀賞了ESPN聯播網拍攝的紀錄片《蘭斯》（*Lance*），而且非常喜歡。我知道大家對蘭斯可能會有不同的看法，不過對我來說，即使他有著可疑的過往，他曾是傳奇人物，也仍然是非常傑出的偶像。這或許跟我的年紀大大相關，「蘭斯傳奇」在我的人生中占有一席之地，他曾經被認為是「史上最偉大的耐力運動員」。在那部紀錄片之中，我看到蘭斯的心中依舊燃著相同的火焰。

我仍然是他的粉絲。

想像成功的畫面，感受打垮對手的景象

多年以來，我都在討論弓獵時提到這件事——想像成功的景象。期盼成功，在關鍵時刻努力不懈，付出你的全力，這正是弓獵手實現夢想的途徑。目標明確的獵人，能夠把夢想化為現實。在西部荒蕪崎嶇的山脈中，這是每個秋季一再被人們證明的事實。

在波士頓馬拉松中，我測試了這個形象化的理論。跑者與獵人具有共通的元素。想在任一領域取得成功，都需要許多相同的素質：紀律、長期付出，以及最重要的，非常巨大的努力。像馬拉松與超馬這樣的耐力競賽，使所需的付出攀升到另一層次。這跟荒野弓獵非常類似。

要跑十英里賽事，你可以從一天跑幾英里路、每週三次來做準備。這真的沒那麼辛苦。至於跑馬拉松，你得每週練跑五或六天，一天平均跑七到十英里路，偶爾搭配二十英里以上的長

途跑步。這一點也不輕鬆，也正是其代價。

輕鬆簡單的事情很少會讓人留下深刻的回憶。同樣的，荒野弓獵並不是你一時興起也能取得成功的活動。許多人嘗試過，許多人失敗過。不過對那些致力於自我提升，已經考慮過自己在山間的處境，並調整他們的訓練，力求發揮能力極限，且最終尋得成功的人來說，這至少可說是一個震撼人心的體驗；對一些人來說，這甚至足以改變人生。我只需要望著鏡子，就能看見方才我言論的實例。

多年以來，十英里賽事是我參加的最遠賽程。後來我刻意調整自己在狩獵季以外的訓練強度，以便搭配我的狩獵活動。我對自己在荒野的表現有著高度期待，而我認為面對山區弓獵的嚴峻挑戰，最好的準備方式是逼自己在春季與夏季，進行極其辛苦的訓練。

「訓練時哭泣，戰鬥時暢笑。」這句話總結了那段日子裡，我對精進弓獵所訂下的方針。

來到這裡時，我已精疲力盡，但這只是華盛頓州大腳 200 英里耐力賽跑（Bigfoot 200 endurance race）的一半賽程。在這場賽程 205 英里的越野跑賽事中，我以 78 小時、第八名的成績完賽。這是我第一次參加賽程 200 英里左右的賽跑。

蘭斯肯定能理解上面那句話，這也是我欽佩他的理由之一。我喜歡他在談到訓練與決心時，所說過的一些話：「如果我沒做某種讓肉體受苦的事情，例如出外騎腳踏車或跑步，我就不會感覺快樂。」蘭斯曾對《時代》雜誌（*Time*）這麼說：「首先，這樣做對你有好處。其次，這有點像是每天洗滌我的思緒。這也是一種工作。我的工作便是受苦。我讓訓練時的苦難格外沉重，那麼我在比賽時就不會充滿苦難。」

蘭斯不只努力訓練，他也是史上最好鬥的選手之一。二〇〇三年，在他第五度蟬聯環法自由車賽冠軍後，他桀驁不馴的說：「沒人像我這樣訓練。沒人像我這樣騎車。這件賽服是我的，我為這件賽服而生[2]。這就是我的人生。沒有人能從我手上奪走它。這件該死的賽服是我的。」

蘭斯不只是想像成功的畫面，他還想像了打垮對手的景象。

我欽佩那種心態。

還有另一人也慶祝了我在波士頓跑步的那一天：我爸。我始終感覺我們透過田徑與跑步建立起聯繫，參加波士頓馬拉松跟蘭斯並肩跑步這件事，讓我爸非常興奮。他明白付出犧牲、嘗試成為頂尖精英，是怎麼一回事。他很高興能在電視上看見我跟傳奇人物一起跑步。

在那之前，他從來沒有真心佩服我在狩獵方面的表現。一如我先前所提，他喜歡對我說：「每次你殺掉一隻動物，你的腦細胞就少掉一個。」我的野外冒險並未受到讚揚，反而常被他

2 譯按：在環法自行車賽，每年會頒發四種顏色的賽服，其中黃色賽服代表目前的總成績冠軍。

輕視。跑步則不然。如今，他總算可以跟人炫耀一些我的事蹟。

「話說……我兒子擊敗了蘭斯・阿姆斯壯。」

對我爸來說，能說說這件事，遠比聊我獵殺過最大的馬鹿更刺激。人人都認識蘭斯。光是跟他參加同一場耐力賽事，就已經有點酷了。

一如我所說，我在成長期間唯一崇拜的英雄就是我爸。如今我正式擊敗了美國的英雄，而我的英雄為我感到非常驕傲。

你不必非得跑馬拉松，只要是能激勵自己的事就好

當《奧勒岡報》（*The Oregonian*）刊載了一篇文章，描述我跟蘭斯在馬拉松的表現時，我很欣賞該報只說我是「弓獵手」。

文章標題是「弓獵手擊敗阿姆斯壯」。這正是我喜歡這篇文章之處……我只是一名弓獵手，不多不少，而且直到我死去的那一天，我都會是一名弓獵手。

至於，參加波士頓馬拉松跟弓獵有什麼關係？息息相關。

噢，我已經能夠聽見那些人群起攻之，反覆說著老掉牙又令人厭煩的論點。

「就算你沒有能力去跑馬拉松，你還是可以用弓狩獵。」

我同意。有許多事情你不必去做，也還是可以用弓獵殺動物。不過我確實知道一件事：體能狀態越好，就越有機會在肉體與心靈層面，保持百分之百的投入，進而追求你的弓獵目標。

我對山區弓獵的痴迷既深又久，我感覺自己領會到的對照與相似之處，不只正確，也值得跟人分享。依我的看法，山區弓獵跟棒球、美式足球與跑步之類的競技運動，在發展方面並沒有太大不同。我認為以追求表現的究極形式，也就是裸裝弓獵（bareknuckle bowhunting）來說，其發展與演進的方式，跟其他運動非常相似。

幾十年以前，職業美式足球的球員戴的是皮革頭盔。我記得看過一張國家美式足球聯盟更衣室的舊照片，從那些球員入鏡的模樣，說他們正在討論政治也不奇怪；以他們身高六呎、體重一百七十五磅的體格，也可能被說成是一群保險業務員，正在討論勞保高自付額的好處。相比之下，現代的國家美式足球聯盟球員個個是猛獸，肌肉結實、速度堪比田徑明星。他們的技巧不斷進步，持續改寫紀錄，而且當然不是戴著皮革頭盔。

籃球也一樣。你有沒有看過鮑伯．庫西（Bob Cousy）運球然後投籃的舊影片？我看過，我完全沒印象自己看見他用左手碰球。我無意貶低他，畢竟他在當年叱吒風雲，不過他投籃的方式，總讓我想起我妻子陪兒子們出門投籃的模樣。沒錯，籃球比賽也已經有了大大的進化。

跑步也一樣。幾乎每一項跑步紀錄，都會在幾年之內被打破。而在我最愛的運動超級馬拉松方面，不分男女，大家每年都跑得更遠、更快。弓獵也有相似的狀況，昔日的傳奇人物，可能會難以跟上今日的狩獵運動員。至於射擊方面，目前也有幾位弓箭狙擊手存在。

讓我澄清一件事：荒野弓獵手是運動員，但他們會面對其他運動員無須考慮的挑戰。以大多數的運動來說，訓練及其目標都很簡單易懂。短跑手的訓練是為了加快速度，舉重員的訓練是為了變強壯。這些目標容易定義，成果容易衡量與追蹤。而周遭歡呼的群眾，則證明這些努力有憑有據。

在每一場長途跑步的某個時刻，我都會浮現想要放棄的念頭，這一點在艱辛的弓獵行程中也是如此。我好幾次想要哭喊：「我受夠了！」我根本不是厲害的獵人或頂尖弓箭手，我與眾不同之處在於忍受痛苦的能力。我熱愛弓獵的每一分鐘，但我從來沒經歷過輕鬆的弓獵行程。所以我選擇像職業運動員那樣訓練，不惜流血。

有人喜歡扭曲我的言詞，宣稱：「卡麥隆說，人人都必須能夠跑馬拉松，否則他們沒辦法

「做能夠給予你自信的事，做讓你心情愉快的事，做使你感覺充滿力量的事。做些能夠激勵自己的事，然後努力精進。」攝於奧勒岡尤金市外的畢斯加山。

獵殺馬鹿。」我從來沒說過任何近似那種意思的話。

聽著……我不在意你怎麼做。

對我來說，這是我的感受，以及適合我的做法。這是否代表所有人都應該套用我的方式？絕非如此。

你想怎麼做就怎麼做。做能夠給予你自信的事，做讓你心情愉快的事，做使你感覺充滿力量的事。如果那是搭弓射箭，放手去做；如果那是下西洋棋，大膽嘗試。**做些能夠激勵自己的事，然後努力精進**。我能感受到那些每天都全力以赴之人的能量。

那些人相信我所相信的事情。

任何事，真的是任何事，都可能發生。

信念8

【感謝批評你的人】

我打從心底感謝你。

謝謝你對我的訓練方式，主動提出忠告。

我感謝你對我休息與復原狀況的指教。

我樂於知道，你對我該睡多久有這些建議。

我喜歡學習重量訓練的技巧。

我也很想知道，你對政治抱持哪種立場，以及我不該涉入哪些議題。

你一再提醒我，為何我不該繼續跑步。

還有，沒錯，我要為了你批評我的音樂品味，向你致上最深且最誠摯的謝意。

容我滿懷敬意，補上一點點個人想法……

除非你能協助我把一支寬頭箭（broadhead-led arrow），射進一隻大型馬鹿、熊、鹿或野牛的致命部位，否則對我來說，你的意見沒多少意義。我所謂的「沒多少」，其實是完全沒有。

弓獵是我的人生目標，也是我唯一擅長的事。我不是跑者，所以你愛怎麼批評我跑步都行。

我不是舉重選手，所以再怎麼批評我的舉重技巧或力量，我都不在乎。

你打過獵嗎？自己去試試，再來批判我獵殺動物、自給自足的行為。如果你是獵人同行，透過抨擊我來抬高自己，我不會介意。因為在九月的山區，如果我的箭矢精準命中，我會俯身在倒下的馬鹿上，讓我的小刀派上用場。而你對我的所有意見，都不會讓你更快樂，也不會在我做為弓獵手與家庭支柱的旅程中，減損掉任何一分充實感。

如果你是名聲可敬的死硬派獵人同行，生來熱愛遊蕩、弓不離手，我尊敬你。或者，你是剛入行的弓箭手，歡迎你來到這個家族。弓獵能夠改變你的人生走向，為人生帶來新觀點。

如果你是評論家，或是只躺著動嘴的人生教練，請繼續送上你的意見與批評。我熱愛從中取樂，也感謝它們為我帶來的動力。

我們山頂見！

第九章

努力訓練，輕鬆狩獵

「山谷之神並非山丘之神，你終將明白這一點。」

——伊頓．阿倫（Ethan Allen，美國佛蒙特州創始人之一）[1]

「卡麥隆，你不能只跑五十英里的比賽就好嗎？」

二〇〇九年，就在我即將參加第一場一百英里山區賽跑時，翠西這樣問我。我仍然無法相信自己再過幾天就要參加一百英里的賽跑，比賽地點位於懷俄明州荒蕪崎嶇的比格霍恩山脈。由於賽程起伏落差超過五千公尺，使得其成為全美最艱難的一百英里徒步賽跑之一。

這是我第一次參加賽程超過五十英里的超馬，去年我參加了比格霍恩五十英里競賽，以總成績第三名完賽。這也是我第一次參加需要在夜間跑步的比賽。整個白天跑步，然後又要整個晚上在山區跑步，聽起來格外嚇人。

我妻子三思之後另有想法，於是試圖說服我重新考慮。

「你可以在五十英里的賽事表現得很好。這樣你不必晚上跑步，而且參加那場比賽，仍然足以清楚表達你的理念。此外，我讀過文章寫道，參加那些瘋狂的長途跑步，有時候會引發腎衰竭。」

她提出幾個好理由，幾乎讓我考慮了幾次，不過我的決心並未動搖。

「我已經跑過五十英里了。我的目標是找出自己究竟能做到什麼程度，探索我的極限。」

在這段對話之後不久的某個晚上，我爸打電話給我，提出類似的擔憂。

「卡麥隆，你沒有什麼要再證明的了。沒人在乎你是否參加一百英里的賽事。」

1 編按：阿倫在一七七五年對英國軍官說了這句話，暗示殖民地人民（山丘之神）不會屈服於英國統治（山谷之神）。

「唉，爸，你錯了。我很清楚沒多少人去跑一百英里的賽事，連當成目標都未必，不過許多人可能會被我設下的標準影響。那些在常規跑步中感覺疲乏的人，可能會想到我這場比賽，以及它相關的挑戰，然後發現他們能夠再多擠出一分力，完成屬於自己的鍛鍊。」

我知道這種影響是雙向的。我從網路追隨者聽到的故事，能激勵我每天都盡力做到最好。我感謝所有人的支持，也感謝他們向我分享自己在弓獵成就與個人成長方面的經歷。

當然，一如往常，也有人提出不同的看法。

「卡麥隆是一個瘋狂的白痴。是有什麼鬼道理，讓人得跑一百英里的賽事才能去弓獵？」

這個問題好極了。一如我曾提到，我的回答始終是：你不需要跑。

我不需要這麼做，其他人也沒必要。我只是知道，**如果我不鞭策自己，我就不會有今日的成就**。傳統提到關於狩獵的準備時，一般是建議一天健身二十分鐘，每週三次，並於狩獵季開始的兩個月之前，在四十碼的距離練習射箭，如此便已足夠。這樣的生活模式，不會招惹反感，沒有挑戰常態，也不至於讓其他人不自在。因為它並未引進新概念，使人思索自己或許可以更努力準備……。

在我人生中的這個階段，「正常」對於我或許多在蠻荒西部狩獵的人來說，已經不再足夠。**走出舒適圈，找出你真正的能力極限**，幾乎可以說是某種覺醒。我知道我跟二十五年前的自己有著截然不同的差異，而這全要歸功於我挑戰極限，對自身抱持更高的期待，增加我對痛苦的耐受程度。這一切都在狩獵的名義下實踐。如今我寧可放棄狩獵，也不願在準備時半途而

比格霍恩 100 英里競賽的終點線——合計 29 小時的痛苦與成長。

廢。我要不全力以赴，要不徹底不做。

我已經為比格霍恩一百英里競賽做好準備。這是為期一天的事。只是我人生中的一天。就那麼一天而已，我可以應付任何事。

何時該適可而止？

賽前的最後一個週末（共計三天，因為我週五休假），我的計畫進行得順利無比。我試著讓身體為比格霍恩一百英里競賽做好準備，於是對自己說：「我在這個週末承受越多的苦難，就能在比賽途中獲得越大的回報。」

我想要在身心兩方面徹底擊垮自己，心知我有十二天的時間恢復，這對我來說已是綽綽有餘，我知道我的身體能在短時間內恢復。我的「跑許多路」（pile on the miles）計畫，起初是包含整整兩天行程。我認為，如果我可以在第一天跑完辛苦的二十英里路，隔天再跑三十英里路，那麼我就已經為比格霍恩競賽做好準備。這個結論是根據本季我跑過的比賽而來，其中包括上個月我連續參加的馬拉松。

我的問題在於，接受何時該適可而止。

週五跑完二十四英里之後，我登入「我的跑步路徑」（Map My Run）應用程式，然後標出一段美妙的三十三英里路程，途中穿插著幾段很棒的山坡路。我認為，如果保持在能夠長時間跑步的速度前進，大約需要六小時跑完。好極了，前一天跑了四小時、二十四英里路之後，我需要再跑六小時。唯一的問題是，週日還沒有安排。週日一整天，我該做什麼？整理庭院、採購雜貨嗎？才不要。

我知道自己具有偏執／強迫傾向，也明白它們會在我努力從事自己熱愛的事情時表現出來。我對射箭痴迷的程度，導致我會練習到自認百發百中才罷休。或許我過於自信，不過在心靈上，這是我曾經抵達之處，也是我樂於流連之地。

但說到跑步，尤其是極端的耐力賽跑，我從未抵達那種領域——直到這一個週日晚上。

我認為加入一些夜間跑步是個好點子，所以把鬧鐘設在深夜兩點三十分。邪惡的鬧鈴聲，把我從深深的睡眠中喚醒。在穿上衣服，為我的安德瑪跑鞋繫好鞋帶後，我走出門外，於一片死寂、宛如鬼城的街上繞圈跑步一小時。我的總里程又增加了七英里。之後我感覺狀態不錯。

如果我能進一步擊垮自己，現在正是動手的時候。

我回去睡了幾小時，然後起床陪翠西吃早餐、讀報紙。在我終於能出門時，我打算去海沃德田徑場，那裡正在舉行普利方丹經典賽（Prefontaine Classic），世界頂尖的一些運動員會來這裡賽跑，我爸則擔任跳躍類比賽的裁判。跑了九英里之後我抵達該處，賽事正進入尾聲。

觀賞這些世界級的運動員，向來都能激勵我。從我念小學開始，我一直會來看普利方丹經典賽，有時只是隔著圍欄偷看，因為我沒錢買票入場。即使遠在當年，這場盛事也能讓我深感振奮，這個早上也不例外。跑步路過海沃德時，我想到普利方丹說過的一句話：「沒有用盡全力，就是浪費天賦。」當我奮力不懈，踏上海沃德的人行道，一切都讓我感到活力充沛。

經過祖母的房子時，我想起自己在她過世後有多思念她。這裡離海沃德只有兩個街區，過去我時常聽到田徑場傳來的喧囂聲。我加重腳步，爬上海絡絲奶奶住處後方街道的陡坡。短暫爬過丘陵後，我快速下到另一側，穿過南尤金高中旁邊的亞馬遜公園，來到斯金納比特公園，坦納會在那裡跟我會合，騎著他的崔克牌（Trek）腳踏車陪我跑回家。

兒子們希望我帶他們去看威爾・法洛（Will Ferrell）主演的《失落之地》（*Land of the Lost*），所以坦納想幫助我早點回家。他確實有幫上忙。我的步伐更有活力，於是我加倍努力，完成這二十英里練跑的最後五英里。

「爸，你似乎心情很好。」坦納對我說道。

確實如此。在比格霍恩競賽開始之前，我為這最後一個週末備賽所設定的目標，已經全部完成。但就在這個時刻，我瘋狂的那一面開始冒出頭來。我很難感覺到滿足，向來如此。我確定有某種正式診斷可以描述這種心態。

我完全有道理感覺滿足。我在過去三天總計跑了八十五英里，相當於連續三天跑超過一場馬拉松的距離（二十六・二英里）。我預期自己會精疲力盡，一步路也走不動，肌肉僵硬、長出水泡。雖然目前我的確感覺疲憊，但不到力竭的程度。我沒有受苦。

我預期自己會受苦，也希望自己受苦。對我來說，這表示在我付出可觀的努力之後，它毫無疑問的發揮功效。但我沒有感到痛苦，所以我感到失望。自然而然，這使我想要再多跑一點。

在跟家人吃完一頓充滿碳水化合物的豐盛晚餐之後，我跟兒子們去看電影。買完電影票與零食，讓他們在影廳內安頓好之後，我彎身對他們說：「我稍後回來。我要快速沿著河畔繞圈跑五英里，然後回來電影院，買杯思樂冰，陪你們看完剩下的電影。我最多四十分鐘之後就回來。」他們沒有意見，完全不覺得意外。他們了解我。

再度來到戶外，我在這個非常適合跑步的夜晚邁步起跑。說來瘋狂，因為我感覺好極了。我的雙腿自然感覺曾經受到操練，但我依然邁開大步，活力十足的跑起來。我跑得不算很快，不過動作相當流暢。

我振奮到不行。

我露出微笑，一如我在狩獵時進入心流狀態的模樣。這是我每天都在追尋的感受。

我想要繼續跑下去。再跑二十英里。

然後我想到，兒子們還在等我。他們在漆黑的影廳內張望，等待我的身影出現。

當我回去跟他們會合時，我反省這個週末過得如何。我在這三天的跑步總里程，已經達到九十英里。一切都非常順利，讓我稍微害怕有事會出錯，例如跟腱斷裂之類的狀況。我祈求好運常在。

我知道在接下來的十二天，自己得抗拒衝動，避免在參加比格霍恩競賽之前過度訓練。當我感覺這麼好的時候，我想要挑戰極限，全力以赴。

我每天跑步都會來到這裡：座落於畢斯加山頂的紀念碑。
本照片由崔維斯．湯普森（Travis Thompson）拍攝。

可是，比格霍恩會加以反擊，且來勢更凶猛。

世界上第四難的超馬

一百英里嚴苛的路程。
起伏落差超過五千公尺。
花費連續二十九小時。
燃燒兩萬卡路里。
全是為了精進弓獵。
唉，我要學的事情還很多。
當我排隊等候比格霍恩山區越野一百英里耐力賽跑開賽時，我非常興奮，但老實說，我也真的很緊張。

大家把這場賽事稱作「世界上第四難的超馬」。比格霍恩一百英里競賽是折返型的賽跑，賽程包括七十六英里的單線道小徑，十六英里的雙線道吉普車小徑，以及八英里的碎石路，期間大約爬升五千三百公尺，以及下降五千四百八十公尺。這代表你要不在爬坡，要不在下坡，整段賽程中只有一小部分是平地。

我忍不住去思考一百英里有多遠。我連續三年來比格霍恩競賽，不過今年是我第一次跑這個距離。無論在哪種狀況下，這都會是一段漫長的旅程，更別說要在高海拔的比格霍恩山脈這樣跑。

一百英里……相當於奧勒岡的尤金市到波特蘭的距離。我痛恨開車去波特蘭，如今我卻要徒步跑那麼遠？不是在一段我討厭的道路上開車，而是在一條極端艱辛的賽道跑步？然而，至少我知道自己會跑在某個美麗的郊外。

比賽在上午十一點開始，當時晴空高照，是很完美的跑步環境。在第一個小時左右，我認為自己的節奏很好，其實不然，我跑得太快了。此外，我揹著一個借來的駝峰牌（CamelBak）背包，之前我從來沒有揹著它跑步。蠢極了。打從一開始它就在摩擦著我的肉，整整二十九個小時都沒停過。沒錯，它害我的下背有幾處皮膚被磨破，產生銀幣大小、灼熱且流血的傷口。

我才跑了區區二十英里，就開始懷疑自己是否能完賽。時間是下午一點三十分，我剛爬完一千兩百公尺高的上坡路，接著要下坡前往另一側的巨大排水渠。我已經感覺疼痛，卻還有八十英里要跑。

我認為自己根本不像我以為的那樣堅強。

在參賽物資包裡，主辦方提醒選手要對各種天氣相關事宜做好準備，他們說得完全正確。我們在豔陽下跑步，氣溫接近攝氏三十度，首先得穿過及膝的泥濘，還要在濕漉漉、浸濕鞋子的積雪中跋涉至少兩英里，因為賽道爬升了超過兩千七百公尺高。儘管下坡路讓我心臟猛跳，而且有些地方陡峭到完全無法跑步，但我其實開始感覺比較好了。翠西在我出門前，幫我打包了花生醬培根三明治，我吃掉半個來補充卡路里。

我重新找回了節奏。老實說，我完全不該考慮時間。在一百英里的賽跑中，最重要的並不是個人對抗計時，它是一場對抗自己肉體與心靈的比賽。

晚上七點時，我又開始感覺糟糕透頂。我正在跑那十八英里艱鉅的上坡路，前往四十八英里處、位於普克潘（Porcupine）的折返點。隨著夜色漸濃，我明白自己搞砸了。我沒有穿我的安德瑪禦寒衣，也沒準備頭燈，因為我以為自己可以及時抵達超過兩千七百公尺高的救護站。

我在晚上十點之前還算順利，但之後天色就暗到視野不清，我大約每跨出三步，就會被深色的林木或積雪絆倒。這自然無法激勵我消沉的心態。此外，從山頂吹下山脊的一陣陣狂風，使我寒冷徹骨。最終，我跟在某個戴著頭燈的人後面，一同進入救護站。

這場比賽最好的部分是在半夜十一點的四十八英里處。我喝了點湯，快速穿上禦寒衣物，包紮我的雙腳，然後重新上路。這個救護站看起來像是一間醫務室，裡面有些受傷的跑者，不過工作人員表現得很棒。由於我穿著潮濕又泥濘的鞋子跑了許多英里，腳上長了些水泡，我請一位護士在上頭貼上人工皮敷料，效果極佳。我量了體重（他們會檢測你的體重，確保你沒有脫水）並接受檢查，合格之後便回到賽場。我的體重變輕了一點，但不至於太嚴重。於是我從那裡加速前進，打算稍微彌補落後的時間。

四十八英里處的折返點寒冷刺骨，氣溫肯定只有零度上下。狂風大作，加上午夜將至，前路迢迢令人生畏，讓普克潘救護站成為未完賽跑者（DNFer）最容易放棄的地點。DNF是賽事結算時對未完賽跑者的正式用語，代表「沒有完成」（Did Not Finish）。

我在普克潘遇見的人顯然是硬漢（我的意思是，他們要抵達這裡，只需要跑那該死的四十八英里路，其中最後十八英里全是上坡，而且起伏達一千三百公尺），外表看起來卻像是在病榻上奄奄一息。他們裹著毯子，接受醫師的照料。許多人在普克潘決定棄賽，不過這裡並非跑者選擇棄賽的唯一地點。幾乎在每一個救護站（就算是最偏遠的），都有跑者繳回號碼布，坐在那邊等待。要從偏遠的救護站帶出人員，勢必得用馬載運，但這無關緊要。他們純粹不想，或沒辦法再多跑一步。

我與長子坦納。我帶他到懷俄明，陪我參加我的第一場 100 英里超馬。我知道如果兒子在現場，我就不能棄賽或失敗。我必須在忍耐力上成為表率，向他展現一個人如何克服挑戰。

「這有必要嗎？」自己的聲音是最大的敵人

賽前我就無法想像自己棄賽。如今我則對一個人能夠撐多遠，有了新的體悟與欽佩。這不只攸關體能條件，更是在於心靈層面。我相信**大多數人之所以棄賽，是因為他們在心靈上無法承受**。儘管有些人確實陷入失溫，或是真的精疲力盡，不過最重要的是，他們輸掉腦海裡面的戰鬥。

說到這件事，我曾短暫跟一名老傢伙一起跑步，這是他參加的第三十五場一百英里超馬。在我們跑過山區時，我心想像他這樣強悍的人，不可能曾經棄賽。於是我詢問他——沒錯，這些年來，他曾三度在比賽中途退出。

這勢必是史上最嚴峻的活動之一。

午夜兩點，我已經跑了十五個小時。這是一個新體驗，但以目前的感受來說，著實不怎麼愉快。這時候我開始羨慕那些有配速員或團隊支援的人。有些跑者會安排朋友或家人，在賽程中的關鍵路段陪跑。我沒有團隊支援，目前感覺糟透了。

坦納在我的 iPod 裡設了一組不錯的阿姆（Eminem）混曲，儘管阿姆「我對抗世界」的風格向來能激勵我，但現在我只想自怨自艾。有時候我連走路都有困難，渾身疼痛，精疲力盡。我原本打算一口氣解決這十八英里，快速回到山腳，但目前我似乎落後了。沒錯，我正落入敗局，但這場戰爭尚未結束。

「卡麥隆，你為什麼做每件事情都得做過頭呢？你不能就只是去跑跑標準馬拉松，或者做些沒那麼極端的事情嗎？這種事情對身體太嚴苛了，我不認為這是好主意。」

我可以聽見翠西說出這些話，如今我也自問同樣的問題。這讓我回想起，早年我獨自前往荒野的一趟行程。出發前，醫師在我的腿上發現敗血症，說我不該旅行，但我還是啟程了。在那場狩獵中，我獨身處於寒冷的風雪裡；我坐在野外，自問為何過來這裡？拋下家人也讓我感覺很自私。

這有必要嗎？

如果是在社群媒體上某個陌生人這樣問我，那是一回事，但目前是我自己的聲音在質疑。對，這有必要。我默默的回答。

我必須離開我的舒適圈。**你永遠不會忘記這樣的經驗，它們能幫助你成長。**

在比格霍恩的參賽物資包裡面，提到了一則警告，但我沒有理會。

「為了確保參賽者能充分具備經驗與訓練，每位跑者應當警覺到，本賽道位於極端蠻荒的地帶，有其難度。參賽者頗有可能需要準備面對崎嶇的賽道，以及難以預測的山區天氣，方能安全參與本活動。重要的是，參賽者須認識到，參加本賽事可能引發肉體與心理層面的壓力。參賽過程中，跑者或許會面臨極端冷熱的氣溫、失溫、中暑、腎衰竭、痙攣、低血糖、定向感障礙、受傷、落石或倒木、野生動物或爬蟲類襲擊，甚至危及性命。」

在實際去跑之前，我以為這是一種善意的誇大。但並非如此。

這場比賽讓我學到了教訓。我可以假裝自己跑得完五十公里的比賽，甚至是五十英里，但我沒辦法靠虛張聲勢跑完一百英里的比賽。

一百英里的賽跑辛苦無比，比我願意承認的難度更艱鉅。它不只考驗我的體能，也把我的心智能力逼到極限。我能跑步，而且做得挺不錯，不過這是在我不需要動用腦力的情形下。我可以去跑波士頓、紐約或尤金市舉辦的標準馬拉松（二十六．二英里），中途完全不必思考，也幾乎不喝水，只是拚到底。如果我得發揮聰明才智，那就到此為止了。

一場一百英里的賽跑，需要你聰明應對。但對於這場比賽，我並非到此為止。我還沒完蛋。我參加這場比賽時，心底想著我應該可以在大約二十四小時內完賽，根據……我各式各樣經不起推敲的邏輯。

嗯，去年我在比格霍恩五十英里競賽，以總成績第三名完賽，用時不到九小時。很好，九加九，再多加一點疲憊的影響，那就算完啦：二十四。

卡麥隆，你這堂課被死當了。

我跑過錫斯基尤折返越野跑五十公里（約三十一英里）競賽，賽程起伏達兩千一百公尺，並以正好四小時完賽。我只要保持穩定的節奏，就能突破一百英里。

沒這種事。

我的盤算出了差錯。

跑四小時、甚至九小時，相較於跑二十四小時以上，有著天壤之別。此外，過去我最長的跑步時間是九小時，而且只做過一次。

就算我提醒過自己上百萬次，我還是犯下那個亟需避免的錯誤。我在起跑時衝得太快。我也沒在飲食方面遵照該採取的做法，於是在跑了大約四十英里之後，我的情況慘到不行。我在折返點恢復了一點狀態，接著對自己說，我要在後續的下坡路加快腳步，趕往六十六英里處的人行橋[2]。

我想得太美了。

兩小時之中，我連走路都有困難。我想吐，可能是脫水，也可能是水分攝取過量，因為我在折返點喝了一大堆水。我雙手浮腫得厲害，孤身一人，最難受的一刻大約是在午夜三點，我正試圖跑下山谷。那是當時的我人生中受傷最慘烈的時刻。不過，之後我受了更嚴重的傷。

清晨六點時，我終於抵達六十六英里處，我稱了重，體重變得更輕，但仍然過關。我吃掉一份鬆餅與香腸，心知後面還有三十四英里路要跑，其中包含另一段前往德賴福克（Dry Fork）、長達十七英里的嚴苛上坡路。有些路段實在非常陡峭，但我始終沒有停下腳步。你沒辦法跑完那段路，快步健走是唯一的選擇。我努力奮鬥，果真在接近德賴福克救護站時，趕上並超越了幾名跑者。

2　譯按：全名應為「莎莉的人行橋」（Sally's Footbridge），該處設有救護站。

我可以肯定的說，那段六小時的爬坡，是我人生中最漫長的經歷之一。它著實毫不留情。

實際上場後，你比自己想像的更堅強

正午十二點時，我來到八十二英里處的頂部。我的心情很振奮。雖然我全身無處不痛，不過我試著保持微笑。

來自奧勒岡西斯特斯市的肖恩（Sean M.）告訴我這個祕訣：不管事情有多糟，笑容總是有幫助。我暗忖，下次遇到艱難的狩獵時，我也要試試這招。

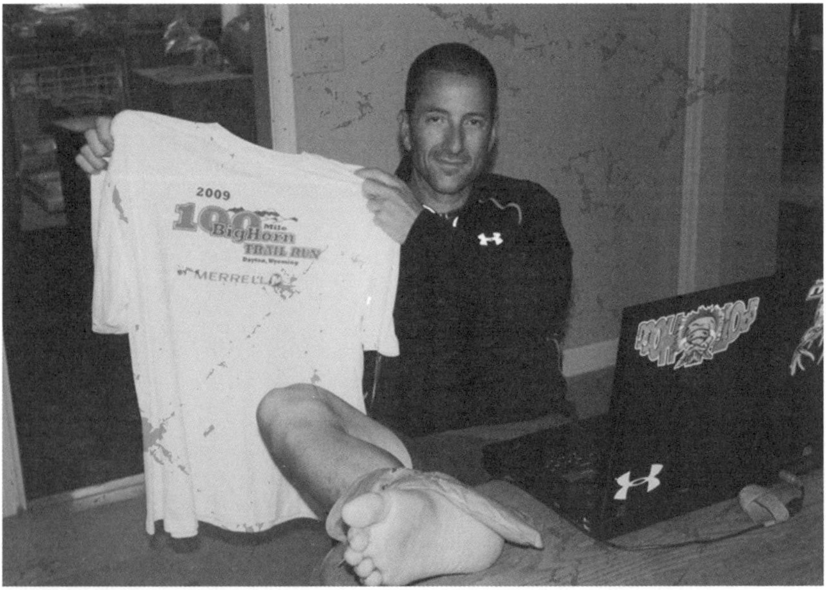

完成第一場 100 英里賽跑後我發現了一件事：「我比自已想像的更堅強⋯⋯。」

在我剛開始踏上成為超馬跑者的道路時，我唯一做的事情就是跑步：一天20英里。我很快理解到，儘管精實（削瘦）體型能讓我成為高效率的跑者，卻會妨礙我在山區狩獵的能力，影響層面包括在成功獵殺後打包沉重肉塊，或是在荒野深處狩獵時攜帶求生裝備。我需要肌肉以及耐力。我需要成為混合型的運動員，所以我把兩者合而為一：耐力跑步，以及力量訓練。經過這樣的調整之後，我實現了自己在弓獵夢寐以求的成功。

現在我已經跑了二十五個小時。我原訂在二十四小時內完賽的目標早已失敗，不過我完全不在乎。我已經重新調整目標，如今打算在三十小時以內完賽。就算是二十九小時五十九分五十九秒，我也要做到。

我有五個小時來跑最後的十八英里路，這似乎具有相當的可行性，只要我的身體撐得住。而這正是問題所在。目前我真的嚴重脫水。我秤重的數值是一百五十三磅，比前一天的官方秤重（一百六十三磅）少了十磅。我需要攝取一些液體，而在我參加這場賽事的過程中，這已是稀鬆平常的景象。我吃了點西瓜、一個花生果醬三明治，跟幾位弓獵手閒聊，又跟來自奧勒岡的丹尼斯（Dennis）——在先前大約十二個小時之中，他的進展跟我相同——打了聲招呼，然後啟程上路。

我在這裡學到的事情是：相較於八十二英里，十八英里並不多，但仍是一段漫長的距離。幸虧，我也向自己證明了另一件事……

我比自己想像的更堅強。

《紐約時報》（*The New York Times*）曾如此描述這場賽事：

「還有一些令人謙卑的體悟：比格霍恩山脈並非一介凡人能徒步征服之處。卡住鞋子的泥濘，深達大腿的積雪，以及有時令人感覺無窮無盡的陡坡，這些事情都是你至多打成平局的戰鬥，而且還得要你運氣好。此外，儘管你認為自己很強悍，這裡總有人比你更猛更快，而賽道自身更是始終比參賽者更強悍。」

無論我認為自己有多強悍，我知道山脈永遠會更強悍。

山脈總是占據上風。

下午三點十分，我抵達位於九十五英里處的最後一個救護站。我盡可能飛快下山，下降了一千兩百公尺，但這十三英里路痛苦難當。我右腳的跟腱確實出了毛病。賽後我才明白問題很嚴重，因為我右腳腳踝腫成左腳的兩倍大，沒辦法走路。說到左腳腳踝，它感覺像是有根骨頭戳穿腳背，但我不理會它，堅持跑下去，後來它感覺「好一點」了。或許我可以去當醫師？我的膝蓋卡卡的，所以如果我在當時停下，我就幾乎不可能再跑起來了。

我一直想著我鍾愛的一句名言，由墨西哥革命家埃米利亞諾．薩帕塔（Emiliano Zapata）

所說：「挺身赴死，勝於跪地苟活。」我知道自己必須挺過痛苦。

當我抵達九十五英里處時，坦納在那裡等我，並且陪他的老爸跑完最後五英里。做得好。我告訴他我的膝蓋有狀況，所以不能停下來，又說我們得在一小時五十分之內跑完五英里。這聽起來就是很怪。一般來說，我在老家附近可以快速跑完五英里，費時不到三十分鐘。不過此一時，彼一時，地點也不同。

我們一起出發，慢慢跑步，快步走路，不斷向前移動，持續不休。這是我在整場比賽中不斷在做的事，而我得感謝安德瑪的安妮．邦妮（Anne Bonney）。她在賽前寄了一封電郵，建議我實踐RFP——持續向前進展（Relentless Forward Progress）。我在賽道上從未停下來，只有在救護站換鞋子時才止步。坦納跟我彼此開玩笑。在我們一起跑了大約兩英里之後，他說他累了，還說他很驚訝我的心情那麼好。

外表是會騙人的。

在下午四點二十分，我跑完了一百英里，正式成績是：二十九小時二十分。我是一百英里超馬賽的跑者了！我獲得我的第一場一百英里賽事的腰帶扣環。

不久之前，我還認為在山區跑完一百英里是不可能的事。如今我對未來感到很興奮，期待面對新挑戰、新考驗與新夢想。

不管我的人生發生了什麼事，有多少高低起伏，**永遠沒人能從我手中奪走這件成就**。我的感受就像是當年第一次射中六叉馬鹿那樣。

當然，我心中的惡魔試圖要搶走一點鋒頭。第二十七名並不是我夢想中的完賽成績。不過我也非常清楚，「逆境以及破滅的夢想」是很棒的老師。

你要不努力求長進，要不沉淪墮落。

論及這場比賽有多艱鉅，即使是超馬賽事的老手，在確定參賽者之中也只有大約六〇%的人能夠跑完，而且僅三十四名跑者能在三十小時內完賽。這足以做為證明。

記得二〇〇五年時，我所參加的第一場超馬（五十公里），完賽成績是第二十九名。後來我慢慢縮短時間，並在較短距離的超馬改善表現。到達新高峰，獲得更多成就，並且贏得自信，使我能夠來到目前的境界。而又一次，距今多年以後，我會回顧往事並說：「我記得我參加的第一場一百英里賽事。我從那場比賽學到了不少。」

弓獵也是同樣的道理。幾年前，我想要獵殺大型馬鹿與雄鹿，於是前往阿拉斯加，以及其他新奇的地點與鄉野。問題在於，我無法一步登天，以菜鳥弓獵手之姿奢望自己渴求的成功。

奮力自我突破。

砥礪你的技能。

培養一項熱情。

最終，你的夢想將會化為現實。

在懷俄明山區的那個週末，我學到的教訓既新穎又痛苦。但它們也有其必要。

在比格霍恩山脈度過的每一秒鐘，我都心懷感激。

周圍的情況讓你感覺得放棄自己的夢想了嗎？我曾經不曉得自己能否再多跑一步，整個人都快崩潰了，心想要是現在回家躺在床上，別人也完全不會發現。但我會知道其中的差異，所以我振作起來，繼續幹下去。

我學到的教訓是，當你感覺自己已經到極限時，你其實還有力量。忍耐力代表你永遠不會沒有餘力。你心中蘊藏的熱情，永遠與你同在，無論它是在你的血管裡沸騰不已，或是深埋在你心底。忍耐代表永不止步，代表你知道前路迢迢，代表你會忍受漫長的日日月月，有時甚至以年來計算。你走過的里程有其意義，你的每一步都有其意義。人生完全在於忍耐並堅持下去，即使在你精疲力盡時也得如此。

信念9

【在逆境裡尋得安穩，從不適中找到力量】

「挺身赴死，勝於跪地苟活。」

——埃米利亞諾・薩帕塔

文字可以成為燃料，語句可以化為烈火。有些話語能激勵我起身努力奮戰，竭盡自己所有的能力，而不是屈服於肉體上的軟弱、人生中的挫折、不舒服與恐懼。

有時候，我需要複述這些金句名言，彷彿它們是某種箴言。

「挺身赴死——」在我不斷奮力邁開大步時，我這樣告訴自己。

有時是在破曉前夕。

有時是在難走、陡峭又泥濘的小徑上。

有時是在我非常想要放棄的時刻。

藉口輕易可得，突破阻礙則不然。

以超馬來說，我知道自己會很難受，毋庸置疑。不過我已經發現，我可以應付痛苦。苦難跟我是好朋友，這些年來我們變得很親近。

我也發現，不管你讓自己的身體面對什麼挑戰，它幾乎都能加以反應與調適。我是透過長時間的山區狩獵、跑步賽事，以及在酷熱或豪雨中訓練，發現了這件事。**我們的身體能做到驚人的事情，只要你拿掉懷疑的枷鎖**，堅強起來、付出犧牲，並且竭盡全力。我們的精神也有能力做到同樣的事。

勇於抗拒批評。

勇於面對別人來質疑你的能力。

忽視懷疑論者、專家與蠢蛋所提出的「常識」。

寧可挺身赴死……

人們或許會認為，跑超馬太瘋狂、不切實際、自私或沒必要。這也不打緊。對某些人有效的做法，未必適用於其他人。我唯一的建議是，找到一件能幫助你成為最好的自己的事情。

從其他地方尋找靈感。

找出適合你的做法。

然後全力去實踐。

「我願寧死，也不想淪為平庸。」

我在健身運動員馬克・貝爾（Mark Bell）的ＩＧ頁面上看到這則金句，並深有同感：「我就是無法對任何我抱持熱情的事情，以半吊子、普普通通的努力程度來面對。我得全力以赴，盡我所能。」

我並不特別有天賦。

我只是一名弓獵手，跟許多人差不多。

唯一讓我與眾不同之處，是我有動力去採取更多行動，對自己有更高的期待，同時無視質疑或唱反調的人，那些人總是試圖妨礙我們這些追夢者。上天賜予我的平凡天賦，配上平凡的努力，將會導致平凡的結果，也因此造成未盡的夢想……。

若是如此，我寧願一死。因為，有什麼事情會比潛力未能發揮更糟糕呢？

好消息是，我相信我們每一個人，都有能力在某件事上成就非凡。人們之所以會認識我，唯一的理由是我在許多年前接觸了弓獵，並為之痴迷，致力追求我能力所及的極致。它改善了我的人生，幫助我為家人提供更好的生活。弓獵引領我寫作、成為雜誌編輯、電視主持、獲得贊助、參加耐力賽跑，也讓我透過社群媒體，跟你們所有人建立起一種聯繫。對此我非常感激，因為你們的熱情也促使我踏上更高的境界。

你的「弓獵」就在那裡，我保證。它同樣會為你開啟各種門扉。但我要警告你：當你為它痴迷時，它會接管你的人生。這種痴迷的做法對我有效，它改變了我的人生，對其他人造成正面影響，而且最重要的是，它教會我的孩子：任何事都可能發生。

每一天都有夢想成真。你的夢想也可以成真，但你得付出很大的努力才行。

如果你像我一樣，那很好。只要不斷對自己說出這句箴言：挺身赴死，勝於跪地苟活。

起身奮鬥吧！

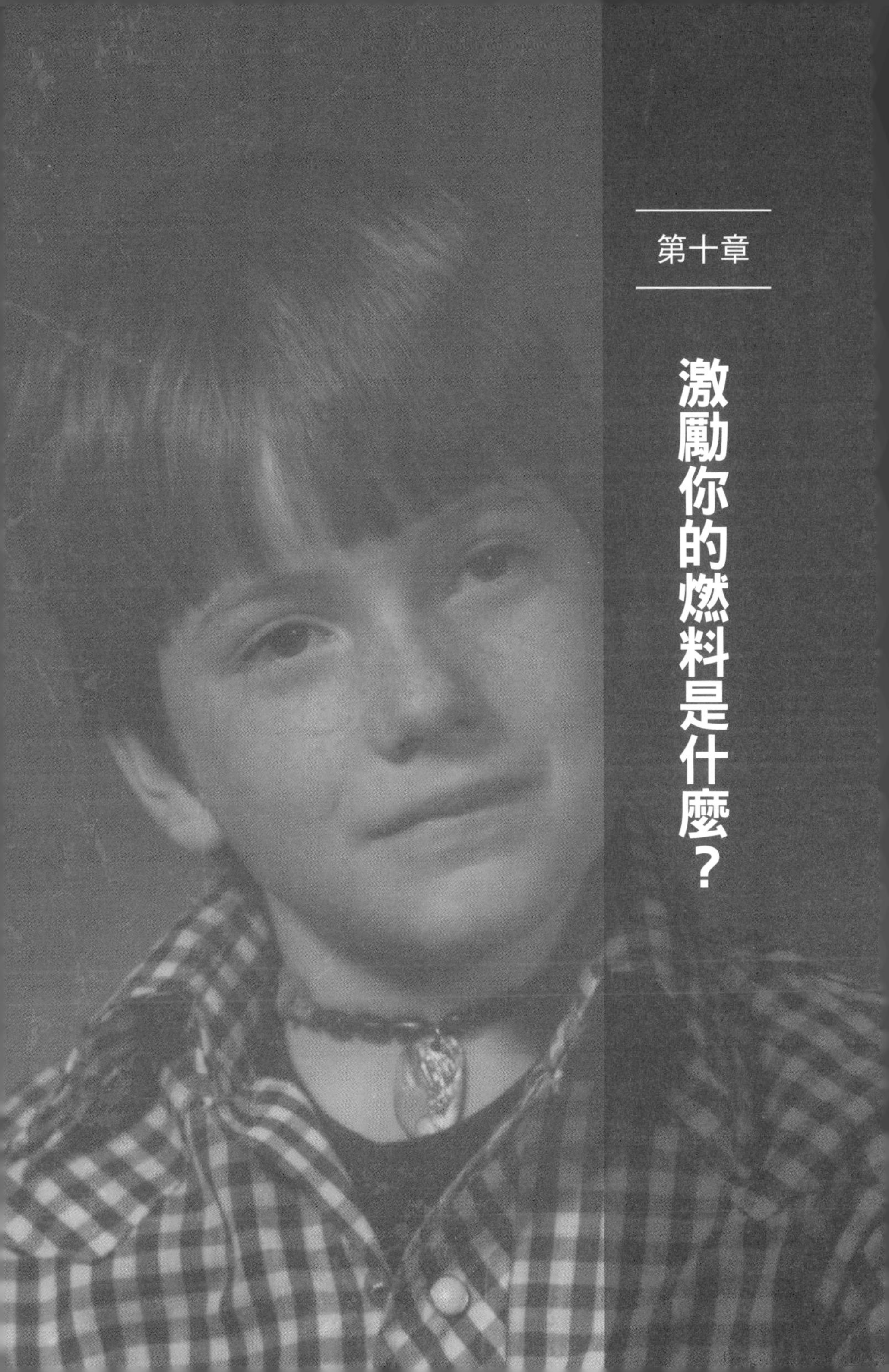

第十章

激勵你的燃料是什麼？

不斷砥礪我前進的父親，在 **2009** 年成為入選南尤金高中運動名人堂的第一人。

你是否曾停下腳步，自問你活在世上，究竟對世界帶來了什麼改善？

你是怎麼影響周遭人們與環境？

你有什麼影響力？

在你的喪禮上，他們會講出什麼話？

後人會怎麼懷念你？

力量與勇氣，它們能鼓舞人心。無論是戰鬥中的身體力量與勇武，或是最弱小的個體，都能展現出這些特質。

我爸在世的最後一年，他再度讓我想起，自己有多麼尊敬與欽佩他。從醫師在他的肝臟發現腫塊的那一刻起，鮑伯．漢斯便開始對抗癌症。那是一個惡性腫瘤，但他從未放棄。在十八個月之間，他跟癌症發起了戰爭。

「我會擊敗它。」他告訴我。

每個罹患癌症的人都這麼說，有時真的做到了。其他時候，他們看似擊敗癌症，但那是因為醫師為他們施行化療，把癌症壓制住。他們似乎即將邁向勝利，其實並非如此，因為他們不可能永遠接受化療，那與毒藥無異。時常在化療停止後，癌症便隨之回歸，而且病況比之前更嚴重。

在二〇〇九年初診斷出罹癌後，我爸就說他會擊敗肝癌，而在二〇一〇年春季時，連醫師都不敢相信他的病況那麼好。在那段期間，他仍然試著任教，做他原本在做的所有事。

化療暫時有效，但副作用相當嚴酷。他總是非常疲憊，卻始終無法休息。他一直感覺耳鳴。他努力堅持，但面對肝癌這樣的事，那是一場不可能獲勝的戰鬥。

我爸終究沒有擊敗它。但他持續激勵著我，以及其他認識他的人，即使在他人生的最後歲月依然如此。儘管我敬重許多人，我爸自始至終是我唯一的英雄。在那艱難的最後幾個月，他向我展現出為何如此。

我們熱愛看到別人堅持不懈。而我父親在這場戰鬥中，不斷緊抱著希望。

我人生中經歷過最困難的事情之一，便是看著我爸慢慢死去。癌症是一種毀滅性的疾病，儘管父親罹癌過世一事毫無積極面向，但有一件事讓我心懷感激：我因此有機會跟我爸聊天，內容深入、慈愛、誠摯，有時令人動容。在他對抗癌症期間，我們變得

我爸時常陪我的兒子們搞笑。特魯特把他在尤金市馬拉松獲得的獎章獻給爺爺，他在 13 歲時參加，以 3 小時 30 分的成績完賽。背景中的坦納，在那場比賽擔任配速員，陪特魯特跑了幾英里。

更親密了。那些跟他聊天的時刻，將成為我終生珍藏的記憶。

我格外注意到的另一件事，則是我爸奮戰的方式。對於自己即將離我們遠去，他有時害怕又沮喪，因為他真的不想要這件事發生。但儘管心懷恐懼，他從來沒有放棄。他不斷奮戰下去。

激勵你的燃料是什麼？

你為什麼會投入你現在在做的事？為什麼你要跑步或競技？

對我的小兒子特魯特來說，他是為了鮑伯爺爺而參加第一場馬拉松，而且他表現極佳。儘管特魯特只有十三歲，而他參加的二十六・二英里尤金市馬拉松，最低參賽年齡是十六歲（代表我得撒謊才能讓他參加），但他以三小時三十分四十一秒的成績完賽。我以三小時一分完賽，翠西則是參加半馬，以一小時四十九分完賽。坦納也有湊一腳，他協助小弟配速，一同跑了大約八英里。

而令我更為驕傲的一刻，發生在特魯特把跑馬拉松獲得的完賽獎章獻給我爸。我爸也很高興特魯特能跑完那場馬拉松。

我已經愛上苦難。每個苦難——肉體、情緒或精神層面——都能逼使我們突破臨界點。

超馬界最令人垂涎的榮耀，是由西部諸州耐力賽跑頒發的銀腰帶扣環。基於其歷史與競爭性，它是全世界最知名的一百英里賽事。在參加第二場一百英里超馬時，我獲得了我的扣環，而且用時少於二十四小時，以二十二小時四十一分完賽。在我的世界中，如果有什麼能跟奧運金牌相比，那就是這個銀腰帶扣環了。我感覺它像是我個人最偉大的運動成就，但我是在人生中苦樂參半的期間拿到它。

整個參賽過程中，我都想著我爸，當時他每天都在奮鬥，努力在世上多活一天。

他的訃聞寫道：

> 羅伯・「鮑伯」・漢斯（Robert “Bob” Hanes），於一九四八年一月二日在西雅圖出生，父母為萊斯特（Lester）與海洛絲・威爾森・漢斯（Heloise Wilmsen Hanes）。從南尤金高中畢業後，他就讀奧勒岡大學；曾經從事烘焙業，後來在運動產品銷售界任職。他擁有並營運一家位於波特蘭的唱片行。不過他真正的熱情，是指導田徑賽的撐竿跳與跳高選手。

我記得自己小時候，翻閱了我爸的運動剪貼簿上百次。那些剪報、獎牌與獎章……他是我的英雄。他跟我不同，擁有出色的運動能力。離開南尤金高中時，他同時是田徑與體操的D-1運動員（意思是最高等級的大學運動員）[1]。我爸似乎受到眷顧。他聰明又有天賦，尤金市每個人都認識他。對他的長子——也就是我——來說，鮑伯・漢斯偉大不凡。

在我開始為西部諸州耐力賽跑訓練時，我會想著我爸是怎樣拒絕放棄，堅持對抗無法動手術的肝癌。我欽佩他的力量與勇氣。每當我不想跑步、舉重或射箭時，我都會回想他孱弱且衰敗的模樣，然後心想：我有什麼資格懶惰？

那場賽事在加州奧林匹克谷舉辦。我在開車過去的途中打電話給我爸，他聽起來狀況不太好。他已經對抗癌症一年半，所以我心中有數，這場戰鬥或許已到達尾聲。在我跑步時，我知道他正透過 ws100.com 網站即時追蹤我的進展，因此稍感慰藉。

參加西部諸州耐力賽跑，證明我能實現自己對山區弓獵抱持的所有夢想。我說服自己，如果我能克服一萬兩千五百公尺的高度落差、超過三十二度的高溫，同時對抗著肉體與心智上的疲憊和沮喪，在內華達山脈跑完一百英里，而且於一天之內完成，我就沒有做不到的事情。**我已經付出努力，現在是獲得回報的時刻了**。

清晨三點四十一分，我跨過位於加州奧本市的終點線，也因此獲得我的西部諸州銀腰帶扣環。跟我的第一場一百英里賽跑相比，這次成績提升了將近七個小時。我起跑時非常自信，但在那段共計二十二小時四十一分的期間，我邊跑邊沉思，疑慮不只一次浮上心頭。

在那些苦苦掙扎的時刻，我不斷告訴自己，痛苦是短暫的，我在幾天之後便會復原，並且會因為這項經驗受益。然而，對我父親來說，他沒有機會復原，只有更嚴重、使人更衰弱的病痛，然後等著死神造訪。

1 譯按：美國國家大學體育協會（NCAA）把校際體育賽分為三個級別（division），D-1是第一級別（即最高級別）的簡稱。

我在週日早上完賽，並在當天就開車回家，很晚才抵達。隔天我去上班，然後前往我爸的房子，急著在我獲得佳績之後，當面告訴他我愛他，並且給他一個擁抱。他這輩子都在關注田徑，他比任何人都欣賞運動方面的優秀表現。在我人生的旅途上，起初我爸與我一同前行，後來因情勢變化與挑戰，我們曾漸漸疏遠，但現在又重回正軌。過去幾個月，我的弟弟彼得花了許多時間陪伴我爸，讓我相當感動。遠在我還只有五歲，爸媽離婚之時，我就一直單純希望我們重新團聚。

我永遠不會忘記，在我比賽完畢返家後，我看著我爸的眼睛說：「爸，我好希望我能分給你一點力量。」

「別對我放棄希望。我還沒輸。」他告訴我。

他仍然認為自己會擊敗癌症。

我永遠不會忘記他求生的意志。

父親於七月五日的一早過世，就在我拿到西部諸州一百英里賽跑銀腰帶扣環的幾天之後。失去他的痛苦，遠比我先前在比賽、生活或任何事情上所感受到的更劇烈。

我在父親過世的前幾天，拿到我渴望的西部諸州 100 英里賽跑銀腰帶扣環。

我爸最大的恩賜，在於協助其他人徹底發揮潛能。他也熱愛分享悅耳優質的音樂，他相信它們能充實大家的人生。音樂可說是他人生中的重要一環，或許更甚於此。他喜歡田徑，也對它有熱忱，不過對我爸來說，音樂有時會是一場靈性之旅。

音樂對我父親有特殊的意義，尤其是布萊恩．威爾森（Brian Wilson）的作品，他是我爸最喜歡的樂團「海灘男孩」（Beach Boys）的創立者，擔任作曲家與製作人。他年輕時就跟大多數人一樣，開始聽海灘男孩推出的夏季風情趣味歌曲。後來他開始真正欣賞布萊恩在音樂光譜上的另一面。他變成研究海灘男孩歷史的非正式專家，並跟布萊恩結為好友。

父親最喜歡具有深刻涵義的歌，例如〈在我的房間〉（*In My Room*）、〈只有天知道〉（*God Only Knows*），以及《笑容》（*Smile*）專輯中的許多首歌，那張專輯我爸也有協助選輯。我爸與音樂產業中的許多人，都認為布萊恩是天才——性格或許有點古怪，不過他們說，天才幾乎都是如此，他仍然是天賦異稟的才子。對我爸來說，布萊恩的音樂宛如靈藥。

我永遠忘不了，我看著父親站在他的盤帶機旁，海灘男孩的盤帶轉啊轉，樂聲震耳欲聾。他全心全意的歌唱，雙眼緊閉、頭往後仰，簡直像是要與音樂融為一體。接著他會轉頭望著跟他一起在場的任何人，表情像是在說：「你也能理解嗎？你感覺到這個了嗎？」

那就是我父親的性格。

喪禮的兩天前，我買了一張海灘男孩新推出的暢銷精選CD。這些年來，我已經聽了海灘男孩的歌曲千百次，不過在我的卡車內，聽著那些熟悉的歌曲，彷彿在某種小小的程度上，把我爸帶回我身邊。以這個方面來說，沒什麼比得上音樂。

在喪禮上，我向聚集在南尤金高中體育館的群眾發言，頌揚鮑伯・漢斯的一生。

「我確信我爸，鮑伯・漢斯，會對今天這場聚會非常高興。朋友、家人、音樂與回憶。我希望我們正在仰望的他，如今展露笑容，感受到這間體育館內滿溢的愛意。」

在場跟我談話的人，都獻出了他們的一部分歲月來榮耀我的父親。他們的蒞臨出席，對我與我的家族意義重大。

「對我來說，這代表我的爸爸曾影響了你，或是影響了你身邊的人。舉例來說，我知道現場有些人，於我爸在世時只見過他一次，但因為他們關心我與我的家人，也知道我爸對我們意義重大，所以他們來到這裡，表達關懷與支持。我爸雖已過世，但他讓人們齊聚一堂。他仍然在造成影響。」

我分享了幾則我永難忘懷、關於我爸的回憶與深思。尤其是在我年紀還小、性格敏感時的那些回憶：「我清楚記得，我媽告訴我，我爸的雙腿肌肉結實，簡直硬得像是樹幹。然後我會去戳那雙腿，而她說的當然沒錯。我也記得，某天晚上他去參加一場壘球比賽，比較晚回家，當時只有他跟我還醒著。我們一起吃穀片，我坐在一張木製小搖椅上，他則坐在沙發邊緣，彎身靠近碗吃。他看著電視，我則看著他。他的膝蓋因為滑壘而流了不少血。我記得自己坐在那裡，盯著血淋淋的傷口，對我爸似乎天下無敵的模樣著迷。」

我提醒坐在體育館內的所有人，我爸跟他們一樣，並不是完人。

在父親的喪禮發言並不容易，但我感覺自己有必要這麼做，以榮耀並慶祝他對那麼多人造成重大影響。

「我永遠不會忘記，他怎麼運用他的經驗來幫助其他人。他經歷過、走過了很多事情，既有賽場上的經驗，也有生活中的歷練。他贏過一些戰役，也輸過一些。在我的成長階段，他不會畏於承認自己的錯誤。他面對任何人都誠實坦率，而這種做法有助於博取信任，感動了許多他指導過的青年。我爸談話與分享，他們則聆聽與學習。我猜測當他們離開時，常常邊走邊思考他傳達的內容。一般來說，孩子不愛聽大人的話。關鍵在於讓他們聆聽，而我爸做得到，因為他說話時真心以對，除了引導他們成功度過人生，他別無其他意圖。此外，他說話時自信堅定，直直望進你的雙眼，這種方式能使你相信他對你說的任何事。」

當我分享父親對音樂與海灘男孩的熱愛時，我們為所有人準備了一份特別的驚喜。我從海灘男孩的布萊恩那邊，拿到一份以音樂形式呈現的特殊頌詞，並且在喪禮上播放。他以原聲唱著〈只有天知道〉，並在最後說出：「鮑伯，我們愛你。」由知名的布萊恩．威爾森為父親送上個人的致意，他若有知肯定會非常高興。我們非常感謝他抽出時間來向鮑伯．漢斯致敬。

我跟群眾分享了一則故事，內容是幾年前我曾為某個傢伙工作，他的待人處事很惡劣，而且他也有自知之明。某天晚上我們喝了幾罐啤酒之後，他突然在想是否會有人來參加他的喪禮。他問我：「你會參加嗎？」我當然回答我會去。我是一名員工，我還能說什麼？但他仍然有疑慮。我永遠忘不了，他在一張餐巾紙上寫下合約，說我同意參加他的喪禮。某種程度上，這是在開玩笑，但其中也帶了點真實。他真心在意，而且有道理如此。

我爸用不著擔心有會多少人來參加喪禮。現場聚集了幾百人，唯一的理由是我們對鮑伯．漢斯的愛。無論他們是視他為父，例如我、彼得與賈斯汀（Justin）；或者視他為夫，例如我的繼母康荻；又或者視他為教練，例如所有他指導過的運動員；也或許是把他當成「海灘男孩的鮑伯」，或單純只是好友。所有蒞臨者都會同意，如果給我爸機會，他就能充實他們的生活。

「如果幫助其他人實現夢想並且充實生活，不是成功的真正定義，那我真的不知道什麼算是成功了。我爸的人生向我證明，人格特質的力量遠比世俗財富更重要。」

追思會過後一週，我前往內華達州的荒野打獵，度過極端辛苦的八天。這是我狩獵成效極差的其中一次，期間我總共只看到二十隻鹿。幸運的是，我有一位好搭檔兼攝影師喬迪．賽爾（Jody Cyr），他非常強悍。

對我來說，在失去至親之後這麼快就去打獵，並不是一件容易的事。理想中，當一個人啟程進行艱辛的狩獵時，他會希望所有事情井然有序，以便自己專心面對即將到來的挑戰，提高知覺的敏感度。目前並非如此，但無論如何，弓獵是我的事業，是我這個人的本質，所以我裝好背包，竭盡全力去做。

兩個月之後，我從英屬哥倫比亞飛回家，那天剛好是我生日。我收到幾則語音留言與簡訊祝我生日快樂，但是我唯一能想到的是，這是有生以來第一次，我爸沒辦法打電話聯絡我，或是給我一個擁抱，說他愛我並祝我生日快樂。

我知道人們會失去摯愛親人，而且在某個時刻，人人都會失去他們的父親，我也不例外。但是我爸的過世，是我體驗過最強烈的心痛。榮耀他的念頭，在我最脆弱的時刻賦予我力量。而我在整個二〇一〇年狩獵季之中，著實需要那股動力……在懷俄明找不到馬鹿，在科羅拉多好一陣子沒休息，在奧勒岡頂著豪雨辛苦狩獵，最後又前往英屬哥倫比亞。週復一週踏上旅程，在無情的山脈間埋頭苦幹。

在這幾週，我父親奮戰到底的勇氣，每天都激勵了我。

小時候失去與父親分享自己成長時的點點滴滴的機會，讓我很受傷，但我能把那種痛苦化為動力。如今我爸已逝，我發誓要成功，無論是在弓獵或超馬方面，藉此來榮耀他。

當我在跑步時，海灘男孩的歌曲於耳機內流出——「如果你非得要離開我，日子依然要過下去，相信我。」

自從父親在二〇一〇年過世後，每次我在尤金參加賽跑，大多數時間我都在想念他。有太多東西能讓我想起他。海沃德田徑場當然名列其中，他在那裡做為選手出賽，也長年擔任裁判。亞馬遜公園路是尤金市的主要街道之一，他過世前住在那附近。斐瑞街是他先前住處的所在地。南尤金高中是他畢業的學校，也在那邊任教幾十年。翡翠第二十四區是我祖母的老宅所在地，他在那裡長大，後來我自己的成長時期，也在那裡度過許多歲月。

我永遠無法忘懷我爸對生活的熱忱，以及他對知識的渴望，這點從他類型廣泛的大量藏書便可看出。他是我所認識最聰明博學的人。我們聊過許多次有趣的談話——我是用弓狩獵的鄉巴佬，而他是南尤金的自由派。我熱愛這樣的鬥嘴。他認為美國職籃的季後賽在打假球，每年都這麼說。我總是簡單笑著回應：「爸，少來了。」但我偷偷認為他的理論帶點可信度。

關於我深愛的那些人，我有太多回憶，也每天都懷念他們。但也正是那些回憶，協助我撐過昨日，驅使我突破今天，並在明日等我抵達。

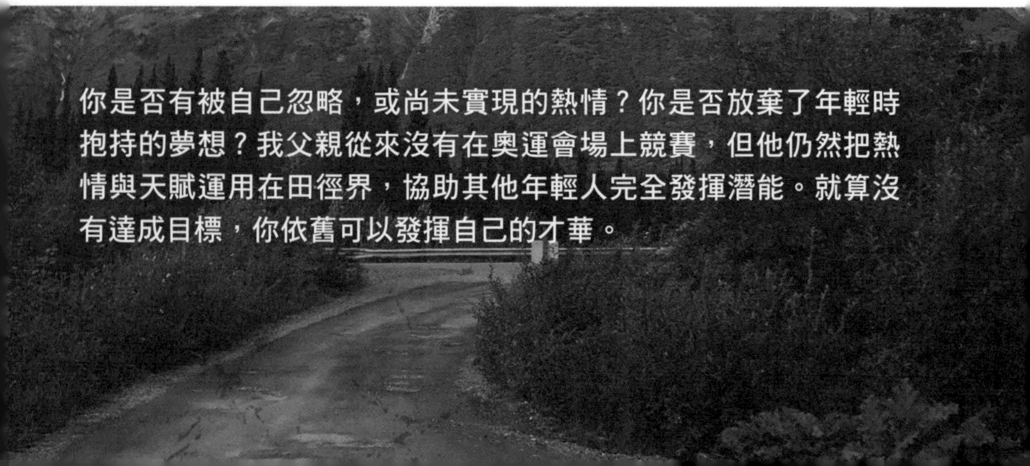

你是否有被自己忽略，或尚未實現的熱情？你是否放棄了年輕時抱持的夢想？我父親從來沒有在奧運會場上競賽，但他仍然把熱情與天賦運用在田徑界，協助其他年輕人完全發揮潛能。就算沒有達成目標，你依舊可以發揮自己的才華。

爸，我想念你，我愛你。
只有天知道，要是沒有你，我會變成什麼模樣。

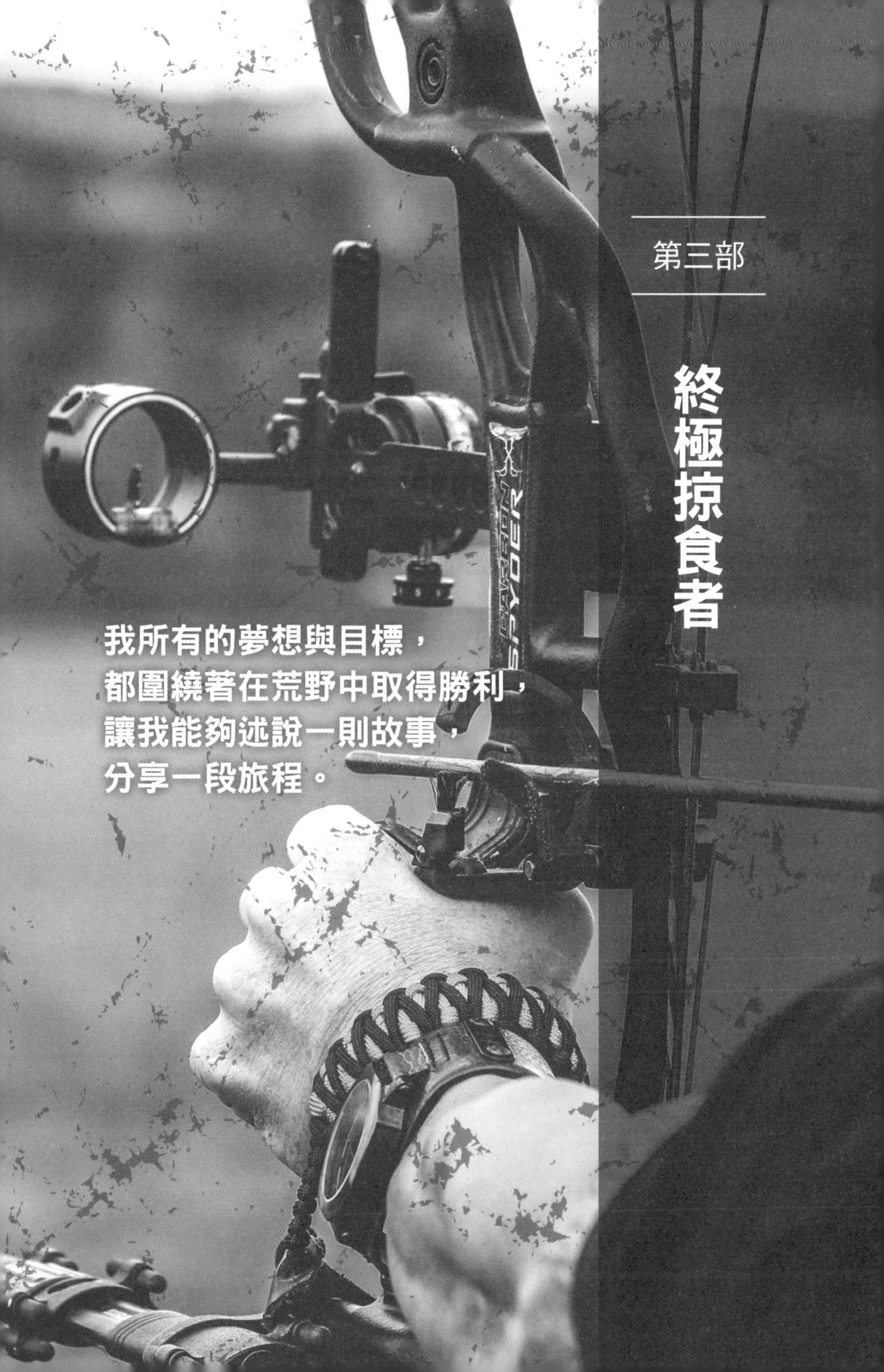

第三部

終極掠食者

我所有的夢想與目標，
都圍繞著在荒野中取得勝利，
讓我能夠述說一則故事，
分享一段旅程。

第十一章

世界第一人的內在動力源頭

「我拒絕賦予我的肉體痛苦任何價值。」寇特妮·道華特是耐力運動界的傳奇，也是鼓舞我的人物之一。

「卓越之士，是那些獲得機會並具備能力冷靜把握的人。」

——麥爾坎．葛拉威爾（Malcolm Gladwell，加拿大作家）

如果我們拿掉舒適的枷鎖，能替自己創造多少可能性？世間那些頂尖的人物，他們都知道當自己跨出舒適圈，掌控住痛苦，而且為了在各自的技藝追求極致，不惜犧牲生活時，可能性便無窮無盡。

他們是生命的跑者。像是超馬選手寇特妮．道華特。

「我拒絕賦予我的肉體痛苦任何價值。」寇特妮告訴TheTrek.com的採訪者查克．戴維斯（Zach Davis）：「我把痛苦放在一旁，專注在其他地方，強迫自己保持移動……我在腦海裡不斷複述：『保持移動，保持移動，保持移動。』有時則是：『你沒事，你沒事，你沒事。』如果我對自己好一點，我會說：『你做得很好，你做得很好，你做得很好。』」

他們是人生的鬥士。像是格鬥運動員麥可．錢德勒。

MMAfighting.com上有一篇文章，引述了麥可的話——「人生的關鍵就在說出『好』這個字。人生攸關表現，尤其是在這個產業。我對所有機會都說『好』。加入終極格鬥冠軍賽時，我毫不猶豫就說『好』，雖然心想：『天哪，我肯定有點瘋才會同意這件事，不過我喜歡！』」

他們是不懈的奧運選手。像是田徑運動員艾瑪．科伯恩（Emma Coburn）。

「我一天都不會休息。我可能一週跑步九次。」艾瑪告訴ESPN：「我發現與人建立連結的最佳方法，就是跟他們一起跑步。當我跑步時，如果不是每次都有人陪跑，也至少是九次中的八次，所以這是一段跟朋友敘舊的好時光。朋友就是我的訓練夥伴。」

他們是生活的贏家。像是康納．麥葛瑞格。

「我完全不在意別人說什麼。過去是這樣，現在也是這樣。我在格鬥賽開始前告訴你，我是最厲害的。如今我還是要告訴你，我是最厲害的。」

他們是戰士。像是大衛．哥金斯（David Goggins）。

「要更加積極，要更有動力，到達簡直是痴迷的程度，使人們認為你很瘋狂。」他在著作《我，刀槍不入》（*Can't Hurt Me*）中寫道。

他們是異類。是傳奇人物。是怪胎。是突破人類極限的人。他們是我追隨的人，不只在社群媒體上，也在真實生活中。我追隨他們進入高聳山脈與熾熱沙漠。

日復一日，我都有動力以某種方式自我提升。通常那只是代表我自行努力。一般來說，我總是想要向各界精英學習，或者你也可以簡單的說，向「贏家」學習。這些年來，我有幸多次跟真正的傳奇人物相處。而在那些場合，我想知道是什麼讓他們卓越不凡。

為何他們跟其他人不一樣？

是什麼促使他們抵達如此高深的境界？

是什麼讓他們成為真正的偶像？

我想解開其中的奧祕，理解他們為何會這麼厲害，然後把他們的心態，套用在我自己的旅程上。如果我從中學到的事情，可以轉化到我的技藝，使我成為更好、更成功、更穩定、更有洞察力或更偉大的弓獵手，我便覺得我的旅程有其價值。對我來說，這就是人生的意義——學習、體驗、分享、評估、教導與培養。

地表最強男人：想徹底發揮潛能，你得先扛住傷痛

我所遇到的異類，以及我從他們身上學到的事情，多到足以寫滿一整本書。我會分享其中我最愛的幾項。

我們不常遇見挑戰社會常態的人。他們拉開簾幕向大眾揭露，在訓練肉體與心靈之後，能開啟可能性無窮的新國度。大衛．哥金斯就是我所描述的那種人，我很光榮能稱他為友。在我眼中，他對那些在成長階段面對萬難的人（這也是他成長時發生的狀況），造成巨大的影響。

用哥金斯的話來說：「即使你在一個該死的下水道出生，你還是可以成為地球上最猛的混帳。」他之所以知道，因為他恰是如此。悽慘的童年，使他變成憂鬱又肥胖的青年，但如今他是唯一完成海豹部隊（SEAL）訓練、遊騎兵學校（Army Ranger School）訓練與空軍戰術空中管制部隊（Air Force Tactical Air Controller）訓練的人，也因參與超馬與鐵人三項競賽而聞名。

跟哥金斯這樣的人往來，使我理解自己還有非常多努力的餘地，我犧牲的程度還不夠。他

哥金斯的目標，是成為「行走在地球上最猛的混帳之一」（這是他的原話）。我們成為了好友，他理解我的腦袋是怎麼運作，並且熱愛鞭策自己。照片中，我正在介紹他進入箭術的世界。

常說，我們多半只發揮了四〇%的能力。我們全都可以更加努力，只是我們不自知。我一度理解這種感受，當時我跑了兩百四十英里。結束之後，我發現自己其實感覺不差。雖然比賽中很難受，但最終我還是露出了笑容，說這場比賽很棒。所以我離油盡燈枯還遠得很，這不是我的極限。

哥金斯把他的極限推到極致。

在他超猛的著作《我，刀槍不入》中，哥金斯分享了他的故事，並解釋任何人都可以完全發揮潛能。「有許多人讓自己的周遭，聚集著會呼應我們對舒適之渴望的人。」哥金斯寫道：「那種人寧願為我們治療傷痛，阻止我們再度受傷，也不願協助我們扛住傷痛且再次嘗試。我們身邊圍繞的人，不能只說我們想聽的話，而是需要對我們說出必要之語，卻又不至於使自己感覺在妄想不可能達成的事。」

哥金斯是那種單純因為他的哲學，以及他不做虛飾、理直氣壯追尋人生的方式，便能鞭策我的人。他的心態或許會讓一些人不自在。我已經注意到，真正的傑出之人有時會讓那些擁抱平庸的人感覺困擾。不過哥金斯既沒時間、也沒耐性甘於平庸。

「平庸的感覺棒極了！」哥金斯在貼文中寫道：「如果你醒來之後不想去鍛鍊，你只需要說：『呿，管他的！』而如果你是庸才，你或許會跟其他庸才一起廝混，他們也會開開心心，因為你沒有對他們的人生造成壓力！真是一個軟爛的快樂大家族！人們不喜歡跟那些讓他們不自在的混帳打交道，或者老是感覺自己不如人。對於那些不分晴雨在清晨三點半醒來，不管他們是否一夜好眠，是否生活苦澀、近況難熬的人，我們敬而遠之。大家快離那些傢伙遠遠的！那種人會讓你質疑自己。他們也會使你明白，你的人生僅止於此，而他們的人生剛剛開始。」

有些人喜歡批評他，但是他身體力行，對社會帶來真正的影響。批評者若不是在找藉口，不然就是單純試圖掩蓋他的光芒。像哥金斯這樣每天奮戰、流血並犧牲舒適，克服萬難，力求徹底發揮潛能者，讓我深感激勵。

如果我看見有人極為成功，我從來不會說出「感覺肯定很好」這樣的抱怨，而會研究、請教與學習，看看我是否能夠運用他們的做法，來幫助自己抵達更高的境界。當我遇見比我更成功的人時，我會很興奮，急於找出是什麼驅使他們。為何他們能成為各自領域中的大師，而我又能如何以此領悟，來讓我做到最好？我不會浪費時間在嫉妒與小心眼，或是嘗試貶低他們為了抵達頂峰而付出的努力。頂峰還有其他人進駐的空間。

我知道自己不是出色的運動員。我不是世上最厲害的人——我保證一定有更厲害的獵人。但**我不會止步不前，而這便是差異所在**。我的強處不在於天賦。我只是在行動與努力方面，比大多數人願意付出的程度更高。

我知道甘於平庸、自我設限是怎樣的狀況，但成長至今，我已經揭開那些挑戰極限者的祕密。他們是怪胎，但也是人類。我們是同樣的物種。如今我跟怪胎們一起跑步、訓練與學習。

當你的身邊盡是挑戰極限的人，你會受到激勵，或是浮現競爭意識，進而充滿動力，挑戰自己原以為不可能的事。當你周遭的人同樣在追求自我提升，並且對實現該目標有著同樣的決心，你會更容易挑戰自我。

有時候，你「需要成為某種人」的動力，是因為沒有其他人想做。我們需要醫師，我們需要律師，我們需要牙醫，我們需要教師。我們也需要該死的猛漢。

——大衛・哥金斯在 IG 的貼文

世界第一超馬跑者，將肉體痛苦轉換成心智競賽

我熱愛讚揚卓越。我渴望跟各界領域精英、擁有我極想仿效之特質的人士結交。我總是在找方法接觸贏家，希望他們的卓越沾染給我。寇特妮．道華特也是這種人。她是世界第一的女子超馬跑者。唯一能與其跑步天賦匹敵的，是她的積極態度與笑容。

事實上，我一整年都努力訓練，希望自己能處在足夠好的身體狀態，這樣在我們一起跑步的時候，她才不必等我等太久。

我第一次聽到寇特妮的名字，是在我們都參加的摩押兩百四十英里超馬賽（Moab 240），當時她奪得冠軍。我不知道我的對手被《紐約時報》稱為：「比男性更能跑的女性，可以一次跑完兩百英里。」我的意思是……天哪。報紙是這樣報導那場摩押兩百四十英里超馬賽：「道華特完勝競爭對手。」我可以拍胸脯證實那個說法。

當我在那場比賽起跑時，我告訴自己，你得要聰明點。我之前提過，我不是聰明的跑者，常常在起跑時跑太快。在我參加的第一場兩百英里賽事，華盛頓州大腳兩百英里賽跑中，我在第一天領先了好幾個小時的路程，但我衝得太快，後來就脫水又自爆（快速顯露敗象）。所以我決定在摩押要保守一點，跟在領先集團後面，因為我知道這是一場持續數日的漫長比賽。我知道我有時間。我記得自己進入救護站，詢問目前是誰領先。

「寇特妮．道華特。」

「她是誰？她目前跑到哪裡？」

當他們告訴我，她領先所有人十英里時，我猜她肯定是跑錯路了。她不可能領先我們那麼多。她勢必轉錯彎，或是偏離賽道。

但事實並非如此……寇特妮就是壓倒性制霸了摩押兩百三十八．三英里的賽程奪得冠軍，並且擊敗現場所有參賽者，不分男女。

由於該賽事有提供參賽者追蹤直播的服務，於是喬．羅根收看並注意我的進展。期間，羅根看到她驚人的表現，心中想著：「天哪，我得跟這位寇特妮聊聊。」於是便邀請她上播客，我這才開始得知她的故事。同樣在這時候，許多人終於知道她是什麼人物，並發現她是史上最棒的超馬跑者之一。她贏得西部諸州賽事的冠軍，是最知名的一百英里跑者，參加過歐洲的環勃朗峰超級越野耐力賽，以及紐西蘭的塔拉威拉超馬賽（Tarawera Ultra）。

寇特妮無疑是一位傳奇人物。我們一起度過幾趟美妙無比的旅程。我人生中最棒的日子之一，是我跟寇特妮在大峽谷進行雙重穿越（rim-to-rim-to-rim）[1]。

寇特妮知道在自己從事的運動中，心智層面具有重大的影響。「對我來說，這是超長跑（ultrarunning）最有趣的部分。」她在二〇二〇年的一場專訪中說道：「我第一次嘗試跑一百英里時，最終在大約六十英里時退賽，因為我的腿痛到不行，而且當時我還不知道如何將其轉換成心智的競賽。如今，當我在肉體上感覺痛苦時（勢必會發生），我會試著在腦海裡提醒自己，要保持堅強，不要自我放棄，持續往前推進。我可以靠心智凌駕肉體的痛苦。」

不難看出我為何喜歡跟她一起跑步了吧？

二〇二〇年，寇特妮試圖打破全長四百九十英里的科羅拉多越野跑（Colorado Trail）紀錄。在她的嘗試中，我陪她跑了二十六個小時。她一度看著我，詢問我身體狀況如何。她已經跑了四天，卻來問我是否沒事？我忍不住笑了。

「我才不會被這種鬼話唬到。妳已經跑了四天，卻還問我是否沒事，少來了！妳用不著擔

我們人類的肉體與大腦，是非常令人讚嘆的組合。對於我們完成這些長程賽事的能力，我總是很感興趣，於是不斷再次參加。我們還能多做什麼？我們能跑多快？如果我們讓心智更強韌，我們可以忍受多少痛苦？

——寇特妮．道華特

1 譯按：指從大峽谷南緣至北緣，然後折返南緣。此路線共穿越兩次大峽谷，因此得名。

心我。」我笑著說。

連日不斷吸入海拔三千公尺以上的乾燥山區空氣，最終使她的肺部變得乾燥。她也一直流鼻血，不過嘶啞的深咳更是令人擔心。但她極為堅強，在跑了三百零九英里後雙腿依然有力。她去了急診室，他們說她的血氧濃度非常低，又說她罹患急性支氣管炎。他們強調她不能回去跑步，當詢問她若繼續下去會如何，醫師說：「她可能會死在步道上。」

我說過想找出自己的極限，想知道當我把自己逼過頭時會怎樣。寇特妮找到了她的極限。她至少一度走到那個境界。不過，這是她在那種狀況的極限；她的挑戰還沒結束。我敢打賭她的臨界點不會是三百零九英里。她的潛能所達致的應許之地，遠遠不止於此。

我從她身上學到，我們全都可以大力挑戰自我，遠超過我們認定可行的程度。她就是那麼厲害。

拳王康納的勝利方程式——全心相信

那些出類拔萃的人明白，有時候你的身體會說：「這次不行了。」

要把事情完成，你的心智、肉體與精神都需要保持一致，這也就是為何事態順利時，感覺極為特別。這是一種深刻的感受。

這種改變人生的時刻——儘管深陷危險會帶來痛苦，而知道存在失敗與功虧一簣的風險——實在美妙至極，讓你不禁想要再度體驗。

只有特定的少數人會不斷重溫此景。那一小群人，就是我想要不斷尋找並追隨的人。

我們都會被最優秀的運動員激勵：喬丹、柯比、布雷迪、老虎、勒布朗、格雷茨基、比利[2]。如果你能單憑姓或名便為人所知，就代表你比周遭的人更努力。你狂熱痴迷，進而成為傳奇人物。我熱愛那些好例子勝過一切。我想到尤賽恩・博爾特（Usain Bolt）這樣的奧運選手。我想到莎蓮娜・威廉絲（Serena Williams，小威）這樣的體壇明星。那些把極限推到比先前遠得多的人。他們似乎是超人。是異類。是怪胎。

許多人擁有天賦，但很少人為之痴迷。

我能認同麥可・喬丹的其中一件事，是他好勝的天性。我還記得自己在狩獵界力爭上游時，有些朋友說我「過於好勝」。他們的說法可能沒錯，而且我完全沒有改變。唯一的差別是，**我不再跟別人競爭，我戰鬥的對象唯有自己**。其他人都不在我的雷達上，除非他們能夠激勵我；當然，那些臭嘴的人是例外。儘管我不怎麼在意那些酸民怎麼說，但我永遠記在心上，而這也

2 譯按：籃球員麥可・喬丹（Michael Jordan）與柯比・布萊恩（Kobe Bryant），美式足球四分衛湯姆・布雷迪（Tom Brady），高爾夫球員老虎・伍茲（Tiger Woods），籃球員勒布朗・詹姆斯（LeBron James），冰球員韋恩・格雷茨基（Wayne Gretzky），足球員比利（Pelé）。

是麥可．喬丹的風格。

最能激勵我的一個群體，是終極格鬥冠軍賽的頂尖運動員。如今我在想……終極格鬥冠軍賽的鬥士，得跟世界級超馬跑者及山區弓獵手一起做什麼。這似乎是一個奇怪的組合，對吧？或許如此，但他們的共通之處是，各自的訓練都極端難以精通，唯有在付出血淚與汗水之後，方能取得成功。其中沒有捷徑，除了努力奮鬥別無他法！

每當我聽到有人瘋狂投入一項工藝或技藝時，我便會把他們的思考過程，連結到弓獵——也就是我投入熱情的領域中。康納．麥葛瑞格就是一個好例子。

每次康納說話時，他都在分享一名鬥士與戰士的思維。而我聽見的是，一名開明的弓獵手可以（甚至應該）擁抱的教訓。

康納知道你無法單靠一張嘴就登上頂峰。康納明白努力更加重要。

當康納詢問：「外頭有誰一次又一次，反覆不斷全力以赴，而且堅持下去？」他不如把我的人生故事有聲書朗讀出來。

「我必須拚到不行，才能有這種成果，而且目前我仍然在努力。」康納在二〇一六年專訪中說道：「他們在動嘴時……我也在動嘴，但天殺的，我奮鬥的程度，遠比我動嘴來得多。」

康納具體表現出致勝思維，而這樣的贏家思維，可以運用在任何領域。我總是說，我沒有通往成功的捷徑，不過在我看來，康納的故事揭露出一張歷史悠久的藍圖。

首先，你得奮鬥，以無窮無盡的熱情流血流汗。對於你的技藝，你也得展現出專心致志的態度。

其次，你得改變思考的方式，你要全心全意的相信，你能夠成就極致的自己。

最後，就像康納那樣，如果在人生中有人能夠全心相信、永不質疑你，那也會很有幫助。齊備這組方程式後，就只有天空才是極限了。

在體能訓練方面，人人都無權當個外行。一個人如果到老也沒見過自己身體所能展現的力與美，那將是一種恥辱。

——蘇格拉底（Socrates）

尋找為你搧火的人

說到終極格鬥冠軍賽，以及看不到頭的極限，容我吹捧麥可．錢德勒與科爾比．考文頓（Colby Covington）。我曾跟他們兩位一起訓練，體驗了我最難忘的一些健身菜單。

麥可・錢德勒在二〇二一年的終極格鬥冠軍賽（UFC 257），於三分鐘之內擊倒丹・胡克（Dan Hooker），可說是一夕成名。不過他的進展之大，堪稱一則奇蹟。

「我在過去的十二年，透過最後的二十七場格鬥，才在這項運動博得成功。許多壓倒性勝利，許多首回合終結，許多刺激的格鬥。」他在一場專訪中說道。

在錢德勒奪下第一場重大勝利之後，他直言不諱：「康納・麥葛瑞格。真是意外啊。輕量級現在有了新王者。達斯汀・珀里爾（Dustin Poirier），接下來就是你。還有哈比卜（Khabib Nurmagomedov），如果你有意願回來光臨終極格鬥冠軍賽的八角籠，追求三十連勝的紀錄，你得擊敗某個人。你有本事就來擊敗我吧。」

我前去聖地牙哥跟錢德勒一起訓練，而這位運動員是正值巔峰的鬥士。錢德勒也說，這是他最辛苦的健身組合之一。這樣很好。很痛。底下是健身菜單[3]：

藥球下砸——十二組
螃蟹走——十二組
彈力帶直立划船——十二組
彈力帶面拉——十二組
彈力帶核心肌旋轉——每側各十二組
哥利亞環形鞋帶（Goliath Shoelaces circuit）鍛鍊

藥球拋擲——十組
藥球重推——十組
加鏈臥推——五到十組
在停車場推雪橇衝刺——來回兩次

科爾比・考文頓相信，如果有人對某種事物抱持熱情，他們就會找出辦法實現。他跟我一起健身，也陪我在山區跑步。他知道其中奧祕：需要努力與奉獻。

科爾比已在終極格鬥冠軍賽晉升到頂層，於我寫作的這個時刻，他在該賽事的次中量級（welterweight）高居首席。能跟這位猛男在健身房做重訓，或是兩人一起登上畢斯加山，都是很棒的體驗，而更棒的是聽到他說出底下這樣的回饋：

「像你這樣的人物激勵了我。你知道的，是你給予我希望與動力。你來自這個小鎮，而如今你成為非同凡響的人物。我正是因此受到激勵，不斷挑戰、不斷追逐夢想，要跟你一樣留下足跡。」

對此，我能說什麼呢？我對科爾比抱有同樣的感受。科爾比與麥可激勵了我。他們給予我希望與動力。他們才是非同凡響的人物，是他們讓我受到激勵，不斷挑戰、不斷追逐夢想、不

3譯按：影片參考：https://www.youtube.com/watch?v=UaMnDMu1V7g。

斷拚戰。

跟他們這樣的怪胎一起健身，是我最喜歡的運動。重點不在於鍛鍊，不在於組數或重量。重點在於陪伴我的人。

在你的生活周遭，塞滿能夠鞭策自己更加長進的人。

努力尋找你能夠效法的人，然後你就會看到，自己想要擁有的素質與品格。

他們親身向我展現：自認優秀，是讓你無法抵達卓越的最大敵人。

不管是在狩獵、跑步、耐力賽跑、舉重、訓練、寫作或幹勁方面，我有幸能夠親自認識那些在各自技藝上真正卓越的人，花時間跟他們往來，並且為之著迷。對於真正的卓越，我欲罷不能。

我做什麼都未達卓越。我狀況最佳的時候，能夠在一、兩個場合表現優秀。但我無法滿足於「優秀」，因為我知道**卓越者永不滿足**。**他們總是在努力**、**學習與成長**，**並且更加付出**。他們嚴守紀律，不斷維持自我鞭策、更上一層樓的動力。所以我效法他們，並發現有一件事在我的心目中代表著紀律——跑步。當我跑步時，我感覺自己在付出努力，而在一個方面努力，能使我想在所有方面努力。

老實說，我知道自己很可能在任何事物上，都沒辦法抵達夢想中的境界，畢竟許多人都做不到。

儘管如此，我永遠不會停止嘗試。

「我正好看到這則我喜愛的魯米（Rumi）[4]名言：『點燃你的人生之火，尋找為你搧火的人。』費城式的翻譯是，別跟那些無法協助你發光發熱的低級丑角廝混。花時間跟任何人相處的前提是，他們能滋養與激勵你，助長你的火焰。瞧瞧你收到的最後五則簡訊。那些人是在助長還是澆熄你夢想的火焰？放下你的手機一秒鐘，環顧四周。看看你周遭的人。那些人是在為你的火焰添柴薪，還是在上頭撒尿？你花時間為伍的人，將會使你的夢想實現或破滅。並不是所有人都值得待在你身邊。你得終生保護好你的人生。所以，誰才是你人生中為你搧火的人？公開感謝他們。」

——威爾．史密斯（Will Smith）在IG的貼文

4 編按：波斯詩人。

「從你怎麼做一件事，就能看出你怎麼做每件事。」

這當然是一則相當簡化的論點。不過你是否覺得奇怪，「贏家」似乎能在他們做的每件事，找出制勝之道？他們贏得成功人生。我認為這是因為他們付出同等驚人的能量、努力與專注，在他們接觸的每件事……包括工作、訓練、技藝、心智力量與成長、飲食等。他們從來不會找藉口，而是鞭策自己精通於此並獲勝。

我熱愛效法這種人。

大多數人不想跟卓越者比較，反而會跟平庸者較量，並認為自己卓越不凡。他們錯了。我正好相反。我想見識卓越，想親自訓練、跑步並體驗卓越。我想看看自己是否能從這個方程式中的各處偷師。即便如此，我自己若沒有付出努力與痴迷，就什麼都得不到。

關於潛能，存在一個危險的臨界點……

付出半吊子的努力，還自認很努力，會使你來到錯誤的那一邊。這樣做，你永遠不會改變。如果你在正確的那一方埋頭苦幹，長期持續這麼做，前途便無可限量。

內在動力的源頭

有一種思維，以及一種心態，是所有卓越者都具備的。寇特妮擁有，哥金斯、錢德勒與科爾比也有。

我想知道是什麼在內心驅使他們，讓他們有動力。因為這也是驅使我的事情。正是他們讓我有動力。我想看看自己是否能抵達下一個境界。我想知道那裡的風貌如何。

這些異類以及許多其他人，已經向我展現這件事。艾瑪·科伯恩也不例外。他們隨時與挑戰相伴，而艾瑪是美國史上最有宰制力的障礙賽（steeplechase）跑者，自然更是如此。

跟艾瑪在克雷斯特德比特市（Crested Butte）的步

我曾跟參加過三屆奧運的艾瑪·科伯恩，在科羅拉多州克一起訓練——「進行訓練，就是為了贏。我要去跑步，我不在意自己是否疲憊，或是天氣好壞……我就是要跑。」我盡力嘗試從艾瑪的贏家思維中學習，並把它運用在自己的領域中。

道奮力跑步是無可比擬的體驗。我們在山區跑步時，我發現大多時候自己連跟上她都很辛苦。親自看過她鍛鍊後，我相信在高海拔地帶訓練，加上進行越野跑多年，果真轉化為她發展專業時的有效力量。在不平坦的步道上，避開石頭、樹根等異物，同時以快節奏跑步，似乎強化了她天生的運動實力，使得她不只是克服障礙，更像是跨越阻礙，比她的對手更厲害。

艾瑪在二〇一六年的奧運贏得銅牌，也在二〇二〇年的美國奧運選拔賽中表現良好，於障礙賽項目拔得頭籌，並創下新紀錄。遺憾的是，她在該年的奧運障礙賽決賽跌倒，進而被取消資格，不過單單一場賽事並無法定義她這個人。我唯一能說的是，她在她的領域中已臻完美。她猛到不行。

我記得看著她參加一場科羅拉多泉的室外一英里賽跑。那裡的海拔高度是兩千一百公尺，使得長途快跑會比平常更難，因為能攝入的氧氣較少。跑完三圈，接近最後一個彎道時，艾瑪大約是在落後集團中。但在快要來到最後一個彎道時，她開始縮小差距並贏過眾人。目睹此景令人驚喜。於是我詢問她那場比賽的事。我想知道是什麼讓她有動力，驅使她拚下去。

我知道在那場比賽，艾瑪其實能輕易這麼想：「哇，這在兩千一百公尺高的地方，我今天就是做不到。我的對手是一英里賽跑者，而我不是。我是三千公尺賽跑者。今天不是我的幸運日。」她可以將就了事，跟著大集團跑，而且仍然拿到好成績。四分三十秒依舊算是相當快。

或是，她可以告訴自己：再拚下去一定會很難受，**但我不在意**。

當她決定要全力以赴時，她知道**有些時刻與決策，會讓自己非常難受**。

「再拚下去一定會很難受，但我不在意。進行訓練，就是為了贏。」我跟艾瑪在科羅拉多克一起訓練，這是她其中一次練跑。她小時候就在該市外圍的步道跑步，如今在參加三次奧運之後，她仍然在這裡跑步，準備跟世界精英在最大的舞臺上競爭。

但沒人會發現。沒人會質疑她是盡了八五%的力，或者九〇%，還是九九%。

艾瑪加快腳步在直線賽道超越其他女性，奪下比賽冠軍。我詢問關於她內心的決定，以及那是什麼感覺？但她只是搖搖頭，告訴我她根本沒做決定。她進行訓練，就是要做到這種事。她進行訓練，不是為了做決定，例如決定她不要全力以赴。**她進行訓練，就是為了贏。**

這正是我開始跑步的心態，也是動力的源頭。我要去跑步，**我不在意自己是否疲憊，或是天氣好壞……我就是要跑。**我喜歡艾瑪的思維。

「為什麼？」

我常被人這樣問道。事實上，過去某天在安德瑪舉辦的一場活動，有一位在她的領域堪稱史上數一數二的女性運動員，也問我這個問題。為什麼我喜歡那麼頻繁跑步，而且跑那麼遠？

「看來你喜歡疼痛，對吧？」

確實如此，不過那並非我喜歡跑步的理由。說到疼痛，我喜歡受苦，是因為唯有如此，我才能知道自己正在付出犧牲，突破多數人選擇放棄之處。我已經說服自己，這是我唯一擁有的優勢——應付痛苦的能力。我也會遊說你，幾乎所有像我這樣參加一百英里超馬賽的人，都有非常高的疼痛閾值（pain threshold）。在極端耐力賽事，疼痛是其中一環。

我告訴那位體壇巨星，我喜歡跑步是因為，當我能在山間奮力跑步幾小時，我感覺自己天下無敵。我在舉起弓，面對灰熊、非洲水牛、獅子與各種生物時，也有同樣的感受。實際上，我真的無敵嗎？顯然不是。但在我的心中，沒有任何事能打倒我，那才是最重要的。

為了不讓自己成為冒牌者

我自覺運氣很好。我真的很好運。

我能理解這有多怪。這個傢伙是個弓獵手，如今他卻突然跟這些傳奇人物一起跑步。我並非真的有資格跟這些奧運選手、名人、追求表現的卓越人士打交道，但不知道如何，我就是做到了。我還跟他們一起訓練。他們在各自從事的領域是頂尖精英，但我在跑步方面當然沒那麼厲害。世上還有許多人，值得跟他們一起跑步與訓練。

不過，頂尖精英不是該跟頂尖精英一起訓練嗎？

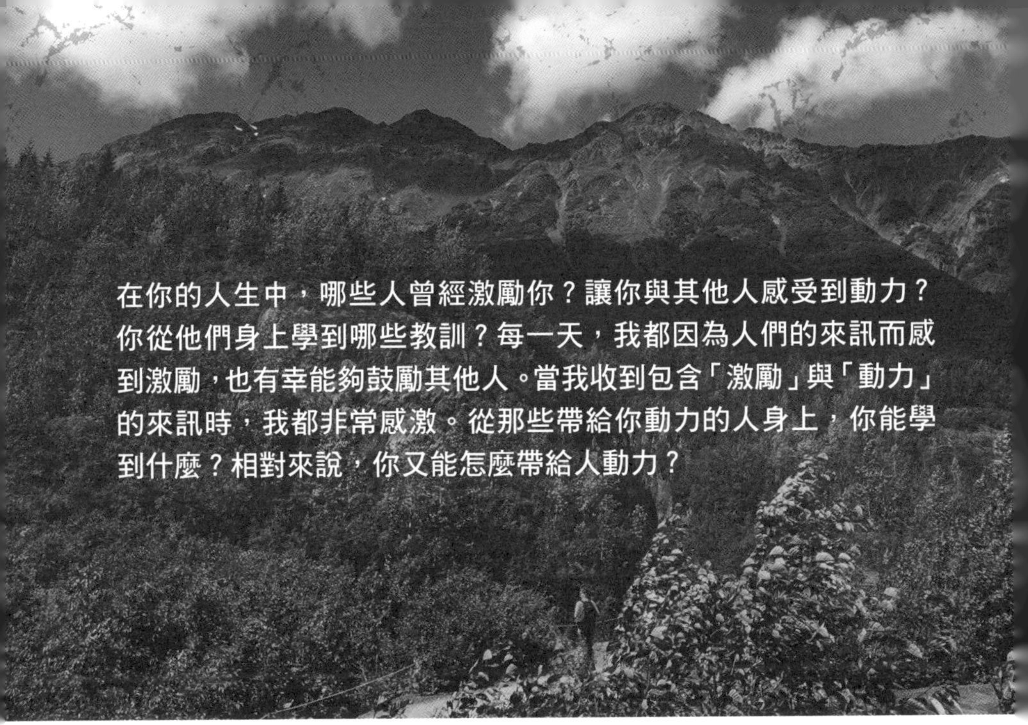

在你的人生中，哪些人曾經激勵你？讓你與其他人感受到動力？你從他們身上學到哪些教訓？每一天，我都因為人們的來訊而感到激勵，也有幸能夠鼓勵其他人。當我收到包含「激勵」與「動力」的來訊時，我都非常感激。從那些帶給你動力的人身上，你能學到什麼？相對來說，你又能怎麼帶給人動力？

事情是這樣的，我不覺得自己是世上最厲害的弓獵手。我每年都感覺自己幾乎無法成功。如果我獵到一隻動物，我不會自吹自擂，點著頭大叫：「史上最強！」我反而是承認現實。

卡麥隆，**你只是做了你該做到的事**。你沒做出任何了不起的事。你應當表現良好，然後訓練、狩獵、獵殺並吃掉馬鹿。

但除非我獵到首隻動物，否則我總會質疑自己，聽見疑心暗鬼的低語。

或許就在這一年，假象將會敗露，真相即將曝光。

這就是為何我那麼努力。為何我跟佼佼者一起跑步。我不覺得自己有天賦。我覺得自己運氣好。有時候，我覺得自己的好運持續了三十年。

要不了多久，好運就會用完，真相即將曝光，大家都會知道你是個假貨。

我擁有的一切……

我能端上檯面的所有東西……

我唯一能做的事情，就是比大家更努力。否則，大家將會知道真相，而我將回到我該待的地方，做些「符合我身分」的平凡事，妄想些平凡夢。

我每天都要努力奮戰。而且我永遠不會滿足。

我無法仰賴天賦，或者接受自己已經做得夠多了。

我不能容許自己認為我值得放一天假。不行。

我必須不斷找出方法，讓自己更好、更努力，要跟高手一起訓練，並從他們身上學習，藉此改善我在做的事。

如果我不那麼做，整件事便會就此終結。

我不覺得自己有多獨特，不過有人看重並從我身上取得動力。所以我不想讓他們失望。

我們得做出正面影響，如果你不積極創造，人生還有什麼意義？

精英中的精英，硬漢中的硬漢。

這是一個危險的世界，充斥著粗野不馴的人士，彼此爭奪山巔的高位。

那麼，為何我跟精英一起跑步，跟卓越者一起廝混，跟怪胎一起訓練？這或許是因為，我老早就被寵壞了，因為我在跟羅伊相處時，總是那麼做。

人們把羅伊看成一名壯漢，但如果有人認為他是「平凡」的傢伙，那就大錯特錯了。跟羅伊一起打獵的人，很快會明白他在走路、努力、狩獵、問題解決與強韌方面，都比最頂尖的山區運動員厲害，一般的獵人更是沒得比。

每當有人貶低他的天賦，對我說出像這樣的話：「羅伊可以用弓做到這種事，而且他不是健身狂。」我總是會回答：「是啊，或許如此，不過你不是羅伊。」

沒人和羅伊一樣。他與眾不同。對此我有親身體驗，也希望其他人知道，這就是為何我熱愛撰寫恭維他成就的文章。

羅伊使我習慣跟與眾不同者相處。或許這就是為什麼，我不斷在尋找那種人……因為羅伊已經不在世上了。

如果你能與群眾談話卻不失美德，
或者與帝王同行，仍不囂張跋扈；
如果敵人或摯友都不能傷害你，
如果人人都依賴你，但無人期望過奢；
如果你能善用無情的時間，分秒盡心盡力——
那麼，整個世界將屬於你，
更重要的是——
兒啊！你將真正長大成人！

——摘錄自魯德亞德·吉卜林（**Rudyard Kipling**）的短詩〈如果〉（*If—*）

信念11

【感覺肯定很好……才怪】

獲勝有其代價。

有成就、專心致志、頂尖的人，都知道戰鬥背後的真實情況。唯有在忍受不愉快、苦惱與慘痛之後，勝利才會到來。但在這個過程中，有群觀眾總是吐出同樣的六個字。

「感覺肯定很好。」

他們不明白。

他們朝九晚五的日子，不適合我。

他們黏在沙發上的屁股，不會明白。

他們唯一知道的馬拉松，是網飛追劇馬拉松。

他們唯一專注的事情，是他們新下載的社群軟體。

睡懶覺、休病假、對人生滿足，在我的眼中，並沒有跟成功劃上等號。

「感覺肯定很好。」

這件事一點也不好。完全沒有。

我一次又一次表明看法，但我每天都聽得到譏嘲。

「要獵殺馬鹿，你用不著跑馬拉松，或是舉重，或是做到那麼瘋狂。」

即使有著數十年的成果與成功來佐證，我還是一再聽到同樣的老問題與陳述，試圖給人脫身的藉口，以為我看不出他們在玩什麼把戲。

「你不用花時間跟家人相處嗎？」

「如果有人贊助我，我也能玩弓獵。」

「你一天睡多久？」

「你會搞壞膝蓋與身體。」

「免費拿到弓，加上有人出錢讓你狩獵，感覺肯定很好。」

「你會自己割你家的草坪嗎？」

事實是這樣的：我可以付錢請人整理我家的草坪，但我不能每天付錢請人為我跑步、重訓，或是用我的弓射箭。

天天奮鬥十五到二十小時，一點也不好。

在全世界還沒睜開眼睛之前醒來，一點也不好。

在週末工作，錯過家庭時光，或是為了單一的熱情犧牲生活，一點也不好。但這是我做出的選擇。

這些口吐「感覺肯定很好」的人，從來不想思考那些事。這種人當中，許多會宣稱：「噢，我很愛做那些事。」但他們真的不會愛做。我向你保證，如果你讓他們處於那種壓力之下，他們完全不會愛做。連喜歡都稱不上。

太過分了。太困難了。

對我來說，成功需要付出高昂、有時沒那麼美好的代價。

對我來說，「感覺肯定很好」是無能者的終曲。

「感覺肯定很好」是舉起失敗的白旗。

成功跟美好、輕鬆與甜蜜不相干。

欲戴冠冕，先承其重，隨之而來的是沒那麼美好的代價。

第十二章

成為野獸的原子習慣

「想要健身，你只需要山脈與石頭。」

每當有人具體問我健身與跑步的問題時，我都喜歡這樣回答。不過，這個說法正確無誤。

有一次我在戶外用品店坎貝拉（Cabela）辦座談會，我告訴大家自己每天都會跑上畢斯加山；大約在登山的半路上，步道邊緣有一塊大石頭，我每天都會經過。於是我問觀眾，有沒有人想在座談會之後，跟我去畢斯加山，看我帶著那塊石頭上到山頂。我猜它的重量大約七十磅。我心想，這會是一項不錯的考驗。

座談會結束後許多人跟我前往畢斯加，開始往山上走。在健行與跑步大約十五分鐘之後，我們來到那塊石頭的地點，它泰然座落在步道右邊的草地上。我來到它旁邊搬起來。我一舉起石頭，就立即知道自己錯估了它的重量。

我的天——這不是七十磅，比那重多了。

有一小群人正在看著我，所以我不能讓他們失望。最終我帶著那塊石頭上到山頂，感覺糟透了，非常痛苦。它不是平整圓滑的石頭，而是有著鋸齒狀的銳利邊角。我的肩膀很痠痛，因為我把石頭扛在一側肩膀上，等到痛得受不了時，才換到另一側，反覆交替。我也會把這塊該死的石頭抱在胸前抵著胃，直到我前臂痙攣，手掌因為抓太久而握不住。我踏出的每一步，都緩慢、辛苦又消耗精力。

從山腳到山頂的路程是一．五英里，我能在十五分鐘內跑完；然而把那顆石頭帶上山，花了我兩個小時。

多年以來，艾瑞克．麥柯馬克（Eric McCormack）都在協助我訓練。有一段時間我只專注在跑步，但後來我已經學到，為了在野外弓獵而鍛鍊身體，自己還需要肌肉才能發揮出最佳狀態，所以也開始重訓。本照片由崔維斯．湯普森拍攝。

帶著這塊石頭，既是如此單純，又是如此痛苦，完美極了。

我把它放在畢斯加山頂，從此開創了一項傳統。隔週我跑上畢斯加山之後，我帶著它下山。我決定每週都要帶著這塊石頭上下山一次。

當我帶著石頭跑在步道上，有時經過我的人們，會皺眉瞥著我，問我在做什麼。

「試著讓自己變強悍一點。」我告訴他們。

有些人暗地一笑，或只是搖搖頭，然後大步離去，留下我繼續那顆石頭糾纏。但我也開始聽到其他人提問或質疑的聲音。

「你為什麼要做這種事？」

「你會受傷的。」

「等石頭掉在你的腳上時，你就會覺得自己很蠢。」

而最棒的一句是……

「真是浪費時間。」

完全正確。

我想做沒人想做的事情，做無人從中找出價值的事情。這是我唯一擁有的優勢。隨後幾週，我把石頭搬上搬下好幾趟，都沒去測量它究竟有多重。直到某一次下山時，我把它帶去健身房，小心翼翼的放在秤上。它的重量是一百三十磅（約五十九公斤）。

有人可能會認為，我本人與搬石頭這件怪事挺傻氣的，或單純就是蠢，但那樣做並忍耐痛苦與疲憊，是我喜歡做的事。

當然，一開始估計它只有七十磅是差得有點遠。但當我去到那裡，帶著那塊石頭時，我告訴自己，如果我能這樣做十次，我會覺得自己做了些有意義的事。

有件趣事：喬．羅根幾年前在我的 YouTube 頻道，看見以這項滑稽舉動為題拍攝的一支影片，他很好奇，這個傢伙為何要帶著這塊石頭？羅根被勾起了興趣，並在推特邀請我上他的播客。從此我們成為好朋友。

有個大家熟悉的句子，叫做「把每塊石頭都翻過來」（leave no stone unturned），意思是為了達成你想實現的事情，嘗試一切手段與行動。這正是我現在的做法。在某些情況下，我名副其實的翻了每塊石頭，也搬了每塊石頭。

就算心情不對，專業人士還是會採取行動

從我決定要鍛鍊身體，以求成為自己力所能及的最佳弓獵手的那一刻起，我的健身計畫便開始改變，而且隨時間進化。我把它稱為「野獸模式」：重訓、射箭、跑步，以及「努力訓練、輕鬆狩獵」的心態。我記得自己第一次開始想像，如果我每年用上十一個月跑步、舉重與射箭，心中唯有一個目標——要在九月這個山區獵馬鹿的月分，射殺一隻大型公馬鹿——會造就怎樣的結果？

我需要這麼做嗎？

對於當今最厲害的運動員，我自問同樣的問題。

柯比．布萊恩真的需要每天練習一千次跳投嗎？

拳擊手曼尼．帕奎奧（Manny Pacquiao）真的需要每天早上跑十英里，每天做兩千個仰臥起坐，並且像著魔般連續訓練八週嗎？

終極格鬥冠軍賽鬥士喬治．聖皮耶（Georges St-Pierre）真的需要在做引體向上時，於腰部掛著一個一百二十磅的啞鈴，並且把體脂肪維持在只有五％嗎？

任何人真的需要每天跑步、重訓與射箭，只為了在山區進行弓獵做準備嗎？

這些問題的答案，都是「不需要」。但我開始好奇，**如果有人做完這一切，會造就怎樣的**

結果？所以我開始那麼做。每天的起始，我會在上班前跑步，並做幾組健身動作。午餐時間我會再去跑步，然後在晚上射箭，以及在健身房鍛鍊。

隨著時間過去，我提升了自己的體能。到了現在，如果你對三十歲的我，提到我目前的健身課表，他會說：「那不可能。」但我已經這樣一而再、再而三的鞭策自身肉體，試圖找出我能做到的極限，藉此賦予我超越所有人的終極優勢。

這就是為何我試著一天做到肌肉力竭八、九次。這就是為何我在沒跑全馬、或許只跑了二十英里的日子時，會在健身房舉重一小時來彌補。這就是為何每天我拉開複合弓，進行射箭練習時，完全不在意時間。這就是為何我試著盡可能適應各種情境……我要找出自己能發揮最佳

我已經找到屬於自己的世界。但每隔一段時間，我仍會想：「為什麼我要出來這裡跑步，操勞自己呢？生活其實可以輕鬆許多。其他人外出享樂，接觸其他事，我為何不那樣做？」

——史蒂夫．普利方丹

狀態的終極門檻。

我沒有休息日。儘管這看似不理性，但在我的心中，自己並沒有厲害到可以休息。而且我永遠都不夠厲害。

對我來說，跑步、訓練與射箭，一直都有點像是某種治療，是我的抒發手段。這些年來，我曾跟喜歡自我挑戰的人在山區跑步，或是自己跑。我曾獨自射箭，或是跟其他同樣真心熱愛箭術的人練習。我曾跟兒子們一起舉重，或是跟那些會鞭策我變得更厲害、更強壯與更感恩的朋友作伴。對我們來說，鍛鍊越是辛苦，我們就越快樂。

我把我這種「重訓、跑步、射箭」的生活方式，稱作達成目的的手段，而那個目的是狩獵。準備是實現任何目標的關鍵。

你不能依賴運氣或天賦，它們總是會讓你空手而回。當你自認已經督促自己的肉體與心智，無法再前進時，你是否真的已經達到「極限」了呢？

哥金斯說，大多數人只會發揮到他們四〇%的能力，然後就放棄了。我相信他的這句話。不過，讓我們假裝你屬於那些少數人，會像寇特妮那樣奮力逼迫自己。就算是逼得太過頭，有時也能幫助你成為最好的自己。

它能幫助你找出你的「極限」，無論那是真實的或你所認定的，使你可以慢慢訓練到「突破極限」，接著再找出「新的極限」。

建立原子習慣不必樂在其中，只需要想辦法做完

無論你的技藝是什麼，每日致力奉獻於精進，是唯一進步的途徑。對此，我的定義是：每天固定去做，每週七天都全力以赴，而且永遠不自滿。

我熱愛精疲力竭。

我熱愛耗盡一切。

我熱愛知道自己已經付出了所有的感覺。

那就是致力奉獻。

跑那些路、舉那些重、射那些箭，從來不會讓我感覺無聊。

我正踏在自己一直設想的道路上。

在《原子習慣》（*Atomic Habits*）中，詹姆斯・克利爾（James Clear）總結出業餘者與專業人士之間的差別：

「專業人士堅守既定行程，業餘者接受生活的干擾。專業人士知道什麼事對自己最重要，帶著決心奮力向前，業餘者則讓生活中的緊急事件拽離正軌……當一項習慣對你真的很重要，你必須願意在任何心情之下堅持執行。就算心情不對，專業人士還是會採取行動——他們也許不會樂在其中，但會想辦法做完。」

致力奉獻能創造出像這樣的原子習慣。做為專業人士，代表你會做該做的事，一次又一次。

武裝心智，習慣不適

你想要一份如何成為野獸的指南嗎？你想要我寫下我每天的流程嗎？你是否好奇我跑了多遠、舉了多重？你想知道我的祕密嗎？

我已經分享過一萬次了。

我要告訴你的是，如果你不是你所知道最努力奮鬥的人，那麼你不夠努力。異類永遠不會容許有人比他們更努力。

以下是我所抱持的一些信念，不只契合我的「野獸模式」心態，也用於我的「重訓、跑步、射箭」生活。這是我所知道、了解的事。這是我不斷拚戰的理由。

獨自奮力跑步有益健康，而且能使我保持專注。

微笑是一件好事，而且在那些清晨跑步的時刻，看著旭日升起，你很難不笑。我喜歡在每天的開始鍛鍊出一身汗，讓自己處於正確的心態，然後去上班。射幾支箭，或許真的比喝咖啡更能讓腦袋清醒。不過，兩者都做可能是最棒的。

爬上山頂向來是一場勝利，對吧？即使在我最糟糕的日子，當我看到山頂的紀念碑時，我終究會心懷感激，一向如此。

跟家人共度美好時光，是必要之舉。

訓練到讓自己感覺悽慘痛苦，是唯一的訓練方法，是唯一能找出極限的方法。挺過痛苦，能讓你在腳踝、膝蓋、臀部或雙腳不希望你跑步時，仍然能邁開步伐。

重訓是一種我熱愛的活動。我熱愛肌肉鼓脹、青筋畢露與灼熱感。我熱愛肌肉痠痛，感覺自己身強體壯，在荒野所向披靡。而且老實說，我喜歡自己體態看起來很健美的樣子。我很愛別人看見我，然後詢問我在從事什麼行業。

「你為何會這麼問呢？」我問道。

「我的意思是，你怎麼會把身體鍛鍊得這麼好？你是在為某項事情訓練嗎？」

「對。弓獵。」

我熱愛所有努力開始獲得回報的時刻。

專注在動作上，是重訓時的關鍵。重量多寡並不重要，關鍵在於反覆操作與耐力。

射箭看起來很酷，而且讓人感覺很有力量。

跟朋友一起射箭，意義非凡。

每天射箭是必要的。

感覺到痛苦，代表你正在付出犧牲，而犧牲能為你創造巨大的回報。我已經發現，無論你對身體有什麼要求，它都會加以回應。人類的能量令人驚奇，請試著挑戰你的極限。

狩獵是我的終極成就。為每季的第一場狩獵做好準備是我的目標。每年更加鞭策自己，能幫助我更加做好準備。

身處野獸模式，意思是你感覺自己處於超人般的狀態，自認你的表現比所有人更高一階。這是不是事實並不重要。如果你相信自己勝過他人，你就是如此。贏家思維無人能敵。

我相信這種做法能武裝你，使你做好進入人生荒野的準備，足以面對艱難時刻，並且對你夢寐以求的獵物，射出你不斷設想的箭矢。

像這樣訓練，能夠教會你世上存在程度各異的不適。關鍵在於，透過重量訓練與跑步來習慣不適。**我感覺不舒服，但我仍可怡然自得。我脫離了我的舒適圈，但我依然能夠行動。**模擬並製造出精疲力竭與悲慘的狀態，使我在狩獵時不至於驚慌失措。它讓我回想起來，自己經歷過這種狀況上百萬次，所以我不會有事，能夠做出優良決策，並且完成我來這裡所要做的事情。

年復一年不斷做到所有這些事，就是我能夠達成目標的奧祕。

不能控制牌怎麼發，只能選擇打好它

二〇〇〇年代有個幽默的電視廣告系列，內容五花八門，但總是以同一句流行語作結。其中一則廣告的場景是手術室，外科醫師身邊圍著多名護士，正在治療一名患者。

「都沒問題嗎？」醫師問道。

「狀況看起來不錯。」護士回答。

「他的血壓多少？」醫師又問。

「一百二十／八十。」另一名護士回答。

「好。大家，要閉合他的手術切口了。」醫師下令，並脫下手術口罩。

一名護士詫異的看著他：「你不是史都華醫師。」

「我不是。」他若無其事的說，同時準備離開，接著又補了一句：「不過我昨晚確實待在智選假日飯店（Holiday Inn Express）。」

這些廣告總以下面的句子作結：「它（假日酒店）不會讓你更聰明。不過你會感覺自己更有智慧。」

每當我被問到怎麼鍛鍊、飲食或任何跟我的訓練相關的事，我都會想起那些廣告。我感覺自己提出的所有建議，都需要加註星號，彷彿我得補充：「我不是健身專家，不過我昨晚確實待在智選假日飯店！」

這正是為何我不給建議，也不分享某種神奇的計畫。

我不是健身專家。

我不是健美運動員，也不想當。我重訓是要成為全能的狩獵運動員。

我不是健力運動員，不過我非常欽佩從事這種訓練的人……我在家鄉本地的健身房，從這些人身上受教許多。我盡力而為，而且總是樂於學習，藉此磨練自身技藝，但我在健身方面並非權威人士。

我不是醫師，否則我就不會做出這些愚蠢、危險、有害健康的事情了。若你有任何疑惑，在你嘗試之前，先找醫師諮詢。

我只是一名弓獵手，嘗試把我的本事提升到自己力所能及的最高境界。而在那個方面，我相信包括肉體與心智層面，**唯一的極限，是我們為自己設下的限制**。相信，然後你將能達致。

我的做法對我有效，但這未必保證它適用於其他人。

我甚至不是最厲害的弓箭手，但我想要成為其中一員。在我家鄉的射箭用品店「弓架」，有些人比我射得更準，但我非常努力精進。我成功的關鍵，在於努力執行我所做的任何事。我不能每天去搜索馬鹿，所以我重訓、跑步與射箭。

我昨晚並沒有待在智選假日飯店。我睡在荒郊野外，等待這一切的付出有所回報。我安然入睡，心知自己已無法做得更多，我不能、不該也不會採取其他做法。

今天我得打好發給我的牌，看看事情如何發展，但**無論我拿到哪些牌，我都會用它們來奪下勝利**。這是我入山時抱持的思維。態度積極，聰明狩獵，並且在離開山區時，行囊裝滿野味與鹿角。

了解自己的價值，是我向來做不好的地方，因為就算不給我錢我也會去野外弓獵。老實說，涉及金錢，似乎會稀釋掉弓獵對我作為一個男人的生活所產生的真正影響。但我不能犯蠢，我知道自己有價值，因此那也值得受到尊敬。

我的家庭仰賴我做出好的決策，因為我會用那些決策，為他們提供更好的生活品質與未來。我已經用自己做為弓獵手的價值，支付私立學校、大學、汽車與房屋的費用，這些全都歸在我家人名下。

我什麼都不需要。我完全樂於且滿足的住在爛房子、開爛車，以及在我目前仍然任職的正常朝九晚五職場工作；我的妻子與孩子，也會說他們很快樂。但我知道，如果我能投資在他們的教育上，將能開啟更多契機；又或者如果我能付清他們的汽車或卡車貸款，他們就能更專注於追求成功，不必擔心缺錢付帳單。

我把這一切牢記在心，最近跟我最好的贊助商之一霍伊特公司（Hoyt）商談了新合約，我使用的弓便是那個品牌。我知道自己以前拿到的報酬偏低，但我長期以來都不太在意，因為我的動力並非來自於金錢。不過，在簽訂新合約的時刻，我決定要更嚴肅看待自己的價值，因為如果我們不保護自己，又怎麼能期待別人這麼做呢？

我說我需要更多錢，因為我知道自己收到的價碼偏低。對方說可以依目前的合約加倍，我的回覆是那樣很好，但還是不夠；於是他們再度加倍，讓我每年收入可達六位數。就算不給我錢，我也會繼續弓獵，不過我選擇了比免費去做更聰明的做法。

這個盤算的另一面，則是我長年跟霍伊特配合良好，博取了他們的信任。我很幸運能有霍伊特這樣的贊助商，他們不只提供金錢，還始終相信並支持我。我的目標是繼續做為他們的最佳投資，即使他們現在支付我的價碼已是去年的四倍。我的目標是為付我錢的人無比努力，無

在你心裡的那座山脈中，你每天能搬上去的石頭是什麼？有哪種原子習慣，能幫助你取得成功？而且是你今天就可以開始培養的？你堅持努力的程度有多深？切記你對自身熱情、技藝與使命所抱持的愛。決定要寫完那本書，或是登上那座山峰。持續努力不懈，帶著那塊石頭，心知儘管辛勞，但你明白這樣犧牲有其價值。

論他們是我的正職工作或贊助商；即使在世道不佳的時刻，我也要是他們最後裁撤的對象。

先踏上旅程，美好的事才會發生

在社群媒體上，我每天會被問到下列問題十次：

「我要怎麼成為職業弓獵手？」

「我要怎麼拿到贊助？」

「我想做到你在做的事情……你能幫我嗎？」

我的答案是「不行！」我無法幫你。只有你能幫自己。如今似乎每個人都想要受到關注，所以我總是會詢問同樣的問題：

「你做了什麼能夠讓自己與眾不同的事？」

我會跟想要登上狩獵雜誌、有冠著自己名號的弓、推出自有品牌鞋款的孩子見面，所以他們會問我，要怎麼達成那些事。他們無法理解。這實在難以解釋。**這些東西都是在你踏上旅程之後才會發生**。在那些漫長、孤寂、不為人所見的時刻，獨自嘗試執行我熱愛的這件事。

我唯一對他們說的是：「你喜歡射箭嗎？」

「對。」他們或許會這樣說。

「好，那麼去射箭，射很多箭。先把射箭的本事練好，之後再擔心其他事。」

在你穿壞你的頭幾雙狩獵靴之前，你無法設計出一雙好靴子。

我總是說，要確保你的旅程能以熱情推動。別把目標設定為當上厲害的馬拉松跑者，除非你真的熱愛跑步。除非你對此真的有熱情，否則它就是無法奏效。

有時候，這甚至發生在我的日班工作上。人們會問我：「我要怎麼找到你這種工作？」

「你為何會想要我這種工作？」我反問他們。

「因為你賺到不少錢。」

「那麼，如果你的目標在於賺到不少錢，這種事就不會成真。」

事情不是這樣運作的。如果你的目標是想要成長，想要自我挑戰，想要幫助別人成功，金錢自然會隨之而來。如果你的目標是金錢，它或許不會如你所願。

看到廣告、影片與商品，年輕的孩子或寫手很容易會說：「我想要成為知名的弓獵手。」那並不是一個真正理想的目標。你是想要名聲，還是想要弓獵？

你的目標，應該是成為你力所能及的最佳弓獵手。找到方法付出犧牲，踏上最棒的冒險，以弓獵手的身分體驗極致人生。

如果你想在荒野狩獵，即使你沒有時間、欠缺資源，如果它對你來說無比重要，你自會找出方法。容我重申，我的路線並非唯一的指標。這只是我的做法。你通往成功的道路或許大相逕庭，不過我敢說，其中一定也涉及了努力與犧牲。我向你保證，你在任何領域所欽佩的每一個人，全都努力得無以復加，而且心懷積極求勝的心態。

精英級的賽跑選手，會做其他人痛恨的事情，以間歇跑來鍛鍊，努力鞭策自己，或許甚至練到嘔吐，也極度注重飲食，並把他們的願景視作天命。

精英級的商務人士，會比其他同僚更努力工作、撰寫報告、精算數據，以預料中的致力奉獻，來當上領導人。

精英級的工地領班，能夠看出全局，提前做好打算，並讓組員順利且士氣高昂的工作。這些人不會抱怨工作，也不會找方法偷懶。他們提高標準，挑戰自己與其他人。

如果你想在任何領域取得成功（包括狩獵產業），首先請起身行動。而且做的時候要帶著笑容，因為每天都是一場恩典。

尊重那場恩典。

信念12

【留在道路上】

沒有藍圖。

沒有指南書。

沒有配方。

沒有正確的做法。

不過，有上千種錯誤的方式。

我不給建議。

我不為其他人背書。

我不在意你怎麼做，也沒在尋求你的認可。

這是我的旅程。

儘管說了這些話，我仍歡迎你加入我。至於那些已經加入的人，我希望你繼續陪我跑步。

我從來沒對任何人說他們需要做得和我一樣，也永遠不會這麼說。

我不想貶低或輕視任何人的努力，因為我知道光是每天盡力嘗試，便已意義重大。

我知道那有時是一條艱辛的道路。

對於我的跑步與訓練，我不是在為其他人背書。

這是你的旅程。

我們全都在不同的軌跡上。我來到這一處，而且已經這樣做了幾十年。我有一些特定的準備方法，而且它們會改變與進化。我會不斷變得更厲害，繼續學習與成長。

我們全都會進化。這只是一個過程。一個需要時間的過程。

就算我們有著相同的目標，我們的旅程也會不同。

知道你的弱點何在，並且不要陷入其中。專注於你的優點。

我的優點是：我會每天奮鬥，不會放棄。我會做能夠強化自身優點的事——跑步、重訓、狩獵。

我希望你對自己的能力有信心，決定留在夢想的道路上。我希望你能看見一個目的地，然後竭盡全力抵達那裡。你要怎麼抵達那個目的地，跟我無關。但我相信你，而且永遠會為你的成功喝采。

第十三章

怨恨無法助你取勝

身體會回應你對它的要求。要求不多，它的回應就不多。要求多一點，它就會回應多一點。我尚未找到極限，不過我還在嘗試。

偉大的加州大學洛杉磯分校（UCLA）籃球隊教練約翰・伍登（John Wooden）曾說：「你不能讓讚美或批評擺布自己。陷於兩者之一，都是一種弱點。」

底下是我對讚美與批評的觀點。粉絲與追隨者奉上的友善讚譽，我深深感謝並接受。至於那些酸言酸語，我也會牢牢記住那些鬼話。

「要獵殺馬鹿，用不著跑馬拉松。」

當我第一次闖出名號時，有些獵人既不喜歡我，也不欣賞我的做法。他們說，為了準備弓獵而去跑步與重訓很蠢。他們說，我在浪費時間。他們寧可批評我，也不願認可我做到的事情。

起初我會因為這些批評耿耿於懷。我不會批評那些嘲笑我訓練的人，但我永遠不會為此道歉，或貶低自己所作所為的價值。無論人們喜愛或討厭我的做法，我都會堅持下去。我已經發現一種適合我的做法，並打算盡可能持續這麼做。我獵殺到更多動物，並成就了更多自己的狩獵目標。

肉體與心智，是我們在林野中使用的工具。而訓練能夠砥礪那些工具，就這麼簡單。你帶進山區的工具越好，你就越能取得成功。

隨著時間過去，當我看到人們被我的作為激勵，我也開始忽視那些酸民。十年前，有幾千封電郵湧入，現代則是發在網路的上萬則評語。我喜愛聽到人們以健身狩獵（fit hunting）的名義，重新改造自我。我發現，只要我能幫助人們提升生活品質，即使只有一人受益，也足以讓我應付反對者大軍。

多年以前，我記得自己聽過底下的句子：「沒人會為批評者樹立雕像。」那句話深深衝擊到我。對我來說，他們就是那些不願冒險、分享熱情，或是藉由文字與行動坦露自己的人，卻旁觀並批評起身行動者，說得像是輕而易舉。沒人喜歡被批判，我也不例外，但我已經接受此事，因為我鼓起勇氣放手一搏，而在這麼做的過程中，我知道應付批評是其中一環。

如果你為某件能夠驅動你的事情，抱持著熊熊熱情，別畏懼分享這段旅程。當你這麼做時，你便造成了正向的改變，並且激勵他人。

至於那些批評者，沒人會記得他們。

你得認真努力，才會招惹嫉妒

「是啊，他當然殺掉了那隻馬鹿。因為他先用步槍射死牠，再把箭插進彈孔。」

有些人就是無法接受我在弓獵上取得成功。從我參與的第一個狩獵季開始，我每年都獵殺到馬鹿，有些是在我居住的小鎮附近獵得。那些說我壞話的人，只是網路世界的縮影。有些人無法接受別人獲勝，也不容許你志得意滿。

當我開始弓獵時，便瞄準遠大的目標。我會看著狩獵雜誌，並且告訴自己：「我做得到。我能做到這些傢伙做的事。」但在我開始聽到其他人的讚美與認可之前，我得先聽到更多的負面言語。那裡沒人說：「對，你做得到。卡麥隆！你做得到！」只有羅伊會那麼說，但他在阿拉斯加，而且當年我們沒得使用 FaceTime 或 Zoom 來保持聯繫，只有簡單的傳統電話，所以我們聯絡的次數不太頻繁。

夢想必須搭配一條分隔線，阻絕掉那些懷疑者與抹黑者。你勢必會聽到他們的評論，但他們無法傷害你，或阻止你去做該做的事。你能學習到最好的事情，就是不去在意別人怎麼想。**無論你做得再好，他們都有可能會嫉妒你。**

對此，阿諾·史瓦辛格（Arnold Schwarzenegger）說過很棒的一句話：「你得謹記一件事：人人都會可憐弱者，但你得認真努力，才會招惹嫉妒。」

> 學習愛上恨意。擁抱它，享受它。那是你努力賺來的。人人有權抱持自己的意見，大家都該對你有意見。出現酸民代表你做對了某些事。沒人討厭普通的傢伙。他們痛恨的是卓越不凡的人。
>
> ——柯比·布萊恩

據說過去在阿諾的全盛時期，他光是進入健身房，該處的整體溫度就會劇烈上升。因為所有人都想鍛鍊得更努力。儘管如此，罕有人能跟上阿諾嚴苛的節奏。我渴望擁有這樣的影響力。倒不是我拿自己跟阿諾相比，我只是欽佩他的敬業態度。我永遠不希望有人比我「更努力」。就像阿諾在健身房那樣，我的目標是能夠設定標準。

儘管嫉妒的人可能對你造成一點麻煩，但他們其實是在折磨自己。他們深陷妒意，以至於無法真心欣賞自己的成就。當我看到有人比我更厲害，或是有人完成我樂於實現的某件事時，我會把那些強者當成自己的動力。我會更努力，變得更專注，因為有他們的存在。

如果有人嫉妒我，我從過去到未來都只會說：「假如我做得到，人人都做得到。」我相信在付出多年（或許會比我少）努力、犧牲與奉獻之後，許多人都能做到我所做的任何事。我能成功的唯一理由是我堅持到底……無論是弓獵、跑步或工作等。在我目前被認為表現「優秀」的項目之中，我的資質要不低劣，頂多算平凡無奇。我只是比其他天生更厲害的人，更努力去克服我的弱點。

你有沒有正在追尋的遠大夢想？如果有，你肯定會像我這樣，被人批判與質疑，出言者不會只有陌生人，甚或包括你的朋友與家人。別動搖！不斷拚戰，不斷努力，而且對你的信念保持堅定。

我一直這麼說，但我要再說一遍——夢想可以成真。

我的夢想確實成真了。

獵人是給予者

「你到底是什麼變態的混帳？你為了好玩而獵殺！我要吐在你身上！」署名：反對獵人。

現在流行吐在別人身上嗎？我倒是不曉得。

讓我們忘記這則在線上留言給我的超級蠢話，轉而討論他們所暗示的事情。

我確實享受弓獵帶來的挑戰，以及在生命的輪迴之中，做為一名活躍且自給自足的成員，但獵殺並不會為我帶來愉悅。

我不會把它稱為「好玩」。

我常常分享的一則金句，是西班牙哲學家荷西．奧德嘉．賈塞特（José Ortega y Gasset）在《狩獵深思》（*Meditations on Hunting*）中所提：「人不是為了殺戮而去狩獵，反而是為了狩獵而殺戮……如果對一名有運動精神者，獻上動物死體當成禮物，他會拒絕。他追求的是透過自身努力與技能贏得勝利，征服暴戾的野獸，以及與之相伴的所有事物：沉浸在荒郊野外，有益於健康的活動，暫別工作的消遣……。」

當我成功達成目標時，一隻動物隨之死亡，而我對此負責。事後我會解體牠，而牠能為我的家人、朋友，或其他比我更需要肉的人提供食物。我把獵人視作給予者。

我希望人們知道的，是成功狩獵帶來的極致喜悅。

心懷熱情與目標，加上準確的時機，以及精密的瞄準，然後在獲得成果後，感受這股壓倒性的自尊與榮耀感。

當你對著五十五碼外一隻巨大的老年羅斯福馬鹿，射出一支完美無暇箭矢之時，你所感受到的快樂，酸民永遠不會了解。當事情好到不能再好之時。當你費盡千辛萬苦又走又叫，試圖讓馬鹿群發情，儘管牠們不想如此之時。接下來，你射出準確一箭。

我對社群媒體上的那些鍵盤牛仔毫無耐心。那些留下惡毒、批判或愚蠢評語的人，會被我迅速封鎖，永遠從我的頁面上消失。對此我深表遺憾，因為他們可能永遠無法體驗我感受到的純粹滿足感——在我獨自一人之時；在我成功獵殺，揹著變重許多的行李走出山區之時。

當我帶著那隻獵物離開，每一個緩慢又痛苦的沉重步伐，都有著最極致的滿足。那是目標實現的樣子。你的辛勞獲得獎賞。你的犧牲獲得回報。

「人們真正差異並非外在的評價，而在於他們對自身信念的堅持。」

——宮本武藏，《五輪書》

別被他人的恨意拖下水

「你殺掉動物只為了品嚐與享樂。相信我，如果我們有機會相遇，我會殺掉你這個混帳。去你的。」

你能想像有人走向我，對我說出那種話嗎？他們只是不露面的無名酸民。

猜猜看，上一次有獵人刻意威脅外行人，是什麼時候的事？答案是，從來沒有。你知道為什麼嗎？因為獵人尊重生命。也因為狩獵需要技術、投入與努力。它還教會一個人如何應對失敗，因為置身野外的多數日子，都將空手而歸，只在心上留下一場純粹的體驗，以及對荒野之美的欣賞。

獵人會不斷自覺謙卑，而謙卑是一件好事。明確來說，大多數人難以企及成功（代表獵殺到一隻動物），所以獵人多數時間都在學習，使自己變得更全能。

之前我曾經提過，但我需要再度提醒大家。弓獵是一樁難事。每十名弓獵手，只有一名會獵到馬鹿。以另一種觀點來看，就是每隔十年，你能獵到一隻馬鹿。

那代表成功機率是一〇％。

但我每年總是能獵到一隻馬鹿。其他人出門狩獵，每十年才獵到一隻，所以他們無法忍受這個傢伙每年都能做到，因此自然會編造出一些鬼話，來正當化他們欠缺成功的狀況，或是找理由解釋我為何，且怎麼能夠一再獵殺成功。於是，不斷重複的老調便是：「這個傢伙要不是在盜獵，要不就是作弊。」

天曉得他們會說什麼，以及為何那樣說。那只是自負與驕傲在作祟，人人都有這種情結。事情就是會這樣發展。

我要告訴那些還不明白的人：對獵人來說，殺戮並不是真正的回報；這整趟旅途與追逐的過程才是真正的獎賞。如果獵人有幸成功，獵物會受到珍視，因為那等同於放入冰箱的肉品。狩獵也會教導我們榮譽，相對來說，在網路上發出死亡威脅，則是懦夫之舉。

但無論何者，對我來說那樣的訊息都透露出真相。當那些不打獵的人過著沒有榮譽、缺乏艱苦獲得的成功，或是從未離開舒適圈，過著無法收穫成就的生活時，他們可能會變得驕縱軟弱。那種人目睹不理解、不喜歡或不贊同的事情時，會胡亂發脾氣，說出這樣的話：「我要殺掉你……因為你殺掉一隻無辜的動物。」

為什麼要這麼負面、不快樂？與其在這邊拖別人下水，扯進你的牢騷之中，為何不去做些能改變人生的事情呢？

你瞧，我也有那種日子——那種我厭倦人們潛伏在陰影之中，等著我搞砸並說出某些話，或者氣到怒罵的日子。他們可惡的在那裡等待，一個屁也不放，直到他們能夠說出：「噢，抓到你了！」

該死的膽小鬼。

我真的對馬鹿狩獵有點瘋狂，我不會為此道歉或改變。如果你沒辦法接受，你他媽的就別追隨我！我完全不在意誰追隨我，我沒在乞求人追隨，別搞得像是你有力量影響我。如果你在社群媒體上激怒我，我會封鎖你。我根本不在乎。

我從來不知道有誰會喜歡純然陌生的人自作主張給出建議，指使自己該怎麼做。我認為大家都會同意這件事。

在這群酸民中，我唯一能找到的優點是，可以藉此跟哥金斯這樣的強者建立聯繫。這些強者對許多事都有相似的心態，特別是在面對那些酸民時。哥金斯曾在線上分享一則我非常喜愛的貼文，提到他拒絕讓那些酸民對自己產生任何影響。

「我們生活的世界，滿是酸民與嫉妒的人。人們把各自的生活搞得一團糟，止步不前，於是他們把對自己的怨恨，宣洩在你身上。世界上充斥著讓你分心的事物——許多來自其他人與社群媒體，有些則是自己強加於身。在一個滿是干擾的世界，你必須學會如何身處其中，卻仍然保持專注、堅定不移。永遠別讓世上的弱點，侵入你的心智！為此，你必須真正了解自己！別讓別人操縱你，致使你遠離卓越！」

我也很喜歡喬．羅根說過的一段話：

這些怨嘆運氣不佳的傢伙，快給我滾得遠遠的。我不能跟那些傢伙為伍。我不想聽到那些鬼話。我不相信那種事。

大家都會碰上倒楣的日子。我經歷過多到不行的壞運，但你知道我是怎麼做的嗎？我堅持下來，突破困境，找出自己到底做錯了什麼。然後我回頭再拚一次、再試一次。我搞砸過很多事情，犯了不下上百次錯誤……但也沒有辦法。我有過許多壞運，大家都是如此。然而當你遭逢壞運時，你得去理解那個不好的事究竟是什麼。

此外，那些看到挑戰就逃避，說著「為何我總會遇上這些事」的人，他們就有如傳染病。跟那些人為伍相當危險。他們會剝奪你的熱情。他們完全不會為你添柴加薪，而是剛好相反……

你用來抱怨的任何時刻，都可以轉為積極行動，追求你的夢想，找出你做錯了什麼，試著提升生活中的某些面向，重新振作，讀本書，去冥想——做點事情！什麼都好。「我運氣不好」這種鬼話，不會有任何幫助，也會使大家遠離你。

專心創造正面改變

「我希望你這個白痴早點死掉！然後我們會在你的屍體上開派對！」

聽起來會是一場很有趣的派對，是吧？

好啦……看夠這些酸民的評論了。這些都不是虛構的言論，全由那些瘋狂人士貼出。前面這則留言，出現在一張我獵殺棕熊的照片底下，地點在阿拉斯加的某個區域，那裡有太多棕熊，即使不是當地居民，每年也能獵殺兩隻，藉此協助維持駝鹿的總數。有些人似乎一談到獵人在保育層面扮演的角色，就很難發揮邏輯。他們不去嘗試理解，反而口吐惡言。

社群媒體有時會變得很詭異，因為它賦予人們整天坐著不動、批評他人的機會。我實在無法理解這種事。對於那些盡其所能、追逐夢想的人，我從來不會想要批評他們。沒人喜歡讀到負面文字，我在這裡所分享的那類酸民評論，更是惹人厭。

當你在某項事物上真的很努力時，你不想受到批評或質疑。或許當我說，我的天賦沒那麼好時，有些人不相信我。但事實就是如此，我只是比你更努力，僅此而已。或許你比我更厲害，但你沒有付出犧牲。

我從來不覺得自己比較厲害。我只是付出更多。

我並不期待有人能理解，我對體能與挑戰所抱持的偏執或心態。我可以試著解釋，但我心知肚明，人人各有不同，我也尊重這一點。那些透過其他來源激勵自己，以不同方法獲取肉體與心智上自信的人，我不會輕視他們。我曾被批評與指責許多年，所以我希望你知道，我不會這樣對待你。我從來不曾對人說：「如果想成功，就必須做到我所做的事。」事實上，我不希望有人去做我所做的事。參加一百英里賽跑，對身體是相當大的負擔。我希望你做自己真心想做的事情，並且以自己力所能及的程度去做。

我永遠無法讓所有人高興。如果我做到了，代表我不堅持任何理念，那樣有何意義？我在網路上分享我的生活。那是我所做、所想的，事情就只是這樣。我不在意人們怎麼想。我不在意贊助商會不會有意見。我不需要人人都同意我的言語或發文，意見分歧是好事。我唯一的請求是，對其他人表現出敬意，如果做不到，這裡就不歡迎你。我超愛封鎖掉那些粗魯、可憎、軟弱的酸民。

我的目標是鼓舞其他人積極向上，創造出正面的改變。

「大約兩個月前，我報名參加了第一場半馬，然後在IG上找到你的頁面。看著你令我備受鼓舞……」

這樣的評論能夠蓋過其他雜音。我從其他人身上接受到的正面能量，比遭受批評時更能鼓舞我，效果至少是十倍。他們受到我的故事所激勵，因此踏上成功旅程，而我每天在聽說他們的經歷後也更加振奮。我無法清楚描述在看到人們發出的訊息與評論，說他們剛跑完自己的第一場超馬、全馬或半馬時，我有多高興！距離多寡不重要。我真的很喜歡聽見有人說，他跑完了自己的第一場十公里賽，甚至是一英里賽！

我每天都收到許多這種回饋。其中蘊含的能量、愛意與成就感，使我露出微笑，並令我心懷謙卑。我能理解人們表示他們多麼欽佩我，感謝我鼓舞、激勵他們。每當看到這些話，我都深深感動。但還有比單純稱讚更進一步的訊息。像是底下這則：

上個週末我有幸見到傳奇名人卡麥隆．漢斯！我一直以來都很敬佩他，但從未想過能夠跟他碰面。去年我躺在醫院的病床上時，我會看他獵鹿與馬鹿的影片，也會看他跑馬拉松與超馬的影片。他甚至曾跟蘭斯．阿姆斯壯在波士頓一起跑步，而且他是在弓獵界與保育界的名人之一。他從不放過激勵他人的機會，所以在我接受第一輪化療之前，我買了一頂他推出的「不斷拚戰」帽子。他的熱情以及全力以赴的心態，幫助我在十二次療程中保持積極。在我做完第六輪化療之後，我用弓獵到我的第一隻庫斯鹿（coues deer），而就在第十一輪化療後，我用弓獵到我的第一隻馬鹿。過去這一年，我要感謝許多人對我的幫助，而我目前仍然非常驚訝，我能夠親自見到他，感謝他幫助我！

「你無法只靠著自己愉悅，就讓人們跟著愉悅。愉悅必須由自身產生：它要不存在，要不沒有。愉悅奠基在某種深層，以至於無法理解與表達的事物。心懷愉悅，就有如狂人置身於滿是哀愁幽魂的世界。」

——亨利．米勒（**Henry Miller**），《色史》（*Sexus*）

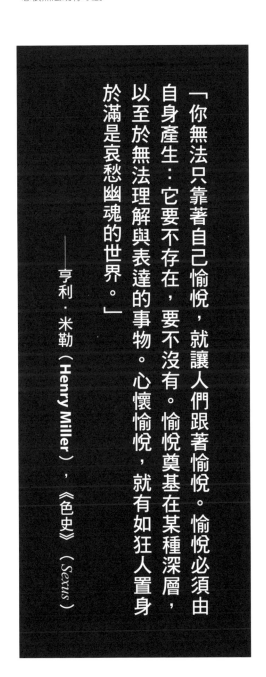

我很好奇，那個出身於破碎家庭、鬱鬱寡歡的小孩，在他送報紙的途中，讀到「傳奇名人卡麥隆・漢斯」時，他心裡會怎麼想。

我很好奇，那個寂寞的青少年，當他聽說有人渴望見到自己時，他會怎麼反應。

我很好奇，那個從他的卡車車頂跳進水池的魯蛇，是否曾經夢想過，有一天他能做出比那樣更刺激的事情？

忽視酸民是一件好事，我還會把那些打從一開始就質疑我作為的人納入其中。那些人說，狩獵產業裡沒人會重視我做的這些跑步與鍛鍊。業內其中一人對我說的話，我記得格外清楚。

「平凡人不需要受到激勵或鼓舞。那已經過氣了。如果你能提供的就只有那個，你在這個產業待不久。」

三十多年，對你來說夠久了嗎？

超過三十年，一直聽到同樣老套的鬼話

你用不著每天跑步，也能去弓獵。

你用不著重訓，也能去弓獵。

你重訓的方式錯了。

儘管舉了那麼多重量，但你還是很弱。

你射箭的方式錯了。

你的弓用不著那麼高的磅數。

你是個叛徒。
你為何要割下襯衫的袖管？
你為什麼要狩獵？
你為什麼要殺掉一隻熊？
背景裡全是雜音。
我記得有位業界老鳥曾經對我說：「卡麥隆，沒人在乎你有沒有去跑步。」
老實說，那樣的一句話，使過去的我得咬緊牙關、忍氣吞聲。但它也賦予我動力許多年。
我知道他們錯了，而我樂於證明人們錯了。
我也樂於在黑暗世界中提供一道光明。世上已經有太多負面的事情了。我只希望自己是能夠激勵他人的存在。
激勵他人是一件美好的事，但我同時相信，家庭中需要能夠保護、親愛與維護秩序的強人。我們的社會也有同樣的需求。巧合的是，有時候在我訓練時，我會被喚去支援。
幾年前有個格外重要的機會，當時我正和兒子特魯特在尤金市外的山上跑步，那裡被人稱為斯賓塞方山（Spencer Butte）。身為父親，我們的言行會被兒女研究與模仿。我們全都清楚此事，或應該要明白。
某個在雨中跑步的下午，特魯特跟我正跑上那條步道，此時我聽到有人大喊，便停下腳步問特魯特：「你有聽到嗎？」我們聽見有人在方山的上方呼救，那裡的地形非常陡峭。

在我們尋路攀爬的途中，呼救聲變得更急迫。當我們距離呼救的女性大約一百碼時，我對特魯特說，遇到這樣的情況，其中一人需要保持警戒。我告訴他，曾經有人假裝受傷或需要協助，來引誘別人落入陷阱；那些救援者還沒能搞清楚狀況，便已淪為受害者。所以絕對別自認知道情勢為何，一頭衝進陷阱。永遠要保持警戒。

當我們看見那名女性並審視情勢後，我相信她確實需要協助。她在山壁近乎垂直的地方抓著一棵樹，雙腿被割傷，雙臂也有擦傷的痕跡。

我們走向她之後，我對她說，我會幫助她下山。雖然她並未嚴重受傷，但她很害怕再度跌落。我讓她爬到我背上，像小孩般抱緊我，雙臂環住我的脖子與肩膀，雙腿則夾住我的腰。費盡千辛萬苦，我慢慢帶著她下山，來到安全地帶。

我告訴特魯特，這是我們在這裡最優先要做的事。幫助處於急難的人。

另一個這樣的例子，是在幾年前的某個下午發生，當時我正在做例行的午餐後跑步。我再度聽到呼救，前去協助一名遭受攻擊、大學生年紀的女性。

那一天布滿陰雲，是最適合跑步的日子，所以我沿著位在奧勒岡大學校區附近、跟威拉米特河平行的腳踏車道往下跑。大約跑了五英里，在奧特森人行橋（Autzen Footbridge）附近，我看到一名男子正抓住一名年輕女性，要把她拉下腳踏車。那名男子抓著她的腰部猛扯，而她尖聲大叫、試圖掙脫時，我快速拉近距離。我抓住他，把他摔在路面上，她則哭著爬開。她扶起腳踏車，走到橋的另一側，其他人已經從那裡趕來支援。

誰是你生命中的批評者？誰會破壞你的夢想，不斷提出質疑，只想澆熄你的熱情？要明白，在我們的人生中，始終會有這樣的質疑者與酸民，試圖阻止我們發現真正的目標。有時候，我們需要把他們隔絕於自己的生活。其他時候，我們可以把他們當成燃料，助長我們的火焰，抵達成功之處。

在我報警時，我一直用左膝壓住男子一側的頭部，並以右手扣住他環在胸口的右臂。他試圖反抗，但我壓制住他，並告訴接線員現場狀況。警方要將近十分鐘之後才會抵達此地，期間男子不斷掙扎扭動，說我弄痛了他。我只是持續告訴他，如果你不反抗，我會放輕一點力道。

警方終於出現，在他們跟我與那名女性談過之後，我回去跑步、上班，結束這一天。

兩天後，我在網路上查找尤金市警局紀錄，看到那一天的襲擊者遭起訴六項罪名，包括侵占、傷害與拒捕。

追尋目標時，要盲目前進

我珍視追隨自己的那群人，同時也感受到一股壓力，我不能讓他們失望。我的壓力不是來自酸民，而是源於那些追隨並敬重我的人。世上有太多善心人士——男男女女日復一日，因為在工作、健康與家人方面順遂如意而心懷感恩，並且追尋自己的夢想。如果我放棄比賽，或是像凡人那樣搞砸的話，會發生什麼事？我要讓這些人失望嗎？我想說出正確的話，不想對網路上的事情反應過度。我不想讓人們失望。

但這是我立下的志願。這是我踏上的道路。有時我會因此擔憂，因為我距離完美還很遠。雖然我景仰某些人，我不會拿自己跟任何人比較。我不需要證明自己，也不會執著於「贏得」追隨者或「按讚」數量的競賽。切記，**如果你為了他人的讚譽與認同而活，你反而會因為他們的批評而死**。別賦予他們那種力量。

我的目標比競爭更遠大。我致力於一項使命：在山區狩獵中，做出自己力所能及的最佳表現。所以我的忠誠是獻給那些我追獵的動物。我決心成為我力所能及最致命、最慈悲、最可敬也最偉大的獵人。

如果你痴迷於實現「不切實際」的目標，或是正在追尋足以定義人生的夢想，別讓任何人試圖對你設下限制。他們不知道是什麼在驅使著你。他們不明白你的內心與意志。如果他們是那種會在別人的生活注入負面心態的人，他們很可能不會像你這樣，如此堅持並專注於成功。

傾聽。

承認。

然後證明他們錯了。

抱持更大的夢想。實現更高的成就。

你自己一個人，就可以決定你的價值！

想像一下，如果你雙眼失明。問問自己，你有多想重見光明？如果奮力突破你的極限，可以讓你恢復視力，你會去做嗎？如果存在治療方法，你會讓任何事物阻擋你嗎？為了能再度看見世界，你願意冒著被痛恨、被批評的風險嗎？

當你追尋目標時，要盲目前進。

信念13

【大口吃下怨恨】

有些人問我，為何有那麼多怨恨。

有些人發文質疑，為何有那麼多批評。

有些人說，為何有那麼多批判。

我不知道。

我不在意。

我會運用這些抨擊、羞辱、恨意與鬼扯——我把它們全都當成燃料。

它們讓我有動力。

若是沒有這些質疑者，如今我會置身何處？

若是沒有這些輕蔑，我的人生將會變得如何？

我希望自己永遠不會知道。

自從三十三年前我首度拿起弓的第一天，這些無禮便隨之而來。男男女女、素食主義者、喜劇演員，甚至是弓獵同行……全都說過鬼話，至今依然如此。

我不只大啖這些怨恨，從未因此動搖，它們也使我更加專注、飢渴且難以滿足。

世上總會有人想要看到衝勁十足的傢伙淪為敗者，因為他人付出的努力，會讓弱者意識到他們自身欠缺熱情與目標。

世上總會有人也想體會那股熱情與目標感，但這並不容易。磨難有時會帶來傷痛。於是他們唯一能夠做到的，是埋怨與詆毀。

他們不明白，冷漠無異於死亡。

他們不知道，其他人的認可與否，完全不會對動力造成影響。

怨恨只會被當成燃料。

所以，拜託……我求你了。

繼續尖酸的批評我吧。

第十四章

變幻莫測的命運之風

我有資格待在這裡嗎？

幾十年以來，我一直夢想能在聖卡洛斯阿帕契印第安保留區（San Carlos Apache Indian Reservation）打獵。該保留區位於亞利桑那州東南部，占地一百八十萬英畝，並且有著我相信是世上最驚人的馬鹿。

身為終生痴迷於此的馬鹿獵人，有幸帶著我的弓，進入這些神奇的山脈，尋找荒野中最大的馬鹿，既是一種祝福，也是夢想成真的時刻。

這場夢幻般的體驗，是我在三十多年前身為一個來自奧勒岡、阮囊羞澀的年輕弓獵手，從來不敢奢望的。當時的我，連去其他州獵馬鹿的念頭都不曾有。

由於物種密度偏低，這個保留區每年只分發少量狩獵許可標籤，藉此從中管理，並催生出戰利品級尺寸的巨鹿。這代表在那裡狩獵非常昂貴；一趟狩獵行程的整體花費，高達七萬美元以上，幾乎比我有生以來每年的年收入還高！相較之下，我第一次去其他州（懷俄明）獵馬鹿時，狩獵許可標籤的價格是一千一百美元。

狩獵大型馬鹿以及在傳奇之地冒險是我的動力來源，但這筆費用使我焦慮不安。我還記得自己在多年以前，第一次因為金錢而產生額外壓力的情況。二〇〇五年，我是《伊斯特曼的弓獵期刊》的編輯，雜誌社派我前往科羅拉多，參加一場高檔的馬鹿狩獵活動，並拍攝過程做為電視節目的素材。這場狩獵索價一萬美元。我很難把這筆龐大的費用趕出腦海，使自己專心射出完美一箭。如果你沒射準，但已經讓動物流血，那麼即使該箭並非致命一擊，那隻動物仍然算是你的。我很擔心自己可能搞砸、瞄準失敗，導致雜誌社支出了一萬美元，卻拿不出能夠展現的成果。

然而，我最終在有生以來獵到最巨大的馬鹿身上，射中了完美一箭，那是一隻六叉馬鹿。在我射穿牠的肺部後，牠掙扎前行了幾秒鐘，走了五十碼才倒斃在地。每當要射出致命一擊時，我總會給自己很大的壓力；而那筆費用的成敗，取決於我在關鍵時刻的表現，這導致負荷的程度更為加劇。

如今有些頂級的馬鹿狩獵活動，費用可達那場一萬美元的科羅拉多馬鹿狩獵之旅的四倍。我很快學到，在優質的荒野狩獵是一門生意。對嚮導們來說，這些動物是貴重資產，所以在參加這樣的狩獵時，你得簽署「致傷條款」（wounding policy）。如我先前提到。這項明文協議的內容是如果你讓動物流血，牠便是你的獵物，無論那支箭是否造成致命一擊，或者箭矢只有擦過目標，而牠跑得不見蹤影。只要有一滴血落到地面，牠就算你的。

弓獵野生動物非常困難，而你還得加上每一箭攸關幾千美元、動物的性命操於你手，多年的夢想與積蓄懸於一線的

讓我以身作則，用做為獵人的光榮行為，教導新獵人榮譽原則，讓每一代新人都能尊重上帝、尊重其他獵人、尊重動物，享受狩獵的尊嚴。

——九日敬禮（Novena）中對聖休伯特（Saint Hubert）的禱文[1]

壓力。老實說，我並不富裕：我的工作是平凡的朝九晚五上班族，還要扛起家庭生計。但我是一名道地的獵人，為了冒險而生。當我參加昂貴的狩獵時，為了不讓仰賴我的人失望，我確實會感受到額外的壓力。

聖卡洛斯的七萬美元費用區分為狩獵許可標籤費（四萬美元）、嚮導費（一萬八千美元），以及給導覽員的小費（一萬兩千美元）。

沒人希望付出了那麼一大筆錢，卻拿不出相對應的成果，所以有許多事物都仰賴於我射出完美一箭。而用弓狩獵世上最大、最令人敬畏的馬鹿，更是加重了這股壓力。你不由得去思考自己犧牲了那麼多，又歷經長年的努力，才換得這個機會。對我來說，那筆錢本來可以用來改善我為家人提供的生活品質。

這些事物開始使我焦慮不安。這也正是為什麼，我不斷思考自己待在聖卡洛斯是否能當之無愧。在過往我有幸參加的許多場美妙狩獵機遇，我感覺自己並非其中一員，或真的不值得享有該次機會。我不確定自己為何會這樣想，但我知道這種想法能讓自己保持專注，珍惜這場體驗並從中獲益。

我的目標是成為受人敬重的弓獵手，表現符合各方期待，並且為這些孕育出馬鹿的獨特山脈獻上禮讚。我心中浮現羅馬帝國將軍麥希穆斯（Maximus）在電影《神鬼戰士》（*Gladiator*）

1 編按：九日敬禮為基督教虔誠祈禱的古老傳統，時間連續九天或九週；聖休伯特為獵人的守護神。

開頭的戰鬥中所說的五個字：「力量與榮譽。」

弓獵手需要強健有力，心智與肉體皆然，但他們也需要展現榮譽。對我來說，榮譽是使弓獵別樹一格的特質。

成為慈悲的獵人

對弓獵手來說，動物受到最高程度的重視。而當一名弓獵手獲取成功時，動物之死純屬這趟旅程的一環。我一整年都在為狩獵行程做準備，因為我認為榮耀動物生命的最佳方式，便是精通自己用弓的技藝，使我能射出快速致死的精準箭矢。我努力成為一名慈悲的獵人。每次獵殺所取得的肉品，化為多達數月的珍貴主食，而獸皮、獸角與顱骨，則會展示在我的家中，做為視覺上的提醒——對我來說，這樣做是在對這隻動物的生命致敬。

訓練、**狩獵**、**給予**、**榮譽**。

這是我極為嚴肅看待這四個詞的理由。我日復一日、月復一月，射出一支又一支箭矢，只為了一個理由：成為一名慈悲的獵人。我狩獵時心懷意念，而當獵物進入弓箭射程時，我冷靜且專注的緩緩拉滿弓，唯一的目標是射出完美一箭，快速殺死這隻動物。當事情如願以償時，我如釋重負且心滿意足，因為我苦練得來的射擊精準度，公正的榮耀了這隻動物的生命，賦予牠快速且慈悲的死亡。

我很自豪能成為受人敬重的弓獵手，也因此我對我追蹤、獵殺並供養給朋友與家人食用的動物，抱持極高的敬意。我非常渴望讓外行人理解我所描述的這些事，但我已經學到，唯有獵人才能真正了解純正獵人的感受。我說的不是那些一窩蜂跳上卡車，開向鄉間狩獵區的人，他們一手拿著弓，另一手拿著啤酒，腦袋空空的獵殺動物，毫無顧忌。我說的是獵人，他們關懷自己狩獵的動物，並且熱愛這些動物稱為家園的荒野。

這就是為何我為狩獵做準備時，比職業運動員為比賽做準備時更認真。如果我要取走一隻動物的生命，我必須處於最佳狀態，而且我希望那是符合倫理的殺戮。獵殺動物是一件大事，這跟在超市買塊肉排不同。在那一刻，有太多的敬意蘊含其中。在攸關生命的情境裡，如果我沒有處於最佳狀態，我會感覺自己並未榮耀那條生命。

在首度前往聖卡洛斯之前，我從未見過兩支鹿角分別是十叉與九叉的馬鹿，我根本不知道有那種生物存在；鹿角總長度達四百英寸的馬鹿，我也未曾在野外目睹。至於去狩獵這種世界級規格的馬鹿？對我來說，這完全是不切實際的夢想。

當我抵達營地時，我們的導覽員克里斯．古德（Chris Goode），向我展示那隻馬鹿的影片。我唯一能說出的詞只有「不可思議」。克里斯在最近用觀靶鏡（spotting scope）搜尋時，拍下了那支影片，他說那隻十叉加九叉的馬鹿，棲息在險峻崎嶇的荒野。他認為我最好在觀測到牠的時候，就潛行至牠附近。我所獵殺到的馬鹿，有九〇％是運用了這個方法。

基爾・福克斯（Kip Fulks）是安德瑪的創辦人之一，也是我的好友。他給予我來到聖卡洛斯的機會，也在這裡陪伴我。當我進入世上最棒的馬鹿棲息地時，我自信十足，但奢想自己甚至有機會對這種畢生難求的馬鹿下手，似乎實在難以置信。老實說，我沒花多少時間去想像這個可能性，而是告訴自己，如果能射中鹿角長度三百八十英寸的馬鹿，那我就非常滿足了。那樣的獵物，相較之下更適合我這種人一點。

但克里斯另有盤算，他為我們設下的目標，是獵到一隻鹿角長度四百英寸的馬鹿。事實上在那裡，四百英寸的馬鹿向來是眾人的目標，那是他們的標準。我把那隻十叉加九叉的巨獸稱作「窄角鹿」（Tight Bull），因為牠的鹿角寬度不大。至於找到牠的機率有多少？畢竟保留區占地一百八十萬英畝，幅員廣闊，而且此時正值發情期，公鹿有可能四處移動，在任何地方騎上火辣的母鹿。

渴望巨獸，渴望關鍵時刻

馬鹿狩獵行程持續了幾天，其中包含每天十英里的健行、叫喚、用望遠鏡搜索、跟蹤馬鹿等活動。我們曾有幾次近距離的遭遇，但並非不容錯過的良機。在一個令人難忘的傍晚，我們正要越過小溪爬上山坡，此時聽見一道疑似公鹿叫聲的聲音，回應著克里斯模仿母鹿的叫喚。

風正從山下由左而右的往上吹，而那隻馬鹿會在小溪尾端的樹林出現，所以我們至少得去到同等高度或更高一點的位置。基爾、克里斯與我急匆匆的盡快越過小溪。當我們抵達距離那隻馬鹿約五十碼的高處時，便開始做準備。

我靠在一棵燒焦大樹的暗側，同時仔細搜索那道樹林。克里斯與基爾則去到我後方大約四十碼，守在一小段山脊上。目前為止一切順利。

那隻尚未現身的馬鹿，高亢的叫了一聲。牠接近了。我預測牠會從樹林的某處出來，並尋找可行的射擊路徑。情況很糟，小溪周遭滿是焦樹與灌木叢。當牠踏進小溪時，我開始緊張起來。我沒有不受阻礙的射擊路徑。我得在幾秒鐘之內做決定。

在這個關鍵時刻，弓獵手做出的某些決定，將會影響成敗。兩者之間的分界線微乎其微。

我瞥著我倚靠的那棵樹，發現幾根適合攀爬的樹枝。我快速判斷，爬上樹能提高自己射中

這張照片貼切的捕捉到，我在這場人生中最適合做的事。照片裡，我正扛著一隻馬鹿的腿，牠是我在奧勒岡海岸山脈一處伐木區的弓獵成果。奧勒岡西部是我學會弓獵的區域，每年九月我都會受到召喚，回到這片馬鹿棲息的樹林。

的機率。由於我是在這棵樹的暗側做準備，於陰影之中，我的動作比較不會受到注意。我盡快爬上樹，大約十到十五英呎，然後準備射擊。這個位於高處的位置，使射擊路徑上的障礙物大為減少。

我爬上樹的幾秒鐘後，那隻馬鹿嘶吼一聲，回應著克里斯的叫喚，並暴露出牠的身軀。那隻窄角鹿，就在三十碼外！

當我們進到牠的棲息區域時，我們並不曉得接近過來的馬鹿正是牠。我快速看了一眼牠大約四百英呎長、十叉加九叉的鹿角，認出牠是窄角鹿，然後集中注意力，準備對牠射出精準一箭。

克里斯繼續模仿母鹿叫聲，窄角鹿隨之接近，直直朝著我走，最後停在我的正下方。我緩緩拉開弓。牠注意到我的動作，或者感應或聽見我——如果你能問

當我在猶他州狩獵大型馬鹿時，我時常會像照片這樣扣著一支箭，代表如果機會浮現，我已經準備好快速反應。

牠，牠或許會說牠認為有「山獅」——接著受到驚嚇，轉頭跑回樹林。牠在大約剛好三十碼的距離側身停下，此時我慌亂的試著擺好射擊姿勢，努力在樹枝上保持平衡。

窄角鹿站著不動，轉頭盯著我，試圖釐清事態。我必須快速行動。我的瞄準器設在三十碼，適用於此刻狀況，所以我快速進行微調，同時試著保持鎮定。我把瞄準器的準心對準牠的重要器官，但有一根小樹枝擋在牠胸前，所以我在樹上踮起腳尖，挑選射擊部位。

此時正是關鍵時刻。

對弓獵手來說，目前你的身體流竄著腎上腺素，心臟狂跳，而這是你最需要掌握的關鍵時刻。如果你無法保持在正常狀態，成功將會難以企及；但如果你能做到，那麼射出完美一箭，就只是這套流程的其中一環。

如果你已經付出努力，你會「渴望」遇上關鍵時刻，因為那是你發光發熱的機會。拉開弓弦，穩住弓身，然後射出一支銳利無比的寬頭箭。箭矢快速飛向馬鹿，精準命中目標，而你知道它必然如此，因為你付出的努力多到不會失敗。追蹤一小段血跡之後，你找到了你的馬鹿，然後誠敬的跪在牠旁邊，感謝這隻令人讚嘆的動物為你獻上生命。牠的角最終會裝飾在你的牆上，而牠的血肉會滋養你，這隻馬鹿將會受人頌揚。

我快速對這隻我所見過最巨大的馬鹿射出箭矢。箭離手時，我信心十足，因為我相信自己付出的努力，相信這支箭會命中我所想像的部位……但實情並非如此。

那支箭錯失準頭，偏高又偏右，射到馬鹿的肩胛骨頂部。當你面對大型馬鹿時，偏高且太偏前方的命中點，幾乎是最糟糕的射擊部位，因為那個位置高於且越過肺部，而肺部才是你希望命中的部位。馬鹿受到厚重的肌肉與骨頭保護，所以射到那裡的箭矢，通常只會讓牠受傷，不至於致命。

當牠跑過山脊，肩上看似插著半支我射出的箭，我感覺有點反胃。我整個成年人生都在為此努力準備，我怎麼會搞砸這種機會？在箭矢離開我的弓，命中那隻馬鹿的轉瞬之間，我的夢想轉變為夢魘。

對我來說，一場狩獵充斥著豐沛的情緒，包括：感恩，因為我沉浸於自然之美；崇敬，因為在某些狩獵中，有時會遭遇掠食者，且地形險峻到眨眼間便可能喪命。對每個有心人來說，這提醒了我們，死亡不分貴賤。

一旦我們擺脫文化世界遮蔽感官的厚重斗篷，這裡同時也能讓人感受到知覺的強化。接下來，狩獵直覺終於能夠掌管大局。以我為例，隨著我在山區活動的時間累積到幾十年，這股直覺每一季恢復得越來越快。

儘管如此，箭矢基本上是一根尖棒子，用它來進行殺戮仍然永遠不會十拿九穩。人類很大程度上是荒野的過客，所以在這個面向，野外的動物居於上風。但我們在理性與智慧方面具有優勢，兩者有助於我們接近到弓箭射程，只要狩獵手法得宜、風向不變，如果準星穩定，出手時機精確，那根尖棒子將在獵物身上造成致命一擊。牠會跑一小段路，然後倒斃身亡。

我們試圖盡力榮耀這項體驗，以文字與照片描繪我們在窮山惡水的荒野，克服這項巨大的挑戰。我們討論何謂敬意，並尊敬死在我們箭下的動物。此外，當你實現狩獵目標，一隻動物倒臥在腳邊時，你確實會感覺苦樂參半。我們接受死亡是生命的一部分，人們若要生存，動物就得死亡，而獵人會對此負責。

老實說，雖然許多人在意鹿角有多大，但我自己不太在意獵物的尺寸，不過我想要獵到邁入老年的動物，像是窄角鹿那種盡了本分、做過交配，完成牠促進獸群生存的職責，目前基本上已經脫離巔峰狀態的動物。那就是我希望獵殺的目標。

此刻正是那些連月訓練、跑步與舉重獲得回報的一刻。我對自己的能力與裝備有信心，我能保持精準與專注。我首要的考量，是窮盡我所能做到的一切，射出讓獵物快速死亡的完美箭矢。當我做到時，實在令我大大鬆了一口氣。如果我令某隻動物受苦，在後續的許多年，我都會在腦海裡一再折磨自己。

有些人難以理解狩獵與動物死亡之間的關係，這部分我能體諒。即使狩獵了幾十年，我也不會對動物死亡的現實感到喜悅。實現我的目標與人生意義？沒錯，那能帶來充實感，而我也接受做為弓獵手，我的成功代表動物死亡。牠的生命葬送在我的手上，而我會接受此事，因為這代表馬鹿肉將餵養我、我的朋友與家人好幾個月。

你我都知道，天底下沒有永生之物。一隻老年馬鹿或許可以存活十到十二年，我所獵過最

我從小就喜愛馬，並且充分運用這種心情，協助自己在荒野狩獵。這張照片是在我去內華達州狩獵時拍攝。

老的是十五歲。即便如此，如果不是死於完美一箭，野外動物的死亡會更漫長且痛苦。當我能以完美一箭，使我無比尊敬的動物死得光采，儘管會帶來精神負擔，但我仍稍感慰藉。

窄角鹿是一隻宏偉的動物，我非常崇敬牠，但我未能射出完美一箭。

這次射擊的距離不到三十碼，我卻搞砸了。

我爬下那棵燒焦的樹，脫下靴子。在腳上只穿著襪子，不再隔著硬底的鞋子，我更能感受到地面，使我可以悄悄往前潛行，探查我得追蹤的血跡屬於哪種類型。我跟隨稀疏的血跡移動，心中的恐懼獲得證實。這隻馬鹿根本沒流下多少血，只有幾滴，不過既然那次射擊很差勁，這也在預料之中。最終，淺淺的血跡完全消失，但我繼續跟隨牠的足跡。巨大身軀的重量，使牠的蹄子在地面留下痕跡，讓我能循著牠下坡的路線前進，最後在距離我射擊牠大約一百五十碼之處，找到半支我射出的箭。我檢查箭矢殘骸，研究箭桿上的血漬。我看到的景象讓我搖搖頭，然後默默退回去，以防我的動作嚇到那隻負傷的馬鹿，假使牠還在附近，因為我的箭矢造成的傷勢而倒臥在地。

有時候，如果你射得準，命中獵物的關鍵部位，牠們會隨即倒下，幾秒鐘之內就死了。但牠們是強悍的生物，如果你射得不夠完美，就會發生這樣的事。我沮喪到了極點。

我不只讓自己、家人、朋友與追隨者失望，也感覺我讓阿帕契部落失望了。這隻馬鹿如此獨特、如此驚人，我卻對牠射出那麼差的箭。牠值得更好的待遇。

如今我得回去告訴部落裡職掌狩獵的首領，我射出一支準頭差勁的箭。基爾、克里斯與我走了幾英里路回到卡車。返回營地的道路崎嶇不平，卡車走起來顛簸震動，當車子嘈雜的行進在石礫上，發出吱嘎與砰砰的聲音，我們三人卻一聲不吭。這是一段沉默憂鬱的回程路，我們都在思考窄角鹿的命運為何。

或許牠受到的傷比我所認定的更嚴重。我向營地內的部落成員如此表示，但我無法確認。我展示了那支斷箭，不過大家並未因此抱有期待。這些馬鹿體型巨大，肩膀肌肉發達，骨骼結實，尤其是我射中的肩胛骨。營火劈啪作響，火光推開漆黑的夜幕。大家的話都不多。我搖搖頭，眼睛盯著地面，心底鬱悶難平。

有一萬名阿帕契人住在聖卡洛斯保留區。這是我第一次踏足此地，他們不知道我的身分。我擔心他們只把我當成另一個有錢白人，過來這裡假裝自己是弓獵手。事實上，我既不富裕，也沒在假裝。但無論如何，我知道自己必須贏得他們的尊敬。然而如今我的表現適得其反。我的心情沉重，只感覺得到風在樹林間呼嘯而過。

當晚在我們就寢前，基爾與我聊起那隻窄角鹿。

「你認為我們獵到牠的機率有多高？」基爾問道。

「二〇％。我射得不好。面對體型那樣大的馬鹿，卻射到偏高的肩膀部位。我搞砸了。」

「可惡。」他咕噥著說。

後來基爾告訴我，那一晚他實在很沮喪，心知這隻馬鹿對我以及我們這趟行程意義重大，最後他哭著入睡。而你別忘了，他是我所認識最強悍的傢伙之一。

那些誣衊獵人的傢伙，永遠無法理解這種事。獵人的人生道路不只複雜，也充滿了挑戰。它可能會讓人付出代價，但也能進一步形塑你，使你在一個似乎被膚淺瑣事定義的世界之中，變得更有深度也更有意義。

尊重我們所獵殺動物的生命，是獵人信條中最重要的部分。

那一晚我根本無法入睡，而這並不是我首度在山區碰上心碎的遭遇。我記得自己好幾次在面對巨大馬鹿時失手，於自己該成功獵殺的時刻搞砸。而那種瞬間縈繞於心，深深打擊著我。

我曾經開玩笑，說自己可能需要接受心理諮商，但我確定我其實真的需要。弓獵以及實現我的目標，對我的意義就是有那麼大。每次發生那種事，我就會告訴自己，我再也不想經歷那種感受。每次我被打垮，我就會告訴自己，我只需要更努力、更鞭策自我。我的想法是，我犧牲得不夠多才會失敗。

隔天清晨天一亮，我們便啟程前往射中窄角鹿的地點。馬克（Mark）與丹恩・史蒂文斯（Dan Stevens）是克里斯的叔叔與表親，他們一併同行，以防有需要時欠缺人手。從我射中牠的地點，我們走向大約一英里外的山坡。當我用瞄準器搜索山谷時，我看到某個東西，但分辨不出那是什麼。

「那是什麼東西？」我詢問眾人：「在那三棵黃色的顫楊（quaking aspen）附近，它們的左下角。我看到了什麼？」

「那是你的馬鹿。」克里斯說道。

牠躺臥在地。我用雙筒望遠鏡仔細研究，發現牠毫無動靜。

「生命總是彼此吞噬。」我對自己狩獵且殺死的動物抱持敬意。做為獵人，為了我的生存，動物必須死亡，我為這個現實負責。

「牠死了嗎？」我問道。

克里斯模仿母鹿的叫聲，而那隻馬鹿立刻轉頭查看。

天哪……

牠沒死，但牠受傷了。

我告訴大家：「好吧。讓我下去，解決掉這場爛攤子。」

他們留在原地，我則繞了一大圈，去到山谷的另一側，窄角鹿就躺在那裡。這個過程花了一小時，甚至可能是兩小時，因為我把距離拉得很遠，不想冒著風向改變的風險。

我把那三棵顫楊當成地標，當離它們兩百碼時，我脫下靴子，腳上只穿著襪子，繼續緩慢無聲的前進。

當我接近窄角鹿應該在的地點時，我用雙筒望遠鏡看向基爾、馬克、丹恩與克里斯，發現他們用手比劃。從他們在一英里外比出的手勢，我得知那隻馬鹿正在走上山坡。接近顫楊時，我看到牠緩緩爬坡。牠已經負傷，但我需要射中另一箭，才能確保獵殺到牠。

要射中那一箭，箭矢得飛行很長的距離，但我瞄準的射擊路徑不錯，而且我清楚知道彼此之間有多遠。我的手裡已經扣著一支箭，所以我迅速調校瞄準器，然後拉開弓弦。在牠側身前行時，我把準星對準牠的肋骨。牠再走兩步就會停下來，短暫歇息之後又踏出兩步。

我拉滿弓，等待牠停下腳步。這時候我全然放鬆，感覺自己如巨石般穩定，而我使力拉開的弓，接觸到我箭筒的背側。我把瞄準牠身體的準星往上偷調兩英寸，因為在我瞄準時，牠已經多上坡了一、兩碼，接著我慢慢按下放箭器的扳機。

箭矢往高空劃出弧度，飛越漫長的距離之後，下落到目標所在地，刺進牠的肋骨之間，斜插至肺部。這一次，我的射擊相當完美。我匆匆在只穿襪子的狀態下盡快上山，手裡繼續扣著一支箭。牠從我射中牠的地點走得不遠，儘管尚未倒地，但如今牠已經垂著頭。我跟牠之間仍有好一段距離，大約九十二碼，但我正處於獵殺模式，於是又拉滿弓射出。第二記長程射擊，再度完美命中。那隻馬鹿倒臥在地，踢了幾次腿之後便快速死亡。一股如釋重負的感受，湧過我全身。

幹髒活是一種榮耀

當我來到窄角鹿旁邊時，我看見前一晚射中的第一支箭，刺進牠的肩胛骨頂部大約十三英寸，深入到足以對牠造成嚴重傷害。由於那支箭射得太高，沒有射中致命部位，但箭矢射穿的近端肩胛骨已經斷裂，寬頭箭鏃則卡在遠端肩胛骨。牠的肩膀幾乎被釘在一起，難怪牠移動的速度不快。儘管如此，一旦動起來，腎上腺素開始生效，牠還是很可能有辦法跑上好幾英里。

別忘記，我把弓設定為偏高的磅數，九五%的弓獵手會說那種設定很蠢且沒必要，但這多半是因為他們不夠強壯，沒辦法拉滿那種弓。如果有為此訓練，他們也做得到，但是沒多少人為了弓獵去訓練。

話說回來，我使用九十磅的弓，射出的箭矢強勁有力，使我的第一支箭能夠射穿這隻老戰士的肩胛骨。就算沒有流血，牠承受的傷勢也足以讓我追蹤，最終完成獵殺。若是改用沒那麼強勁的弓，恐怕就找不回這隻馬鹿，我對此毫不懷疑。第一支箭將無法穿透牠的肩胛骨，刺進兩英寸後便會停下，然後箭矢在牠跑開時就會掉落，而牠從此不見蹤影。

坐在窄角鹿屍首旁邊是寬心又苦樂參半的時刻。我的心情很糾結——我成功實現了目標，但我知道自己終結了一隻如此雄偉的動物，為此也有點悲傷。同時，我也肅穆的感覺自豪，因為我知道一旦這隻馬鹿倒地，牠生命的終結，將會協助我供養自身與家人好幾個月。

我花了一點時間，向我獵殺掉的動物表達崇敬。

「巨獸，感謝你提供營養。你的血肉將會化為我的動力，而你的獸角將會掛在我家牆上，於我有生之年，都會確保你的生命受到榮耀。」

我有許多值得感謝的人與事，但在那張名單中近乎首位的是我有能力與機會成為給予者。拿著弓進入山區，然後揹著肉走出來，而肉品先是收進冰箱，接著上到我的家人、朋友或其他有需要者的晚餐餐桌，這就是我狩獵的理由。如果沒有狩獵經驗，你恐怕難以理解獵人與所追捕動物之間的聯繫與互敬。無論是為了自給自足，或是做為給予者的榮耀，這整場旅程便是我們狩獵的理由，不僅僅是為了殺戮。獵人對他們的技藝自豪，而在我的經驗中，許多不是獵人的人士，是在批評他們不理解的事物。

以下是狩獵粗略的流程，從外界看起來，可能會顯得野蠻，但這只是必須完成之事。動物接下來會被剝皮與屠宰，而頭部終究也會被切除並運出。當處理完畢，肉品放進保冷箱後，接著就可以準備回家，或是把肉交給肉販加工。

我把我獵殺到的所有肉都帶回家，因為那能供給我一整年，也因為我將近四十年來都是這麼做。在九月期間，我時常不斷旅行、接連狩獵，所以我會在狩獵地點附近找一家加工廠，切割並包裝肉塊，然後他們會冷凍打包完畢的肉並送還給我。我個人並不在意這樣要花多少錢。如果有一隻馬鹿死於我的箭下，我想要將牠的肉帶給家人食用，不然我也會適當分發出去，給想要或需要的人。我喜歡分享我的獵物，因為我認為獵人就該這麼做……我們是給予者。

做為獵人，雙手沾染血腥或許是象徵性的說法，但對獵人來說，「幹髒活」是一種榮耀。在我成長的地區，厲害的獵人自古就受到敬重與欽佩，因為他們維持了族群的生存。我相信來到今日仍應如此。

所有人的手上都沾染血腥，無論這是不是比喻。為了我們的生存，動物必須死亡，而獵人不會因為這個事實感到羞恥。某些反對獵人的人士，抱持著愚鈍的邏輯，威脅要殺掉我，因為我是一名自給自足的給予者，而那代表我狩獵、殺戮並食用。

他們站在自認「比你更高尚」的講壇上口吐惡言，但他們的冰箱、冰櫃與餐盤，擺的全是別人為自己養育並屠殺的肉品——而這個過程常常不怎麼好看。獵人有批評他們的選擇嗎？遠比獵人受到批評的次數來得少。守倫理的獵人，表現得體有禮。

那些想要大聲嚷嚷自己沒吃肉的素食者，你知道嗎？為了你的日常生活，動物還是必須死亡。如果你開車，動物將被迫遷移與遭到屠殺，才能清出空間造路給你開車。此外，你的住宅所使用的木材，來自於被砍倒的樹木，而這會導致林地內的動物死亡，包括熊、大型貓科動物、狼、兩棲動物、鳥與爬蟲類。如果你住在那棟房子，你得為失去的生命負責。你的麵包來自於麥田……而動物會在麥子生長與收穫期間死亡。如果你吃掉那些麵包，你也得負責。兔子、鹿與老鼠，牠們全都會在收穫期的農耕地，死於運貨卡車的輪下。不過，**別因此愧疚……這是生命的輪迴，而你是其中一環**，無論你有多脫離現實。

獵人不會視而不見，假裝迪士尼故事是現實生活，人與動物都能安然終老，在睡夢中平靜逝去。人類在不造成死亡的情況下無法生存……生命總是彼此吞噬。

如果你精挑細選，確實能找到你有道理攻擊的獵人，但那些守倫理的獵人，應該名列你尊敬的人士之中。人類打從一開始就在狩獵。這是我們真正的使命，也是自然的秩序。

那些反對狩獵但吃肉的人士，曾向我這樣宣稱：「狩獵既野蠻又殘忍，而且不是現代已開化人類需要做的事。我們可以買肉吃，用不著殺掉美麗的動物。」當反對狩獵但吃肉的典型人士，想要烤一塊肉排來吃時，他們向來會去超市花錢，在那裡買下以塑膠封膜、保麗龍容器盛裝的肉品。超市會付錢給批發商，批發商則付錢給牧場主。結果，動物被超市的屠夫宰殺，是為了滿足反對獵人的人士，而**他們對這隻動物的生命幾乎不抱持敬意，因為消費者跟那次殺戮的距離實在太遙遠了**。

死於暴力，死於寒冷，死於飢餓——它們都是野外雄偉生物的正常結局。那些多愁善感、胡扯自然界平靜生活的人們，不明白它非常冷酷無情。

——狄奧多．羅斯福，《非洲的狩獵之路》（*African Game Trails*）

所謂「生命的輪迴」，或許也只是一場童話。被屠宰的動物，可能過著行動受限的惡劣生活，不像活在山區的馬鹿那樣自由，擁有最大程度的「放養」空間。超市的屠夫勢必會不斷宰殺，而以肉牛為例，牠們通常在十八個月時被宰殺。這樣的生命長度，遠比活在山區的精明老年馬鹿來得短。

我從那些極端反對狩獵、不吃肉的激進人士身上所聽聞的恨意，時常包含他們拒絕對動物的死亡負責。他們不只相信沒有必要狩獵，還相信不必為了肉品而畜養牛隻。

如果吃肉的人變少，農地與棲息地很快會有大批動物橫行。舉例來說，過多的牛隻將會破壞棲息地、原野與水源等，最終導致動物生病與缺乏食物，並削弱其基因庫。

狩獵也是同樣的道理。若不狩獵，野外生物的總數將會增加到棲息地（已經因人類進犯擴張而縮小）無法支撐的程度，而動物撞擊車輛的事故也會變多。飢餓的動物最終會四處漫遊，體虛病弱，如果沒被掠食者捕殺並活活吃掉，就是被車子撞死（希望不要有人因此致命）。

受傷的動物最終得由政府聘請的獵人殺死，而不是由付錢買狩獵權的有牌獵人處理。納稅人將為政府聘請的射手出錢。這顯然是最壞的情況。有些人相信零狩獵、零牛肉攝取是一件好事，但實情遠非如此。

我做了一輩子的獵人，當我告訴你，我們的首要目標是快速、慈悲的殺戮時，我是在為每位守倫理的獵人發聲。相對來說，野生動物毫無同情心。當死神造訪，獵物的最佳選擇，是由獵人奪走牠的生命，他會珍惜這次獵殺所獲肉品帶來的營養。

激進人士忘記或忽視的事實是，野外動物不會進入安養院，在家人齊聚陪伴下終老並受到哀悼。牠們會被一隻或一群掠食者單獨針對，跑到精疲力盡，然後活活吃掉。或者，牠們在變老變弱之後，找不到足夠的食物，餓得跑不動，然後被掠食者活活吃掉。又或者冬季來得又快又猛，導致牠們找不到理想的食物，於是變得虛弱、跑不動，然後被熊、獅子、郊狼或狼活活吃掉。事情大致就是這樣。如果你喜歡馬鹿、駝鹿或鹿科動物，那麼死在獵人手上，幾乎是牠們最好的下場。

人類有同情心，動物沒有。

在北美平原印第安人（Plains Indians）[2]裡，「計數打擊」（counting coup）是一種在戰鬥中對抗敵人時贏得聲望的戰士傳統。這是在面對一名敵人時，展現勇武的傳統做法。

任何命中敵人的攻擊都可以算是一次打擊，不過最能贏得聲望的舉動，是用手、弓或勇氣杖（coup stick）觸碰到敵方戰士，然後毫髮無損的歸來，而且也沒讓敵人受傷，只有折損了對方的自尊。觸碰在戰鬥中第一名陣亡的敵人，或是觸碰敵方的防禦工事，也被視為打擊的計數；在某些國家，單純騎馬奔向一名敵人，用一根短棒觸碰對方再無傷返回，也同樣算數。計數打擊有時還涉及偷走敵人的武器，或是他綁在營地的馬匹。避免受傷或死亡，是傳統上列入計數的條件。在進行計數打擊時無傷逃脫，也被視為比在過程中受傷更有榮譽。

最後那兩個句子對我來說別具意義，而且我也在獵熊時，為計數打擊發展出我個人不嚴謹的

2 譯註：居住於北美洲廣闊大平原地區的印第安人，包括北美大平原和加拿大草原三省，在文化、習俗上皆有共通之處。

如果你喜歡馬鹿、駝鹿或鹿科動物，那麼死在獵人手上，幾乎是牠們最好的下場。

詮釋。在我的箭矢射中動物之後，牠喪命之前，我喜歡觸碰我的獵物——例如我曾經獵到的一隻巨大的黑熊，因為牠可以造成致命傷害，而這正是計數打擊最看重之事。對我來說，在這隻熊的生命與靈魂逝去之時，前往那裡陪伴牠具有重大意義。

我跟約翰．里維特（John Rivett）在加拿大亞伯達省一起打獵好幾次。我曾經於箭矢射中我選擇獵殺的熊之後，在牠喪命之前就跑過去，為的是及時觸碰牠，並告訴牠：「感謝你為我獻出生命。」這個舉動不只對做為獵人的我深具影響力，也在約翰與我同行的期間，不只一次令他感動落淚。我們熱愛並尊敬這些動物，狩獵且奪走牠們的生命，對我們的意義就是如此重大。狩獵不只

你為何去追尋你的熱情？在你的旅途中，你對什麼事物心懷感激？永遠別忘記那些決定性的時刻，那是你需要停下腳步，感激自己被賦予了機會的地方。在你的旅途中，什麼能帶給你喜悅？你繼續扛著使命往前移動的理由是什麼？了解「為何如此」非常重要，因為它能讓你保持專注。

是殺戮，而對我來說，我對計數打擊的詮釋，把那一點深深刻進我的靈魂。

我有自己兩度進行計數打擊的影片。事實上，我曾經貼出一支有關深刻體驗的影片，但在大約三十分鐘之後就撤下了，因為我從回饋與評語中，可以看出大眾並不理解我的觀點。我猜，我不能期待大家都明白，做為弓獵手對我的意義有多重大，以及我與自己獵殺的動物之間的聯繫。明知如此，我或許打從一開始就不該貼出。好友韋恩．恩迪科特打電話過來，說服我撤下影片，因為在跟他談過之後，我擔心它可能會被用來詆毀狩獵運動，儘管對我來說，那是在描繪獵人與獵物之間的情感連結，以及其複雜的本質。這實在有點矛盾。

我也曾跟過世的好友羅伊在阿拉斯加獵熊時進行計數打擊（我目前還沒觸碰過灰熊）。此外，我當然得在我的白大角羊臨死並掉落懸崖之前觸碰牠——我抓住牠的角，把牠拉上一處小岩架，此時牠正掙扎著亂踢。但我不把這隻羊算入計數打擊，因為跟面對熊不同，我並未冒著死亡的風險。而那種風險，正是計數打擊原始定義中的關鍵要素。

我不擔心自己在進行計數打擊時受傷或死亡，因為對我來說，風險是這個舉動中的一環。我**試圖殺掉這隻熊，如果牠反而殺掉我，那也算公平**。

這就是為何我對自己身為獵人自豪。

獵人喜愛並欣賞沉浸於自身的技藝。我們了解為家人供應肉品所需的努力，也接受我們得付出犧牲，才能在山區發揮到極致。這全是獵人之旅的一部分。

我熱愛弓獵之處，在於它的歷史、傳統、榮耀、挑戰、尊敬、過往傳奇與故事。

我敬重我追獵的動物、牠們棲息的荒野，以及我個人的技藝。我自給自足，為了我的生存，動物必須死亡，我對此負責，並尊重其他選擇不狩獵的人。

在聖卡洛斯阿帕契印第安保留區狩獵，是對我極有幫助的體驗，因為我敬重阿帕契部落，喜愛他們的文化與傳統，並且欣賞其土地與動物。

我所認識最厲害的獵人們，都是非常努力、可敬、充滿愛心、忠誠且品德高尚的社群領袖。他們是那種自給自足的人物，當其他人需要協助時，便會呼喚他們。換句話說，組成狩獵社群的男男女女，都是其他人能夠仰賴的保護者與給予者。

信念14

【分享你的旅程，並幫助他人一起成功】

「要不是有你，我根本不會去做這種事。」

我最愛聽見別人這樣告訴我。那件事可以是跑超馬、十英里賽，或者準備開始健身，不過我格外喜愛聽見別人接觸弓獵。在一個完美的世界裡，我每天會親自引介一個人，進入令人振奮的箭術世界。

早在二〇一七年，喬．羅根就對我說出那句魔法字眼，當時我們參加了一場位於猶他州的馬鹿狩獵活動，正在一邊望遠搜索（用雙筒望遠鏡找尋獵物）一邊聊天。「史詩級」這個詞如今已被人們濫用，不過我可以確切的說，那場狩獵的成果足以用史詩級形容。我們都獵殺到大型公鹿，並創造出能夠讓人永遠維繫交情的那種荒野回憶。

自從我在二〇一四年參加他的節目後，我們就成為好朋友。我聽說他談到我帶著石頭爬上山，於是在臉書發了一篇文章，內容大致是：「這裡有人親自認識喬．羅根嗎？如果有，告訴他我很樂意上他的節目，聊聊幾乎是我唯一擅長的兩件事：弓獵與受苦。」

羅根邀請我上了他的節目，後來又邀我許多次。在全世界最有影響力的播客曝光，著實改變了我的人生軌跡，把我與我的弓箭，呈現在幾百萬過去根本沒機會認識我的人面前。在參加第一次播客建立的友誼，後來擦出火花，如今在狩獵的樹林間加深。二〇一四年，我帶羅根參加他的第一場弓獵活動，他獵到一隻熊。我在他的節目上宣揚對狩獵的尊重，並且榮耀我們追獵的動物。羅根能夠理解，而且全心全意奉行那些信條。到現在，基於他龐大的發言平臺，他成為狩獵界最知名的倡導者之一。

我欣賞喬伊的其中一點在於他的態度。在二〇一七年那場馬鹿狩獵之旅，儘管面臨弓獵帶來的挑戰，喬伊仍堅持下去，對弓獵抱持極佳的心態。回顧那次經驗時他說：「那會讓人有點氣餒……我不是氣餒到想要放棄。我感覺氣餒，但我想要繼續拚，我想要成功。」

根據我在這些年對羅根的認識，他無疑是我相處過最大方的人之一。他不只對物質大方，更是不吝於讚美人。在狩獵這種高度競爭的世界，只有少數人能真正賺到錢，裡頭充斥著自負與好勝。有些人寧可說人壞話，企圖透過貶低他人成就來抬高自己。但羅根不會那麼做，他總是在讚賞別人。他會說：「聽著，只因為我有餅吃，並不代表你會沒餅吃。大家都能吃到餅。餅夠大，大家都有得吃。」

羅根看見人們最好的一面，這也幫助我發展出同樣的觀點。開始希望別人成功是非常棒的事情，而更棒的則是實際協助他們成功。帶領他進入弓獵的世界，看著他茁壯，使我感覺美妙無比。他對箭術永無止境的熱情，以及虛心受教的思維，從來不會令我厭倦。我記得自己希望看到羅根成功的程度，遠勝於我希望自己成功，而當他真的做到時，我樂不可支。

我記得在第一次上節目時我向聽眾分享，對適合的人來說，弓獵為何能賦予人生意義，以及對那些需要某種事物來定義或激勵自我的人來說，弓獵又為何能成為改變人生的契機。如今，我看到它在羅根身上造成這種影響。

「太驚人了。老兄，你介紹我接觸弓獵……它改變了我的人生。」羅根說道。

好友，你也已經改變了我的人生。

第十五章

是什麼讓你繼續拚下去？

「群山的回應永遠誠實。」

二〇一五年九月三十日，我在ＩＧ貼出一張自己最近去阿拉斯加狩獵駝鹿的照片，並談到儘管人類會撒謊，甚至會自我欺騙，但在山野中，一切都無所遁形。

如果我出門打獵（像是上週我去阿拉斯加獵駝鹿那樣），卻沒有在身心兩方面，做好費盡千辛萬苦的準備，我就獵不到東西。

在那場狩獵中，有許多要克服的事物——惡劣天候、灰熊趕跑公鹿、霧氣濃重到整場狩獵都幾乎毫無視野……來到阿拉斯加山區時，這些都只是荒野狩獵會遇到的典型挑戰。但當你又累又冷、食物即將耗盡，又看不清東西，用不著多少狀況，就能促使你下山回到舒適的城鎮，舔舐自己落敗的傷口。

這種時刻正是山脈在告訴你，你究竟有多強壯、準備有多充分。因為群山永遠不會撒謊。大自然端出了嚴厲的愛，而就我本人來說，我為此而生。

我在網路貼出這些思緒，四天之後，群山便要我面對人生中最嚴酷的傷痛，藉此詢問我究竟有多強壯、準備有多充分。大自然端出了嚴厲的愛，使我發現一個可怕的事實……我的意志軟弱，我的心靈可能崩潰，而我的信仰也可能破滅。

我耗費那麼多年建立的自信，如今不只出現裂痕，更是倒塌破碎。

有些在山間建立的交情是如此深厚，以至於當它們被破壞時，你感覺像是一部分的自己也跟著消失。

永不斷裂的連結

「近來如何？」在我上班時，羅伊打電話問候我。

「噢，我正坐在我的辦公隔間。這裡棒透了。處理訂單真是有夠刺激。比起在山區用弓箭獵鹿或熊，然後打包肉塊，這裡好上十倍。好得多！」

「哈，聽起來真的很有趣。」羅伊說。

「你呢？今天過得刺激嗎？」

「話說，我去了家得寶（Home Depot）買幾顆燈泡。」

「真的嗎？那聽起來很瘋狂。」我裝出興奮的聲音。

「是啊，不過你聽我說完。我還得再去一趟，因為我買錯燈泡了。所以這真的很刺激。」

我們一起拿可悲無聊的日子開懷說笑。我不只會跟羅伊分享許多美妙狩獵的故事，也很享受這些蠢話閒扯。我們向來是這樣問候彼此，鬥嘴兼維繫交情，聊聊最近的狩獵狀況；有時則沒談什麼要緊事，單純提醒我們依然互相照應，永遠如此。

一週前是我們倆最後一次一起打獵，那場在阿拉斯加的駝鹿狩獵之旅困難無比。我得在九十碼的距離射中目標，然後從深山中走四英里路，才能把駝鹿的肉塊全都帶出來。就像我們經歷過的其他辛苦狩獵，這場艱難的考驗，肯定能讓我們有所成長——無論是以弓獵手或男人的身分。在我們一同度過的荒野狩獵，這是令人印象深刻的其中一場。

而緊接在那場駝鹿狩獵之前，則是一場史詩級的獵熊之旅，我們也認為自己永遠超越不了這場狩獵。我射中兩隻巨大的野生棕熊，其中一隻是九呎六吋高的巨獸級公熊，另一隻則是七呎高的公熊，還有一隻外型漂亮的黑熊，做為紮營的野味。我們過得奢華無比。

羅伊預定在另一週前往白大角羊棲息的山脈，我則要去科羅拉多追獵發情期的鹿。羅伊問我要不要跟他一起去獵羊兼拍影片，但我已經安排好獵鹿的行程了。我們決定只要收訊良好，就在晚間通電話保持聯絡。

我等不及跟羅伊一起回到野外。我們最後兩次的狩獵美妙至極。在那兩次狩獵中，羅伊都展現出他的強悍、力量與信念，堅持我們會取得成功。我在駝鹿狩獵之旅前曾問羅伊，他認為我得花上多少時間，才能用弓獵到一隻好公鹿？畢竟在這個實際上允許使用步槍狩獵的區域，情況會變得有點複雜。

「你認為三天夠嗎？」我問道。

「對，最多那樣。」

不出所料，到了第三天，我在本次狩獵中首度能真正悄悄追蹤獵物。我們潛行靠近的那隻公鹿，正待在我先前躺臥休息的地點。

目標在兩百碼之外，這種艱難的弓獵操作，加上旋風呼嘯的惡劣情境，有上百萬種可能出錯的狀況。羅伊看著我，然後說：「老兄，你會射中的。」我答道：「兄弟，我知道。」而我確實射中了。

羅伊的自信，並非只是來自於相信事情可能發生，也來自於他會面對危險不退縮。在同年稍早的七月我們去獵棕熊時，就曾發生過那種狀況。我們發現一隻母棕熊，而牠隨即引發麻煩，牠在大約一百三十碼外看到我們，然後全速跑過來。羅伊架好他帶來備用的三七五口徑步槍，我則扣上一支箭。在面對一隻衝鋒而來的棕熊時，我不確定一支箭能有多少用處，但這是我僅有的了。羅伊說：「如果牠來到我們這一側的河岸，我就得射牠。」

我與「大羅伊」，他也被稱為大師、瞪羚羅伊與羅伊小子。我們之間的連結永遠不會斷裂。好友，我會與你再相聚。

牠毫無遲疑越過小河繼續跑向我們。雙方距離大約二十碼時，牠停下腳步並立起身，發出帶有攻擊性的恫嚇喘氣聲，眼睛直直瞪著我們，頭左右搖擺。我們站在草長及膝的開闊地，所以牠絕對認得出我們是人類。我們正在給予牠做出更佳判斷的機會，因為我們不想殺掉牠，除非真的有必要。

「離開這裡。」我們大喊大叫。

但沒有用。

這隻棕熊四肢著地，雙耳朝後，懷著致命的念頭往前衝鋒。羅伊射出一發子彈，在近距離殺死牠。離我們只有幾英呎。我忍不出大聲咒罵出一個髒字。

「幹。」

殺掉另一隻熊讓我覺得很沮喪，我已經獵殺到一隻不錯的公熊了，在達成那項出色的成就，以及拍攝到我射出完美一箭的影片後，我們正興高采烈。如今又獵到了東西，但並非我們所願。

儘管事實上我們深陷險境，那種思維從來沒有進到我們的腦袋。在我搖搖頭，生氣的咒罵後，羅伊就事論事的說：「老兄，我必須開那槍。」

我回答：「我知道，但心情還是很糟。」

典型的反應可能會是：「噢，天哪，我們可能會被殺掉。你沒事吧？我嚇得發抖。」但我知道我的搭檔羅伊。他跟我具備同樣的自信。他從來不會驚惶失措，永遠冷靜掌控局勢。

我知道，就算再過十次人生，我也找不到另一位像羅伊這樣的搭檔了。

人的真正使命在於生活

你的力量源自何處？增加肌肉的唯一方式，是做些會破壞肌肉的事情，然後它們會自我修復，藉此回應考驗，而你一再重複這個過程。關鍵在於：你對身體要求什麼，它就會給予什麼。

我的健身計畫包括在畢斯加山跑步，那是我家鄉的一座丘陵，能讓我在一．五英里的距離中爬升一千一百英呎。每趟跑步我可以上下山幾次，最終做為極佳的腿部訓練與有氧運動。我也會舉重，並且花時間練箭。你必須奉行紀律，才能增長耐力，變得更強壯。

多年來，我跟羅伊已經共同進行太多場狩獵，加上我們都很熟悉箭術技巧，以至於我可以拿著他的弓打獵，反之亦然。有好幾次我們也這麼做了。在這場溯溪獵駝鹿的行程中，他用我的弓獵到一隻公駝鹿。而在另一場狩獵中，我在威爾斯王子島，用他的弓獵到一隻大型黑熊。我們就是「弓獵兄弟」。

羅伊則是被其他事情驅使。多年以前，他曾經在一本他為我題字的書籍中，分享了他的力量源自何處：卡麥隆——四季更迭，萬物遞嬗。這是我人生中始終不變的一件事。

羅伊在他送給我的《聖經》中如此寫道。在我認識他的幾十年以來，他的信仰從未動搖。當我過得一塌糊塗時，他始終穩若磐石。他只交過一位女朋友，他深愛吉兒（Jill）並且跟她結婚。而我走上不同的道路，直到安定下來。他這一生從未說過髒話，我則說得太頻繁。他從不喝酒，而我在人生早年喝掉的量，多到足夠我們兩個人分。

儘管在許多事情上截然不同，我們的友誼從未動搖，連一點都沒有。是我們對於弓獵的熱愛，以及帶進野外的力量，把我們倆聯繫在一起。

我之所以感謝羅伊，不只是因為他是一位很棒的弓獵搭檔，更是因為在緊急時刻，我始終能仰賴他，我可以向他傾吐一切，永遠不用擔心被批判。他一直是虔誠的基督徒，我卻不是，但他從未向我布道。他是純淨生活的典範，我一直想要仿效，而且他也總是會回答我關於信仰的問題。

羅伊不只喜愛弓獵，他也享受自己可以透過狩獵，影響到那些他原本永遠不會遇到的人。羅伊曾說：「我相信狩獵界是我的使命所在。我的意思是，你不能只是走向一群人，然後就開始說：『嘿，話說，這是我相信的事，我認為你或許也該相信。』他們對你毫無敬意。你得先獲取別人的尊敬，才能讓他們聽你說話，使你對他們造成影響。而狩獵界在那個方面格外嚴苛。所以，如果你能透過狩獵上的成就，獲取人們的尊敬，那麼我相信這正是上帝賜予你這些天賦的理由。」

一週之後（距離我們的獵駝鹿之旅好幾週），我在科羅拉多跟基爾．福克斯與馬可．沃馬克（Marc Womack）一起弓獵。當東部平原上的太陽開始西沉時，我發現一隻大型的科羅拉多白尾鹿並悄悄接近。牠還沒進入發情期，而且正在盯著另一隻十尖的鹿，所以牠有點緊張。我跟馬可準備對付牠，基爾則正在別處狩獵。

「我打算直接上，我會試著把距離縮短到大約一百碼。」我小聲對馬可說，他正在拍我。

我盡可能安靜的快速接近那隻公鹿。牠好幾次察覺到異狀，但我行動時身體壓得很低，幾乎是在爬行。我們猜測牠認為我是另一隻公鹿，所以當我接近牠時，牠開始朝我走過來。牠的動作很快，舔著唇，甚至還停下腳步，在三齒蒿灌木叢裡拉了一坨屎。雙方相距六十碼時，牠開始稍微繞開我，所以我認為該是出手的時刻。這次射擊的手感不錯，不過射得略為偏低，而且牠多側身了一點點。我感覺那一箭足以殺死牠，所以我跟馬可退回去，準備天一亮就回來收拾牠。

當晚就寢前我們檢視了影像，並做出「獵殺完畢」的結論。看起來像是射中肝臟，不過這種事向來很難說。那一晚我上床時，內心相當興奮，深信明天早上就能找到那隻公鹿。但當晚的睡眠並未到來。

晚上十一點我的手機響起，是翠西來電。「羅伊發生意外了。」她告訴我。她不清楚所有細節，所以我知道我得聯絡羅伊的妻子吉兒。我打電話給她，詢問狀況如何。

吉兒沉默了好一段時間，然後說：「卡麥隆，羅伊不會回家了。」她的聲音虛弱疲憊。

「這是什麼意思？」

「他失足摔落。他過世了。」

我心頭一沉。我正站在科羅拉多一座老舊農舍的廚房，四周荒無人煙，廚房裡一片漆黑，但如今我感覺更黑暗也更孤寂。我難以置信她說出的那些話。

我立刻想到他們的孩子：泰勒、賈斯汀與愛倫。

羅伊在我們曾經一起獵羊的險峻鄉野，從一處懸崖摔落七百英呎。他也曾登上先驅峰（Pioneer Peak），二〇〇八年我就是在那座山上，獵到我的山羊，後來羅伊也都在那裡獵羊。如今在二〇一五年，這座山贏了。

他不慎失足的地點在我們喜愛的那種荒野——艱難、荒蕪崎嶇、殘酷無情。一位名叫科爾特・佛斯特（Colt Foster）的獵人與他同行，並目睹了這場悲劇。他們最終得出動一架直升機，才能取回羅伊的遺體。

吉兒失去了她的丈夫，他們的孩子失去了父親，羅伊的事業失去了心臟與靈魂。這是天大的噩耗。我整晚無法入眠，心碎、氣憤又困惑，沒想到一位在山區所向無敵的人士，竟會遭遇致命的事故。當鬧鈴聲終於響起，其他人醒來後，我在等待太陽升起之時，向大家說出這個消息。他們啜飲著咖啡，我則坐著凝視，眼淚先是在我血紅的眼睛蓄積，然後緩緩滑落雙頰。當天色亮到可以去尋找我那隻公鹿時，我們便出發了。

尋找那隻鹿的早上過得非常辛苦。我有一批厲害的人馬協助我；在起初的努力未能收效之後，我沒有跟其他人一起閒晃，而是單獨行動，以一雙淚眼尋找地面的血跡。我不時會跟其他人的路線交會，所以我試著擦乾眼淚，彼此詢問：「有找到嗎？」意思是有沒有看見任何血跡。

但每次的回答都是：「沒有。」

我很想為羅伊找到這隻公鹿，幾乎因此感覺疼痛。但狩獵有時會是一種令人受挫的活動。我知道牠並不在意羅伊的事，也不會甘願犧牲自己，只為了給我一丁點正面感受來抵銷痛苦。

不過，我知道羅伊會樂於見到我獵得這隻公鹿，並聆聽一則狩獵好故事。我必須為羅伊找到這隻鹿。我們全都發誓要持續搜索，直到尋得牠，因為每當面對難以辨識的血跡時，我與羅伊總是意見一致。如果獵物已死或即將死亡，我們就會找到牠，而且總是如此。不過，在這個地區找不到血跡，代表這場搜索勢必困難。

我回想羅伊，以及他最近是如何拿到嚮導證照。我們曾經有著遠大的計畫。我們花費幾十年建立了一個兄弟會，追尋阿拉斯加最宏偉的弓獵冒險，如今事情終於開始順利運轉。羅伊經營的嚮導事業大受歡迎，因為人人都想跟羅伊一起打獵。他正計畫要舉辦接連狩獵馴鹿與灰熊的活動。成為一名嚮導，將能賦予他更多機會，接觸到真正的阿拉斯加冒險，所以我們倆都對未來很興奮。似乎一切都為羅伊鋪好了路。**但人生從此再也不同了**。

我思考如果羅伊聽說我發生這種事，他會怎麼反應。我知道他會保持堅強，但相對來說，我也從未感覺自己如此軟弱。我很生氣，因為我們再也無法一起打獵。我難過不已，因為我再也無法跟他一起在山區受苦受難，而那是我們最鍾愛的往日時光。我為他的家人心痛。

最終，或許是受到羅伊的啟發，又或許是他的指引，帶領我們走上正確的方向，我們的全面搜索獲得回報。我把那隻獵物稱為「羅伊的公鹿」，我們發現牠已經死了，倒在距離我前一晚射中牠的地點大約一英里之處。根據我的全球定位系統，我在那個早上走了六英里尋找牠，而其他人——馬可、基爾、肖恩與湯姆——也至少如此。他們留下來並堅持搜索羅伊的公鹿，我欠他們一分情。

牠是一隻美麗的動物，而牠的肉尚未變質，仍然散發著甜香。我對此深深感激。這隻被我獵殺的科羅拉多白尾鹿，我永遠會把牠當成是羅伊的公鹿。

我打電話給吉兒，告訴她當時我感覺羅伊與我同在，是他協助我找到我的公鹿時，我又流下了眼淚。我們保持「硬漢羅伊」的心態，最終獲得回報。

「人的真正使命在於生活，而非僅僅生存。我不該把日子浪費於延長壽命。我該善用我的時間。」

——傑克·倫敦（**Jack London**，美國現實主義作家）

分享正向經歷，你也是福音

羅伊的追悼會辦得美麗、感性又振奮人心。我認為許多出席者，都在悲痛中感受到上帝的愛。羅伊深愛的一切齊聚此地：他的家人，帕爾默高中（Palmer High School）相關人士（他的孩子就讀該校，他也在那裡幫忙指導棒球與美式足球），數百位好友，以及一大群跟他一樣強悍的阿拉斯加獵人。

羅伊定下的標準，讓我們許多人努力跟上。這麼一大群出席者，便是羅伊在社群中深受敬重的鐵證。他改變了許多人。他使人們想要做得更多、更努力、更精進，並且對其他人更友善。不過，我認為羅伊最喜愛的，會是與天主同在的強烈感受。

羅伊過世所造成的傷痛，深深刻畫在出席追悼會的所有人心中。我原本打算要保持堅強，協助那些比我更痛苦的人，例如他的妻子吉兒、兒女、雙親與姊妹等等。但當我站在講台後方，我發現以過去式來談論羅伊，比我想像中更為困難。我沒有先寫下大綱，並未真的計畫好自己想要說什麼內容，我只想順從我的內心說話。我那麼做了，但我仍然無法真正表達出我感受到的一切。

我要怎麼適當歸結這則故事，描述羅伊如何引介我接觸我的人生目標，然後跟我一起航向許多場冒險？

我要怎麼讓所有人知道，我從小到大在受到酗酒毒害的家庭掙扎過活，幸虧有羅伊做為我的支柱與摯友，我終於在弓獵中尋得平靜？

我要怎麼開始解釋，羅伊始終相信我和我的夢想？不只是弓獵上的夢想，還有寫作與事業上的願景。

在羅伊的心目中，世界上沒有無法克服的挑戰，沒人能像我這樣了解這件事。我們認為自己能在任何狀況下，以手中的弓取得成功，而將近三十年以來，在一些最崎嶇、環境最惡劣的野外，我們也確實做到了。

當我在羅伊的追悼會上臺發言時，我覺得自己搞砸了。在我表達羅伊對我有多重要時，吉兒看到我深陷傷痛，忍不住走上來擁抱我。當我發言完下臺後，我對自己的表現非常不滿意。

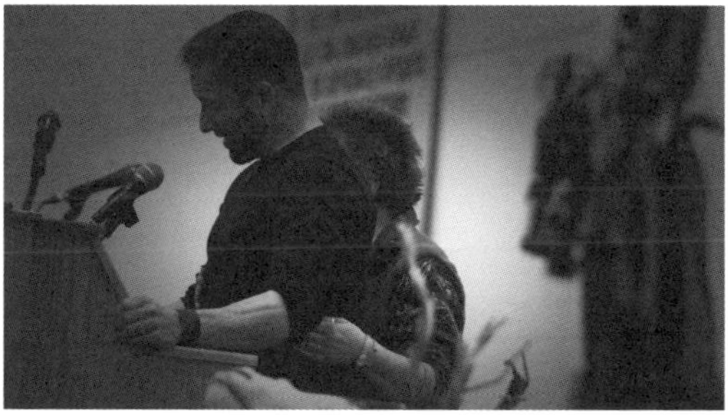
在羅伊的喪禮上發言，是我做過最困難的事情之一。我曾在我父親與祖母的儀式上發言，而且保持堅強，做我該做的事、說我該說的話。但在羅伊的喪禮，我做不到。最終羅伊的妻子吉兒也上臺來給我支持。

哇，這真是大大搞砸了。

儘管我認為自己表現得更鎮靜一點會比較好，但後來我在臉書上收到一位紳士發來的訊息，使我覺得或許我已經實現目標，有傳達出羅伊對我造成的影響。

嗨，卡麥隆。

我想要告訴你，我非常珍視你在悼念朋友時所說的話。你談到友誼、親愛、信仰與懷疑時的言語如此強烈，如此真實。我想人們都習慣了那些陳腐的客套話，使得內心情感被老套的詞彙稀釋，但你表現出來的唯有真誠。「我真的愛那個人。我認為他也愛我……有些日子，我相信我終將與他再相聚，但有些日子，我就是無法確信……」

我哭了。我相信其他人也一樣。

那場追悼會真正打動我的，是羅伊對他的周遭造成那麼大的影響。我已聽過太多制式化的布道，其中胡亂穿插些《聖經》內文，但對羅伊在人生道路上相遇的人們來說，他就是那些人的福音。從他生活的方式，以及他親愛周遭的人（包括你在內），對於所有認識他的人來說，這種人生樹立了一個與上帝同行的榜樣。

我要再向你分享一個我老是在思考的問題。根據這些年來我聽說的所有「羅伊故事」，加上你對摯友的追悼文，都表達出他是一位過著偉大生活的偉大人士。如今，某種程度上是由於羅伊對你的人生造成的影響，使你選擇跟人分享經歷，讓我們得以略瞥你的信念。或許這代表你也是福音？或許，我也可以成為福音？

當時我無法回答這個人的問題，因為我不知道答案。在我自己隨處漫遊，探索友誼、親愛、信仰與懷疑的長篇故事中，這只是另一個篇章。

羅伊是我遇過最強悍的人。我有時會發現自己不夠公允，拿其他人跟羅伊比較，然後才猛然想起：再也不會有像羅伊這樣的人了。但我所知道第二強悍的人，或許是他的妻子吉兒。她在羅伊的追悼會表現堅強，而且持續如此。在羅伊過世後不久，吉兒決定要創建一個紀念羅伊的房間，其中包括一部分他的狩獵標本掛飾、紀念物、照片等……全是羅伊的東西。透過朋友、家人以及羅伊與吉兒的孩子們協助下，在羅伊過世兩年之後，「羅伊的房間」如她想像的那樣完成。

吉兒在他們家辦了個聚會，慶祝「羅伊的房間」揭幕，過程非常美好。許多好人聚集在那個房間，包括羅伊的父母、姊妹、兒女、孫輩、狩獵夥伴、教練同事與教友等，大家暢談故事。這正是羅伊會喜愛的聚會，而這全是因為吉兒以及她對羅伊的愛才會成真。

我很榮幸能認識羅伊，並且稱他為我的摯友。我也同樣榮幸能認識、喜愛與敬重吉兒。她並不像羅伊那樣，在山區展現強悍，但她以自己的方式，跟羅伊一樣表達堅韌。她在失去羅伊後展現的力量與鎮靜，令我非常驚奇。吉兒跟羅伊一樣，她以身作則。

關於羅伊的強悍與樂觀態度的故事，我可以寫滿一整本書，或許有一天我會那麼做。其中一則我永遠不會忘記的故事，是我們在二〇〇八年，去美麗又崎嶇的阿拉斯加先驅峰獵白大角羊，並且把精彩過程拍攝起來。我描述那場狩獵時寫出的文字，似乎預示著在正好七年之後，於相同區域、相同類型的弓獵行程中，羅伊所遭遇的事。

前往羊隻棲息區域的攀爬路線非常辛苦，想必我不會忘記……

從這場狩獵的開始我就很緊張。我非常清楚，這可能是我終生僅有的獵羊行程……毫無疑問，如果你在山上陷入麻煩，山谷的人完全沒辦法幫忙。儘管阿拉斯加的羊群棲息區域景色壯麗，但嚴酷無情。

許多人已經看到，我在那場獵羊之旅中對山羊射出準頭極差的箭。那支箭擦過我打算勉強避開的石頭，偏斜到射中山羊的腳踝；基本上，是在牠的腳踝開了一道傷口。牠撐著往上跑並越過山頭，期間我們一直用望遠鏡看著。那隻羊在流血，但沒有人會想對動物射出那種箭。看著牠越過山頭之後，我往上爬，來到羅伊看著我潛行與射擊的位置。當那隻羊瘸著腳跑上山時，他也看見牠腳踝上的血跡。

「射得很好哦。」當我接近羅伊時，他取笑我。

我望向那隻羊消失蹤影的崎嶇山脊。「是啊，很酷吧？我超遜。」

「我們會獵到牠。或許得花上一週，不過我們會獵到牠。」

「對。」我點頭同意。

那種態度與堅定不移的信心是關鍵。最終，我們確實獵到牠了，有看過那部影片的人就知道。雖然過程很不順暢：我得在那隻還沒死透的山羊掉下懸崖前抓住牠，直到牠死去；不過我們還是獵到牠了。

那場狩獵一直提醒我，儘管羅伊無所畏懼，他總是尊重群山中的危險。那是奪走他生命的相同地區。在我爬下去終結那隻山羊時羅伊向我提出忠告，而我認為有必要把它分享給大家，因為儘管羅伊擁有辛苦得來的自信，他並不笨，不會去冒荒唐的風險。我的山羊待在懸崖邊緣，該處非常陡峭，地面還覆蓋著冰雪。我在山脊上用望遠鏡看著那隻負傷的山羊，然後說：「嗯，我得過去。」

羅伊研究著那道懸崖說：「卡麥隆，牠所在的位置，我不確定你能夠下去。就算你做得到，你也有可能無法原路返回。」

我往下看著那隻虛弱的山羊：「或許如此。但我們得試試看。」

然後我出發了。那一天，命運女神站在我們這一邊。我接近那隻山羊，殺死牠，然後帶著牠下山。現在當我面對相同的情境時，我猜結果可能會相似，但勝利的感受將不會同樣甜美，因為當時我能跟羅伊分享勝利，而他是世上唯一能夠明白，獵殺那隻山羊對我有何意義，以及要付出多少努力才能實現此事的人。

我認為他也對我抱持類似的感受，因為每當他做到某些「進入新境界」的事情，我都是他第一個聯絡的人。有次他在棕熊巢穴撞到頭，然後十呎高的熊衝出來揮爪打他，幾分鐘之後，他從山上打電話給我，興奮的告訴我這段故事。當他獵到巨大的白大角羊或灰熊——我很確定他比世上其他弓獵手都更常做到——他會打電話給我，而他的第一句話都會像是：「太困難了。」這是我們之間的暗號，所以我會順著他，開玩笑說：「嗯，沒關係，光是出來接觸自然就夠好了。羅伊，你用不著打獵也能度過愉快時光。」

我們會哈哈大笑，然後我接下來通常會這樣講話：「那麼，現在我們開過玩笑了，你做到了嗎？」而他總是回答：「卡麥隆，那正是我去那裡的原因。」

沒錯，羅伊總是會達成目標。

羅伊跟我在阿拉斯加險峻無情的楚加奇山脈，以及我的第一隻白大角羊。

讓你持續拚戰的信仰

「在危急關頭，是什麼給予你繼續拚下去的力量？」

有一次我這樣詢問羅伊，而他提起的第一件事，是他深厚的信仰。正如在我那場獵白大角羊之旅，他相信一切都會依循上帝的計畫發展，而那給予他龐大的信心。在每次狩獵中，他總是保持樂觀態度，預期能夠實現自己的目標。羅伊相信上帝賦予他成功所需的力量與能力，進而使他能夠對其他人造成正面影響。

至於我的信仰……我仍然難以盡信。

每當有人過世，大家總是說，「他們去到更好的地方」，以及「我們會與他再相聚」。人們談論天堂有多輝煌，聽起來全都很棒。它會使你感覺很好。但我的信仰並沒有深厚到堅定不移。我確實有信仰，有些日子我感覺不錯，覺得自己會再次見到羅伊，但有些日子我心存懷疑。

「在危急關頭，是什麼給予你繼續拚下去的力量？」現在，我要請你想想這個問題。當你遭遇失敗或出乎預料的挫折，你會怎麼繼續拚下去？有誰、有什麼事物，能讓你繼續堅持？你會怎麼忍耐？

二〇一五年，我們曾有那麼高的期望、那麼大的計畫。我們完成兩場此生最棒的狩獵，而且很高興羅伊取得嚮導證照。我知道羅伊會成為史上最棒的嚮導，因為他個性可親、狩獵知識淵博，而且韌性十足。事情正要起步，而我得老實說，我仍然很生氣發生了那件事。但吉兒告訴我羅伊過世那一晚的狀況，我永遠不會忘記。我確定它帶給我的慰藉，她也會有同感。

吉兒接到電話，得知羅伊摔落身亡的那個晚上，她理所當然的無法入眠。她在凌晨一點還沒睡，目光望向窗外。從他們的房子可以看到先驅峰，所以吉兒盯著羅伊喪命的那座山。突然間，山上出現光輝。在吉兒的印象中，那是一道明亮的光芒。

吉兒告訴我，那感覺像是上帝在說：「別擔心羅伊小子。今晚我會看顧他。」

她知道自己不是在做夢。吉兒告訴我，在那一刻，她知道一切都會沒事，一股平靜感湧過她全身。聽到這件事使我感到些許慰藉。有時候，我希望自己能夠親眼目睹。每當想起羅伊，我心中仍然無法感受到平靜。我蘊藏的不是那種情緒。

羅伊失足之後，由於天候不佳，搜救隊得等到隔天早上才能帶他下山，而且另一場風暴即將到來，所以他們只有一小段時間能夠活動。當吉兒接到他們來電，得知羅伊的遺體即將被直升機運送回來，她與兒女前往帕爾默機場等待他抵達。接下來，對羅伊的家人來說，這場悲劇才開始化為現實。

每當我經歷一場不錯的狩獵，或是度過順利的一年，我都會告訴羅伊。這是我們向來談論的事——我們的成功。我的成功就是他的成功，而他的成功就是我的成功。羅伊關心我，也熱愛我所熱愛的事情：弓獵、挑戰、做無人去做的事情，過著自甘風險的人生。

我總是欽佩大羅伊堅定不移的信仰，而在死後永恆生命這方面，我也渴望能同樣擁有他始終保持的平靜。他在我人生的存在無法取代，但我會忍耐下去，不斷拚戰，盡全力去做，一直榮耀羅伊・羅斯的傳奇。

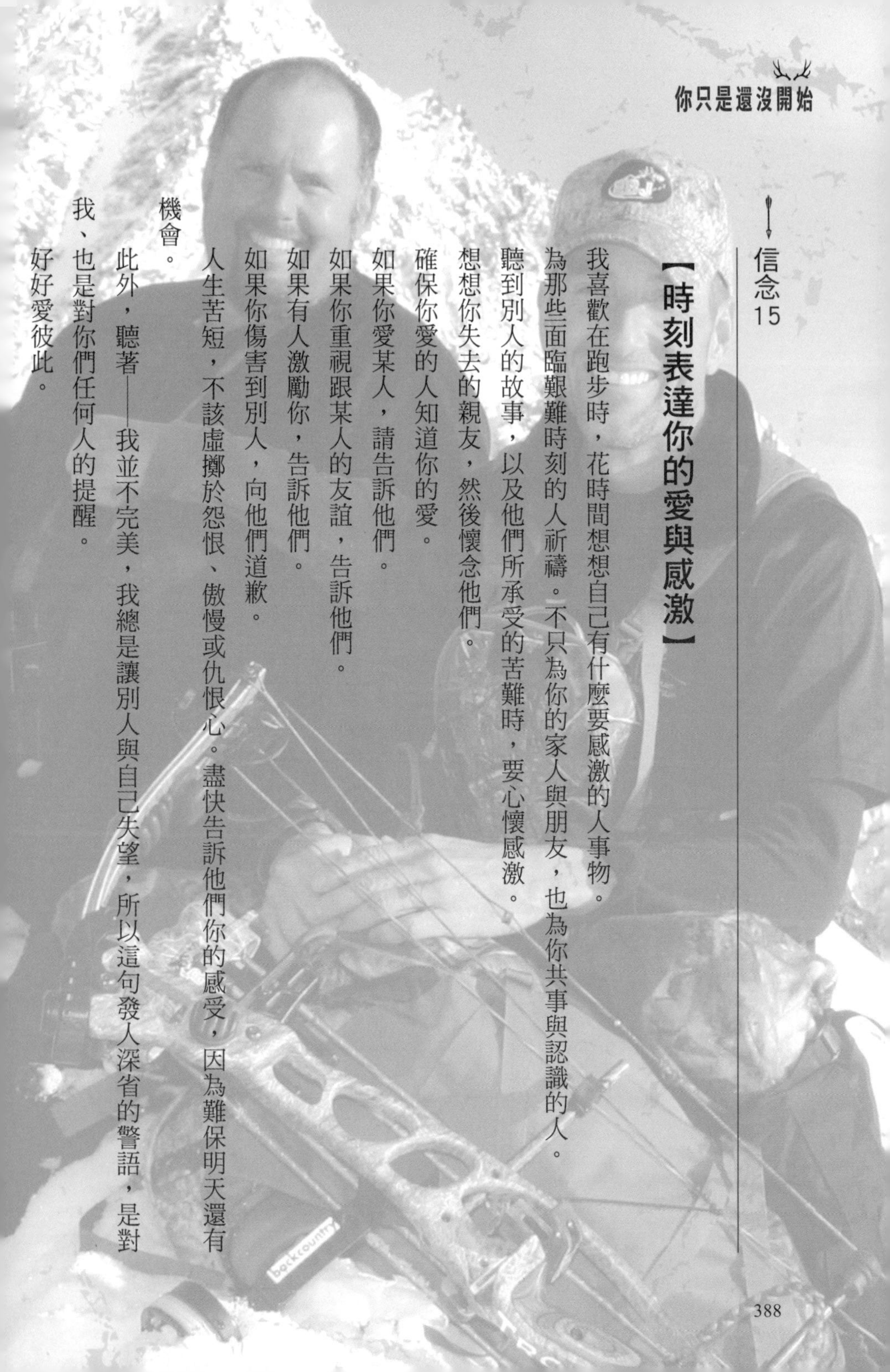

信念15

【時刻表達你的愛與感激】

我喜歡在跑步時，花時間想想自己有什麼要感激的人事物。為那些面臨艱難時刻的人祈禱。不只為你的家人與朋友，也為你共事與認識的人。聽到別人的故事，以及他們所承受的苦難時，要心懷感激。想想你失去的親友，然後懷念他們。

確保你愛的人知道你的愛。

如果你愛某人，請告訴他們。

如果你重視跟某人的友誼，告訴他們。

如果有人激勵你，告訴他們。

如果你傷害到別人，向他們道歉。

人生苦短，不該虛擲於怨恨、傲慢或仇恨心。盡快告訴他們你的感受，因為難保明天還有機會。

此外，聽著——我並不完美，我總是讓別人與自己失望，所以這句發人深省的警語，是對我、也是對你們任何人的提醒。

好好愛彼此。

第十六章

所向無敵的冒牌貨

辛苦訓練，輕鬆狩獵：這代表訓練的強度辛苦無比，以至於即使是最艱辛的狩獵，相較之下也顯得輕鬆。我就是這麼做的，這使我就算經歷漫長的荒野狩獵，仍能保持在最佳狀態。

我所向無敵。

我的鬧鐘設在清晨四點五十五分，因為在我的腦海裡，「四點多」起床聽起來比「五點多」更好，感覺更投入。不過我從來不讓鬧鐘響起，我會在那之前就關掉它。

我不討厭起床。我熱愛它。這是另一個拚戰的機會。

我已經說服自己，每一天都是一場恩賜，所以我會從床上跳起來，出門跑步。我通常會在五點之前（四點多）出門，空腹跑步。

當我跑在空無一人的街上，目光看著房舍，知道大家都在裡面睡覺時，我其實有點喜歡這樣的感覺。我不羨慕他們，因為我感覺每天早上，都是另一個「多犧牲一點」的機會。我把它轉變為一件正面的事，單純想著我已經出門努力了。這讓我感覺不錯。

俗語說，犧牲越大，獎賞越大。這句話過去一直正確無誤，未來也會一直正確無誤。你可以批評、找捷徑與置之不理，但這樣你永遠無法帶來巨變。當你改變自己投入的正向努力，機會便將眷顧你。事實就是如此。

在我的心中，從來不存在「我今天要不要跑步」的疑問。無論如何，我都會去跑步。就算生病，我仍然會出門。如果我受傷了，那我就跑慢一點，跛足前進。什麼都不會改變。許多人為了不跑步或鍛鍊，而去找方法或藉口。那種事再也不會浮現在我的腦海。

如果我認為自己累了，我會回憶過去在超馬賽事跑過的幾百英里路，而且當時只睡了一小時不到。那才是我該感覺累了的時刻。其他時候，我只是太軟弱。

雖然我已經獵殺了不少公鹿（如今達六十隻以上），有三十多年弓獵經驗，而且獲取了超過我應得的成功，但在即將到來的馬鹿狩獵季，這一切都毫無意義。那正是我日日苦練的理由。

當我花時間跟那些在各自領域表現出色的人士相處時，我常常會想到那件事。他們之所以成功，不只在於他們同樣拚命努力，最重要的是，上天賜予他們遠比我多的天賦，來專注於他們的技藝。他們擁有奧運級的能力，專心致志的集中力，佐以犧牲奉獻的努力，或是非人般的肉體強健和心理韌性。他們能夠成功，是因為他們在能力與紀律上都達到極致，使得他們展現出許多人前所未見之舉，成為活生生的傳奇。

我能夠成功，只是因為比別人更努力，因為我會在這個時間起床，每天如此，苦練不懈。訓練時的努力，已經賦予我在荒野活動時極大的自信。我在訓練時越是犧牲與痛苦，持續鞭策自己邁向目標，我就感覺自己在用弓時會更致命。這是不是有點過頭了？對我來說，不是。我已經發現，一個人永遠不會真的準備到過頭。

你在每一年、每場狩獵或每一天，都會學到一些事，但你得付出犧牲，才能讓這些養分持續下去。所以，你想去弓獵嗎？還是你想跑完超馬？那種事不會在一夜之間發生。你得每天不斷努力。你得持續付出犧牲、犧牲、再犧牲。

犧牲終將獲得回報。但那需要一點時間。

人未必會有明天。我可能對未來抱持遠大的抱負與夢想，但我也可能明天就死了。所以我腳踏實地的活在當下，每天都盡力而為。

害怕成為冒牌貨，就要付出更多努力

我是一個冒牌貨。

有時我回顧人生，心想究竟是發生了什麼鬼事才會讓我抵達這裡？我記得自己出身何處，我看著自己取得成就，並目睹許多自認為配不上的事情。我想著我要參加的狩獵，以及我會遇上的人士，還有我將會影響到的人生。有時候，我感覺有人會跑進我家叫醒我，讓我回歸現實。「卡麥隆？這他媽的是怎麼回事？你在這裡搞什麼鬼？你以為這是什麼東西？滾回去你那個爛小鎮，過你應得的爛人生。」

好幾次我感覺那種事情即將發生。先前我提過羅根的事，連他也說有時會因為自己的出身而有那種感覺。這個簽下兩億美元鉅額播客合約的好人，也會感覺到所謂的「冒牌者症候群」（imposter syndrome）——覺得自己在人生中是個冒牌貨。我能理解。

儘管我在工作時擔任主任，但我不覺得自己配得上那個頭銜。人們尊敬我，我也擅長管理人，但我不知道自己是否配得上主任職務。我沒有學位。我從來沒有要求擔任主任。我以前是採購，而且做得不錯。我的好友升職為處長，我知道他需要有人幫忙應付現場人員，所以我說我來做。並不是我曾夢想過要當主任，尤其是我有種種其他事情要忙。所以我以前不知道自己是否配得上，現在還是不知道。當然，我知道自己付出不少犧牲，但我也知道有人付出不少犧牲，卻沒獲得像我這樣的回報。

當人們留言，說我是怎麼改變了他們的人生時，我深感謙卑。我不覺得自己配得上這種影響力，這使我更加謙遜。對我來說，我認為自己不值一提，因為我會想起這些年我辜負的所有人，或是各種我該付出卻自私自利的時刻。這些事不斷縈繞在我的心頭。

有天，我聽著播客跑步，人們說，「卡麥隆能去一些很棒的地方打獵。」以及「他能為一場馬鹿狩獵花七萬美元，我可負擔不起。」我暗忖，你們在說什麼鬼話？我也負擔不起，跟你一樣！我跟有錢人混在一起，但在我的心中，我仍然認為自己只是個倉庫員工，因為遲

我對我的孩子非常驕傲。坦納、塔琳與特魯特讓我的心裡充滿著愛。我會督促他們，幸好翠西以她慈愛的母性做為後援，中和我的教養風格。

早有人會拆穿假象，而我將回去那裡。我會返回倉庫工作，我的生活會像是：「嘿，我能加點班嗎？」因為加班時，我才能真正賺到堪用程度的錢。我的心態仍然是那樣。我理解有人把我歸類在某種較高的社會地位，或是先入為主的框架下，但那不是我，我也沒有那種感覺。

或許這就是我從不覺得自己做夠了的理由之一。**這就是為什麼我感覺自己得比任何人付出更多犧牲**。或許這樣能顯示出：對，這就是為什麼我能擁有這一切，為什麼我蒙受祝福——因為我比別人更付出。

我認為我至死都不會感覺自己大功告成，彷彿已經抵達目的地，現在可以休息了。然而，這種心態應該並非長壽的祕訣，或許也就是我的生活方式的缺點。

痴迷於做好一件事

我痴迷執著於目標。先前我說過，痴迷其中，否則變得平庸。有時你得痴迷到陷入其中，才能成功完成困難的任務。剛開始弓獵時，我因為太痴迷於用弓獵到公鹿，所以完全沒去大學上課，蹺掉開學頭兩週所有課程，直到我在九月中旬射中那隻鹿。如果我沒獵到牠，我可能會蹺課一整個月。它對我就是有這麼重要，至今仍然如此。

我會對事情痴迷。正如我一向的說法，如果不痴迷，你就會淪為平庸。我不在意那是什麼

事。無論你抱持著哪種夢想，如果你跟它的關係健康又平衡，那麼將不會有人聽說你的名號。這就是冷酷的事實。當然，有些人天生就有進入ＮＢＡ打球的身體素質，但我確定勒布朗．詹姆斯會說，他整個人生都痴迷於籃球這項藝術。

偉大的冰球員韋恩．格雷茨基曾說，有些孩子的父母們總是會過來詢問他，是否能告訴他們的小孩，自己一天花多少小時練習冰球？格雷茨基說：「我都回答自己沒在練習。因為那是一種熱情。我會出外玩冰球一整天，因為我熱愛冰球。」

如果你想要精通某事，你得想著它、痴迷它，然後付出犧牲，不然你永遠無法精通它。用不著多解釋。我對弓獵痴迷，故事到此結束。但事實上，故事並非到此為止。這則故事每天都還在持續連載——透過努力，透過痴迷。

我最大的成就，是我的孩子圓滿成功。他們幾乎在所有方面，都比我在相同年齡時表現得更好。我很驕傲能做為他們的父親。很大一部分功勞要歸給翠西。當我對待孩子太嚴苛時，她總是會向他們展現慈愛與支持。

舊金山四十九人隊的傑瑞・賴斯（Jerry Rice），是國家美式足球聯盟史上最厲害的球員之一，他曾經跑上一座知名的山丘；事實上，那裡被人暱稱為「那座山」（The Hill），有著一段長達兩英里半的陡坡。賴斯在球季結束之後，每天都會去那裡跑步。

「它教會我什麼是忍耐——當你真的很累的時候，還能保持正常發揮。」賴斯說道。「當你以為自己已經耗盡一切時，不知怎的，你會找出方法再努力一點。在那最後的八百公尺，許多人會累到哭、累到吐。而那就是我在休賽期的健身計畫之一。」

傑瑞跑上「那座山」，為的是實現夢想，拿到超級盃冠軍戒指。或許有些球員會告訴他，跑上山丘跟打美式足球毫無關係，那樣做無法幫助他更擅長接球。他們會這樣說，是因為他們不想跑上陡峭的山坡，那樣太辛苦了，於是他們透過貶低傑瑞的做法，來給自己創造脫身的藉口。傑瑞不這麼認為，所以他認真的規律執行。他比對手更努力，藉由跑上山，他贏得三枚超級盃冠軍戒指。跑上山有幫助嗎？顯然如此。他是國家美式足球聯盟史上最偉大的接球手。

談起傑瑞時，就連過去的隊友都會為他的痴迷作證。「我認為在我這一生中，不會遇到比傑瑞更執著於完美的人。他想在球賽裡的每個面向都做到完美。那就是他的動力。」前四十九人隊邊鋒（tight end）布倫特・瓊斯（Brent Jones）回憶道。

進入荒野時，我抱持的正是這種心態。我念念不忘狩獵失敗的可能。這是我跑上我自己那座山丘的理由。我去跑步，因為我相信這樣做能夠幫助我達成夢想。一如反對傑瑞的那些人，至今三十多年以來許多人抨擊我，貶低我的訓練方式。他們說，為了弓獵季而去跑步做準備，是在浪費時間，但我每一年都能取得成功。對那些欠缺努力與犧牲意志的軟弱靈魂，或是沒像我這樣優先考量狩獵的人來說，跑步確實很可能是在浪費時間。

你必須努力並且犧牲奉獻。你必須出類拔萃才能成功。你必須選擇自己要成為哪種人、精通什麼技藝。**你無法精通一百項不同的事，因為你必須痴迷才能精通。**如果你對商業痴迷，你可能不會有時間對箭術痴迷，因為它就是這樣運作的。痴迷於把一件事做到最好。

我就是一則實例。

做為父母，我們對兒女抱持高度的希望與期盼。我最重視的事情，是我一直想要成為孩子的榜樣，向他們展現出努力有何意義。我一再告訴他們，我是無名小卒，沒有什麼特別之處。我對坦納與特魯特說，他們比我更擅長運動；我對塔琳說，她比我聰明多了。相較於相同年齡的我，他們厲害多了。所以我告訴他們，如果我能達成過去那些成就，你們一定可以更成功。

我想要向我的孩子展現，竭盡全力能夠換得什麼回報。

回到「痴迷」這個話題，如果你要把一件事情做到卓越，你可能就無法在其他事情做到出色。就我看來，我知道自己在一些領域表現平平，因為我太痴迷於其他事。我知道自己或許不是最好的父親、最好的丈夫等，因為我已經對弓獵痴迷了。

舉例來說，當你沒多少錢，家裡又有剛出生的寶寶，你卻花掉三千美元去其他州打獵……是啊，這或許不是一個好決定。那跟成為你力所能及最好的給予者無關，因為我把實現我的夢想，看得比供養家人與仰賴我的人更重要。我對自己一直很誠實，而我也已經坦誠面對自己，我知道我辜負了大家的期望。這完全不是在辯解，只是在陳述事實。

我們對子女的期望，常常未必跟我們對自己的期望相符。我們督促子女，說些「你不用成為最好，只要盡你的全力做好」的話，但在同一時間，我們許多人卻只是在工作與生活中隨波逐流。但我總是會付出更多，比其他人更加努力，而我也向我的孩子解釋這種心態。

「聽著，你們並不特別。」我總是這樣告訴他們：「如果你們付出努力的程度跟其他人一樣，你們的表現就不會多突出。如果你們想成就任何事，就得付出更多。你們得比所有人付出更多。」

我的期望是不是害了孩子們？

我一向抱持這種心態，但做為父母，有時我心存疑慮。在我的兒子們小時候，他們晚上會去找朋友玩，並在回

坦納當時七歲，幫忙我把打包過的駝鹿肉塊帶出去。

坦納在許多方面都很像我，這導致我們在他的青年時期常常起爭執。做為他的父親，讓我學到許多事。他永遠不會知道，他對我造成了多大的改變。

家時告訴我別人父親的事。我會說：「哈，他是在把兒子教成一個軟蛋。」我希望我的孩子準備好面對人生中的鳥事，因為人生是一場不會停止競賽。

如果你想要精通某件事，你就得付出犧牲。我或許沒教孩子某些事，但我教給他們強韌的心智。我總是嚴厲對待他們，對兒子們格外如此。我愛他們，他們也知道我的愛，但我永遠不會讓他們偷懶。

隨著我年紀漸長，我開始懷疑自己過去養育他們的方法，以及我對他們說過的話。唉，我在撫養孩子們時搞砸了嗎？

我還記得坦納過來告訴我他要參加陸軍基礎訓練，因為他想當個陸軍遊騎兵的那一刻。我心底浮現一個糟糕的念頭——是不是因為我對人生抱持著要做過頭的怪異態度，害這個孩子出了問題？

坦納當時是我們鎮上治安官的助理，那是一個好工作，不只年薪達七萬美元，更在於它是一個受人尊敬的職業，有可能成為一段回報豐厚的職涯。我對坦納從事治安官助理的工作沒意見，而且為他感到非常驕傲。但我也在孩子們的成長階段告訴過他們：「如果你平凡無奇，那你就失敗了！」

我曾向他們坦白，說自己永遠不該講出「擁有普通的工作，過著普通的生活，代表你失敗了！」這種話。我錯了。那一點問題都沒有。對這個世界來說，所有工作都很重要。在我內心深處，悔恨的低語不斷傳入耳中。我是不是害了我的兒子們？

在坦納出發受訓之前，他說的話讓我稍微放心：「爸，不是那樣。我只是覺得，自己還有更多能為這個世界付出的事情，而不是在未來的二十五年，都待在監獄工作。」他說得對。成為遊騎兵是一樁難事。遊騎兵是精英士兵，不過坦納很擅長這種事，而且他是超猛的硬漢。

有時候撫養孩子最困難的地方，在於嘗試體現我這種心態。我曾經如此自問：「天哪，人生辛苦艱難。為什麼這感覺那麼不公平，令人挫折？」我以嚴酷的方式親自學到，如果你的肉體與意志軟弱，人生將變得困難許多。而知道此事後，代表我必須對孩子展現出嚴厲的愛。

最近坦納回家翻出了一些他在高中打籃球的影片：「爸，你說得對！我以前有夠懶惰。」

「這還用說。」我告訴他。

「我從來不做防守。」

「我沒騙你吧！」

坦納現在已經二十七歲，能夠明白這些事；但當年我們也曾經為了「有沒有努力」而大吵特吵。我總是會說這樣的話：「你要顧著那顆球。準備好！」但他不想這麼做。他在進攻方面表現優異，有一次他打了半場就斬獲三十二分，並且在高三時入選全州賽。所以在我心中，我好奇如果他更努力，會有多少成就？即便如此，**我有時也會自我懷疑。到底是我精神有問題，還是他其實已經盡了全力？**

我活著的每一天都覺得，如果沒有付出自己擁有的一切，那麼你就沒有真正榮耀生命這份禮物。但在此同時，我也不想貶低那些在其他方面竭盡全力的人，像是母親付出一切，成為力所能及最棒的自己，代表她們是最懂養育、慈愛子女的媽媽。我對兒子們的栽培，著重於肉體觀點上的付出一切，但面對塔琳時，我必須調整做法。

以她來說，這代表要努力在學術與智慧達到卓越，因為那是她精擅之處。她真的很聰明，我試著敦促她申請就讀牛津大學，或是其他知名的高級學府。她具備那樣的能力。

特魯特最近跑完了他的第一場一百英里耐力賽。去年他在二十四小時內，做完四千一百個引體向上，超越大衛·哥金斯做完四千零三十個的紀錄。像這樣的成就，讓我感覺自己做為父親，有著這三位了不起的孩子，人生已無比充實。

過去我在養兒育女時常常覺得不順遂，而且或許我對孩子太嚴厲，自認在替他們「做好準

我的第二個孩子特魯特在社群媒體上受到不少矚目，因為他達成許多成就：打破大衛．哥金斯在引體向上的世界紀錄，以及參加 100 英里的超馬賽等。他值得這些讚賞，因為那些事蹟全都令人欽佩。我的其他孩子雖然沒有受到公眾表揚，但同樣發光發熱。長子坦納是陸軍遊騎兵，屬於特殊作戰部隊編制，而且已接受過派遣。我的女兒塔琳聰明又有愛心。他們兩人都憑自己的本事出類拔萃，不管選擇哪種興趣或技藝，他們都會做到精通。這就是我對他們唯一的期待。我常說，我不在意你是不是最好的，你只要盡你的全力做好。而他們確實做到了。

備」，面對人生中必定襲來的挑戰。這些疑慮之所以能夠緩解，是基於兩個跟我沒多少關係的理由。其一，當我太嚴苛或逼得太緊時，翠西總會提供毫不動搖的母愛與支持。其二，我們的孩子（已經不再是真正的孩子了，而是男士們與一位完美的年輕淑女）強悍又聰明，而且比大多數人更有能力。是因為這些理由，使得我做為父親的過失，沒怎麼被人注意到。但對我來說，它們仍十分刺眼。

儘管說了這一切，在「期望」這個層面，我總是嘗試做到一件事——雖然我確實對他們有很高的期望，但我對自己的期望只會更高。

不找藉口、付出一切、在該出現時現身、表達你的意見、承認錯誤、從事物的全貌思考，

活出一段值得回顧的人生。

剛打完最後這幾個句子，我忽然想到一件事。或許我的孩子比我更能反映出這些特質？或許過去的老師現在變成了學生？

夢想得自己爭取，你得忍耐下去

我磨練忍耐這項技藝。

每個人都有強項，我的強項是在山區忍耐的能力。忍耐痛苦、忍耐每一步、忍耐沮喪、忍耐一切。如果我不斷鞭策自己，最終不管遇上什麼阻止自己實現目標的障礙，我都能比它撐得更久。

那使我感覺所向無敵。那能減輕我自認像個冒牌者的感受。這解釋了我為何痴迷執著。或許這也顯示出，為何我會成為其他人的表率？

許多年以前，我決定要每天努力，目標是成為我力所能及的最佳弓獵手，再加上照顧我的家人，這兩者便是我的人生意義。我所做的一切都是圍繞著這股動力與夢想來排定優先次序。

我的一天始自清晨五點，結束於晚上八點，日日如此。

我竭盡全力。

我對上天賜予自己的天賦與機會心懷感激。

我享受這段旅程。

史蒂夫．普利方丹說得對：「沒有用盡全力，就是浪費天賦。」

我正是這麼看待人世。

弓獵有可能是一場磨難。它難度高，競爭激烈，有可能非常殘酷。但人生也可能如此。

我們在人生中的熱情、希望與夢想，可以像是我跟羅伊在阿拉斯加射中的那隻白大角羊。有時候，那些夢想流著血，躺在懸崖邊緣掙扎求生。

人生有可能很艱難，有可能打垮我們。我們會經歷失去，可能是一位家人或親友，可能是一份工作或一個夢想。我們會對抗自己的心魔與依賴心。我們全都會蒙受打擊倒地。

而那正是做出決定的時刻。

唯有你，能夠選擇不再猶豫。

唯有你，能夠繼續前進。

唯有你，能夠翻越下著雪、結了冰，立足困難、險峻崎

攀爬時越是陡峭崎嶇，越是苛待我的雙腿，越是讓我的心肺努力運送血液與氧氣，促成我快速猛烈的攻頂行動……我就越是快樂。
盡早開始，多加訓練，努力付出，精通於此，那麼假以時日，你就能創造卓越。

嶇的地勢。

最終，你是唯一能夠抓住那對角，看看牠是否還活著的人。

你得為此奮戰。你會被牠踢踹。緊抓著希望不放並不容易，放棄輕鬆多了。

你會把夢想從那座懸崖拉回來嗎？

你能活下來嗎？

你能找到忍耐下去的力量嗎？

當我抓住那隻白大角羊，時間暫停了一瞬。我的人生閃過眼前。我想起對我深具意義的所有人。

這就是那回事嗎？

我人在這裡，抓著一隻兩百五十磅的野生動物，只要一個微小的錯誤舉動，我就可能被拉下懸崖。最終，我把牠拖上那處小岩架，捆住牠，然後在那裡抓著牠。

我吸了一口氣，盯著山脈下方。

我活下來了。我在經歷過這種事後還能安全回家。

我感謝上帝，讓我能多見到所愛之人一天。我快速離開山區，背上多了一隻戰利品。

回顧當時，我嘗試在咫尺之間抓住牠，肯定是非常值得再商榷的決定，離必死無疑僅有一線之隔，但那是我的山羊。我為這個時刻等了一輩子。我的手中握著夢想，說什麼都不會放手。

你正站在哪種懸崖邊緣？是什麼能防止你跌下去？

哪種夢想是你一旦握著，說什麼都不會放手的？

在先驅峰實現的成就，是我從來不曾想過能夠實現的一項。它也提醒了我一再說的話……

如果我做得到，人人都做得到。但你得自己爭取。

你得忍耐下去。

目的是什麼？我常在想，於這段稱為人生的旅程，我們的目標是什麼。生命可能在眨眼間結束，而不管我活著或死去，除了我的家人受到影響，其他事並不會有多少改變。當我在思考什麼重要、什麼則否，權衡各種義務的優先順序時，有時我會納悶。

我能否把自己需要做的所有事情，都做到心中期盼的水準？還是其實那樣的負擔太沉重了，而且從全局來看，終究沒有那麼重要？

讓我在這一切之中保持正軌，驅動我找到答案的，正是你。每一位讀過我的文章，以及目前正在讀這段字的你。

因為你關心，所以我也在意。我希望與你交談也傾聽你的聲音，因為我的人生重心，不會放在狩獵產業與日常工作中的懷恨者，不會放在唱反調的人與酸民，而是關注抱持熱情與感激生活的人。我對你們心懷敬意，因為我們共享了一段旅程，無論理由為何，你的人生也讓我的生命有了意義。

說到這裡，我希望你能找到屬於自己的熱情，你生命中真正的熱情。有些人終其一生都無法找到，最終死去時依然不知自己內心深處的渴望。而這是我感到幸運的地方：我找到了能夠激勵、驅動自己變得更好的事物。

結語

只有你能決定故事的結尾

每個偉大的冒險，都會以返家做為結尾。洛基跟阿波羅．克里德進行拳賽時，在擂臺上拚戰到最後一回合，雖然沒有取得勝利，但他贏回自信以及女主角的愛。路克．天行者（Luke Skywalker）與韓．索羅（Han Solo）在《星際大戰》（*Star Wars*）中，因為協助反抗軍炸毀死星而獲頒勳章。而在《神鬼戰士》裡，麥希穆斯雖然打倒了康莫德斯（Commodus），卻也在過程中喪命，並與家人在來世重聚。

英雄總是會返家，但他跟起初離開時相比已經不一樣了。這段旅程改變了他。他變得更睿智、更強悍，也多了幾道傷疤。我們都喜愛故事。史詩傳奇中高潮迭起的英雄，以及他們的旅程。如果是真人真事的話更棒。而我最喜歡羅根說的版本：「我喜愛成功的故事，但我更喜歡某個傢伙先是把自己的人生搞砸，然後重新振作的故事。」

喬的描述直指核心。**我獲得了些許成功，但那也是在我搞砸了許多事之後**。大多數人的故事或許都是這樣。大家喜愛聽到成功與獎賞，卻時常忽略掉數十年的苦功，忘記其中的磨難。這正是我跟大衛．哥金斯立刻建立起交情的理由之一。他同樣克服了極端的困難（比我嚴重得多），才能登上山巔。我們仍然跟以前一樣熱愛磨難。

談起我們兩人的旅程，哥金斯分享了一段很棒的話：「在機會消失或出現的瞬間，根據我們所做的選擇，將決定故事的結局。」

我們的生活可能就像一場弓獵。遇上困難的狩獵時，有時候成敗可能全仰賴那一次機會，我務必要妥善利用。

你的機會何時到來？它看起來是什麼模樣？

很難說。你唯一能做的，就是為它做好準備。

某種程度上，我已經返家了。嗯，算是某種家吧。現在是二〇二一年五月，我回到了阿拉斯加。自從二〇一五年羅伊過世前不久跟他一起獵駝鹿後，這是我第一次返回阿拉斯加狩獵。

我不會思考明天的事，也通常不會思考昨天的事。但在今天，我回顧過往，想著羅伊。回憶席捲而來。我回想一九九〇年我們第一次去其他州弓獵。羅伊跟我從我們的家鄉馬可拉，開車到加州北部射野豬，然後帶著培根回家。

從深邃的山谷打包那些豬，然後扛在肩上帶著走，讓我們全身變得血淋淋——想像一下，兩個跟孩子差不多，熱愛人生的年輕人，正開始追逐夢想。天知道他們會踏上什麼樣的冒險與旅程。

我們在阿拉斯加一起打獵超過三十次，從科迪亞克島到威爾斯親王島，遠至人類所能抵達極北之境，追獵駝鹿、馴鹿、羊隻、鹿、灰熊……我們為了最大、最宏偉的體驗而活。我們為了這段旅程而活，不是單純為了獎賞。有些人會跟朋友一起去看電影、打保齡球、逛街或上酒館，但羅伊跟我不會。我們的友誼獨一無二，在多年艱辛、偏遠、挑戰性十足的弓獵活動中打造。那些考驗許多次打垮我們，弱化並質疑我們的強悍、意志與男子氣概，卻只讓我們奮起反抗，在排除萬難追求成功的路上，忍耐並克服一切。

與人共享過激烈、艱難經驗的人，就能明白交情能多快建立。我曾目睹一段艱辛的山區狩獵之旅，把原本的泛泛之交轉變為兄弟情誼。我想念那些狩獵與談天；想念前往山區弓獵的路上，在加油站吃的垃圾食物；想念把所有肉塊帶出山區，揹著那最後一批肉。他是無可取代的狩獵搭檔，我非常想念他；他也是我的朋友，而他遺留下的空洞，我可能永遠無法填補。

羅伊，我想念你，但我明白你在這裡的工作已經完成。

我們偉大的成功之所以具有意義，是因為我們把成功與他人共享。如果有人對你很重要，而且一路上都在幫忙你，記得要向他們道謝。

不斷拚戰，享受每一鎚的累積

這是個很好的轉折，讓我可以向你道謝。許多人向我分享他們的熱情與追尋，而我聽到他們勝利、失敗、自我成長與克服困難的故事，也因此受到激勵。那些說自己受到我做過或說過的事鼓舞的訊息，使我更有動力。

我要再說一次：透過努力，你能做到不可思議又驚人的事情。我有這番成就，是因為我持續不斷努力，而不是因為我有非凡天賦。你可以達到卓越。我就站在這條線的邊線，我相信你做得到。

最酷的是，**你不需要任何人相信你**。連卡麥隆．漢斯都不用。**你只需要相信自己**。一位名叫鮑比・佛洛姆（Bobby Fromme）知名弓獵手，協助我想出「不斷拚戰」這個詞。他是個猛男──他在聖地牙哥開了一家叫做「高效弓箭手」（Performance Archery）的射箭用品店，並且已經獵殺過北美所有大型獵物（合計二十九種）。他曾經叫我「鎚子卡麥隆」（Cam the Hammer）。我在尤金市會去一家叫做「永遠強壯」（Forever Strong）的健身房鍛鍊，他們因為受到啟發，所以在一件T恤印上「不斷拚戰」字樣與我的名字，然後送給我。我喜歡它。

在一趟猶他州獵馬鹿之旅，我跟羅根插科打諢，他開玩笑說：「這個詞很順口。我覺得你該做些上衣或之類的東西。」

「配上『不斷拚戰』？」

「對。」

所以我就做了下去，這完全歸功於他們。

聖安東尼奧馬刺隊（San Antonio Spurs）有一段鼓舞士氣的名句，漂亮的總結了「不斷拚戰」的思維。我喜愛馬刺隊，以及他們對職業籃球的看法。他們總是專注於「如何做事」，而不是做完之後的獎勵。他們在意的是過程，而不是結果。二〇一八年，前馬刺隊球星喬治・希爾（George Hill）告訴我那段掛在馬刺隊更衣室的句子，是由二十世紀詩人雅各・里斯（Jacob A. Riis）所寫：「當我一愁莫展時，我會去觀察石匠鎚石頭；他或許已經鎚了一百次，而那塊石頭連個裂縫都沒有。但在他砸下第一百零一次鎚子時，石頭裂成了兩半；我知道，並不是那一鎚打破了石頭，而是先前的每一鎚累積而來。」

喬治說「不斷拚戰」讓他想起馬刺隊教練格雷格．波波維奇（Gregg Popovich）一再灌輸的哲學：「付出努力，把它做對，你將收獲應得的回報。」

喬治，我沒辦法把它描述得更好了。謝謝你向我分享這段名句，如今我也分享給全世界。

你一定能辦到，只是還沒開始

旅途本身才是一切。正如我在這本書的開頭所說，我對你的唯一要求，是起身向前行。展開旅途。踏出那個第一步。

我在這些書頁中已經分享了幾步路。回顧過去，我清楚記得自己用弓射到的第一隻公鹿、馬鹿與騾鹿，還有美洲野牛、巨熊、非洲水牛、一百英里賽跑、兩百英里賽跑……其中甚至還有我第一場失去羅伊的狩獵，就發生在他摔落的隔天。

沒有這些「第一」，就不會有進展。儘管有時會很痛苦，但你要享受這段旅途，暢遊並從中學習。你永遠不曉得它何時會結束。

這就是為何你必須展開旅途。

在獵人的旅途上，你無法找捷徑。你必須學到那些慘痛的叫喚，你必須知道何謂成功，而且你必須失敗。

許多人想要找捷徑，想要不從山底走就登上山巔。但**慢慢向上走的旅程，才會讓它如此特別**。那是我為何會成為今日的我的理由。

你是否擁有熱情？你已經找到能驅使你專心致志的目標了嗎？如果還沒，那就去找。如果你已經找到，那就緊抓不放。探索那些能激勵你的事物，這個過程既美麗又強大。當你找到能鼓動自己的事物，牢牢握住它，你或許會在人生中的黑暗滾滾而來時需要它；那種日子勢必到來。

人生的現實常常壓垮夢想。還有人熱愛努力、磨難……像我這樣寧願追逐不切實際的夢想嗎？我在這裡支持你。我們可以組成追逐夢想的夥伴。

想建立我的這種心態不需要花任何錢。你不必停下腳步也能取得。它跟你的人脈或財富無關。

多年來，我見到許多人嫉妒別人成功。他們會找藉口，解釋為何自己無法經歷類似的成功。

事實上，即使是最遠大的目標，每個人也都能做到；只要我們在每一秒、每一分鐘、每一天都拚戰不懈。持續埋頭苦幹，付出努力，被打倒然後再起身，笑著面對別人說出的鬼話。如果專心致志、動力十足，沒人有能力阻止你。他們將來仍然只會說鬼話，你則會收穫不屈不撓而造就的獎賞。

旅途本身就是獎賞。

希臘哲學家赫拉克利特（Heraclitus）曾說：「無人能踏入同一條河兩次，因河已非同，人隨境遷。」

河永遠不會停止前進。它永遠在流動，永遠在改變。我們也是一樣。

我已經花了五十三年在前進，在流動，在改變。

無論你選擇哪條道路，負起責任，盡力做到最好，而且不要為此感到抱歉。

不斷拚戰就對了！

In my heart the legend will live on forever

後記

地表最強男人認證的硬漢

我的整個人生都痴迷於找出世界上最硬派的人類。我在軍隊裡最困難的單位裡尋找他們，也在我參加的耐力賽事中尋找。我沒有想到，會跟這樣一位男子漢不期而遇。

我曾跟世界上許多最強悍、最硬的人一起訓練，其中唯獨一人格外突出：卡麥隆．漢斯。如果你們認識我，就明白我會這麼說，不是為了在他的書中占一點篇幅，而是因為那是事實。

他體現了何謂「每天鞭策自己超越能力極限」。那使他與眾不同。日復一日，他測試並超越自己的極限。而在這樣做之時，他激勵了數百萬人，而且持續去做。當我們在二十英里的練跑中，嘗試要把每英里壓在六分鐘以內跑完時，他會用那句知名的口號「不斷拚戰」，鼓勵路上遇到的所有跑者與自由車手。

他的心態是，他不只想當獵人，不只想當跑者，不只想重訓。他想要把這一切做到最高境界，而且持續向一流人士請益，好讓自己能更加進步。

當有人如此努力追求卓越時，的確很容易被人誤解，因為他會使你審視自己。因為他那麼努力，迫使你審視自己，看看你還能多做什麼。他每天都鍛鍊到精疲力盡，來向其他人展現可能性。

卡麥隆是老派的領袖，他不是靠嘴來領導，而是以身作則。從他的家人有多厲害，就能明顯看出。他的孩子是敬業與紀律的典範，這在現代實屬罕見，而這全是因為他們看著父親壓榨出每一分靈魂，竭盡他的全力，才會學習到這些素質。

我曾經認為我在這個境界孤身一人，從沒想過會有人跟我一樣努力。現在我知道，還有另一個人。

當我認識卡麥隆．漢斯時，我知道彼此都試圖壓倒對方，但我們沒有對此多談。二〇二一年一月，卡麥隆突然來電「抽查」

（spot-check）我。抽查基本上就是你的夥伴突然聯絡你，說他／她要來鎮上找你。這樣做的目的是想要抓到你有沒有偷懶，甚至退步。然而，因為我知道外頭有個卡麥隆存在，而且他有我的電話號碼，所以我永遠不能退步。

所以當卡麥隆打電話給我說他要來鎮上，想知道我有沒有意願來一場「簡單輕鬆的跑步」，以及舉點重時，我清楚知道那是什麼意思。

那代表又長又辛苦的跑步，以及負重極大的鍛鍊。我知道這是我壓倒卡麥隆的機會，至少我自認如此。

你瞧，他來到我的主場。我知道這裡的路線、距離，最適合的節奏與所有變數。於是我們在拉斯維加斯的M飯店（M Hotel）碰面，我帶他前往一條我熟悉的路線。我帶著女伴，所以我覺得他會以為我們只是去輕鬆跑一跑。他還不知道，我的女伴也很有本事。

大約跑到七英里時，由於我的女友只打算跑十四英里，所以她在那裡折返，我跟卡麥隆則繼續跑。這是我的計畫發動的時刻。我的想法是帶著卡麥隆再多跑三英里，等到我們跑完十英里之後才折返。

卡麥隆並不知道這整段其實是下坡路，而我的目標是在回程的十英里上坡路擊敗他。在折返點時，我以每英里六分三十秒的節奏開跑。

我看得出來上坡路對他造成傷害，因為他稍微落後在我的左肩，也停止跟我聊天。我們還有九英里要跑，而且全是上坡。

跑完十五英里時，他顯然疲憊不堪，但我也是。我試圖壓倒卡麥隆的計畫開始崩潰。我越是嘗試擊敗他，他就開始跑得越來越好。在我意識到之前，卡麥隆已經不再落後，如今他領先我一步。現在，我被卡麥隆的節奏帶走了。局勢已經翻轉……。

大衛・哥金斯
二〇二一年六月

找到你的熱情，絕對能改變人生。我就是最好的例子。即使你的熱情是像弓獵這樣冷僻的興趣也一樣。

在獵到第一隻鹿後，我從一個缺乏安全感的 15 歲少年，變成了如今能夠在大型場合演講、每天影響許多人的人。

我從開著一輛破舊的豐田二輪傳動卡車，變成搭著私人飛機去其他州狩獵。
我的人生有所轉變，並不是因為我有什麼特別的，單純是因為我追求自己的熱情，並且不接受失敗。我開始變得痴迷，並理解到若不痴迷其中，我就會淪為平庸。
弓獵改變了我的人生。你的夢想，不論它是什麼，也可以改變你的生命。

追逐夢想，
不需要任何人允許。

拱橋 0006

你只是還沒開始

從未來的自己汲取力量，頂尖弓獵運動員突破限制、掌控人生，打造內在動力的不懈旅程

Endure: How to Work Hard, Outlast, and Keep Hammering

作者　卡麥隆・漢斯（Cameron Hanes）
譯者　李皓歆
主編　張祐唐
校對編輯　李芊芊
封面設計　林彥君
內頁設計　陳相蓉
特約行銷　鍾宜靜
行銷經理　許文薰
總編輯　林淑雯
出版者　方舟文化／遠足文化事業股份有限公司
發行　遠足文化事業股份有限公司（讀書共和國出版集團）
231 新北市新店區民權路 108-2 號 9 樓
電話：（02）2218-1417
傳真：（02）8667-1851
劃撥帳號：19504465　戶名：遠足文化事業股份有限公司
客服專線：0800-221-029　E-MAIL：service@bookrep.com.tw
網站　www.bookrep.com.tw
印製　呈靖彩藝有限公司
法律顧問　華洋法律事務所　蘇文生律師
定價　480 元
初版一刷　2024 年 12 月

國家圖書館出版品預行編目（CIP）資料

你只是還沒開始：從未來的自己汲取力量，頂尖弓獵運動員突破限制、掌控人生，打造內在動力的不懈旅程／卡麥隆．漢斯（Cameron Hanes）著；李皓歆譯 . -- 初版 .-- 新北市：方舟文化，遠足文化事業股份有限公司，2024.12
432 面；14.8 × 21 公分

譯自：Endure: how to work hard, outlast, and keep hammering
ISBN 978-626-7596-09-8（平裝）
1.CST：自我實現　2.CST：意志

177.2　113015171

方舟文化官方網站　方舟文化讀者回函